中華優秀傳統文化研究（第五辑）

张震英　主编

巴蜀書社

图书在版编目（CIP）数据

中华优秀传统文化研究．第五辑/张震英主编．——
成都:巴蜀书社,2023.12
ISBN 978－7－5531－2143－7

Ⅰ.①中… Ⅱ.①张… Ⅲ.①中华文化－文集 Ⅳ.
①K203－53

中国国家版本馆 CIP 数据核字(2024)第 006133 号

中华优秀传统文化研究（第五辑）

ZHONGHUA YOUXIU CHUANTONG WENHUA YANJIU（DIWUJI）

张震英　主编

策划编辑	张照华
责任编辑	张照华　张红义
封面设计	木之雨
出　版	巴蜀书社
	（成都市锦江区三色路 238 号新华之星 A 座 36 楼
	邮编区号 610023）
	总编室电话:(028)86361843
网　址	http://www.bsbook.com
	发行科电话:(028)86361856
经　销	新华书店
照　排	成都木之雨文化传播有限公司
印　刷	四川宏丰印务有限公司(028)85726655　13689082673
成品尺寸	185mm×260mm
印　张	16
字　数	400 千
版　次	2023 年 12 月第 1 版
印　次	2023 年 12 月第 1 次印刷
书　号	ISBN 978－7－5531－2143－7
定　价	120.00 元

　　钱穆（1895—1990），史学家，尤长学术思想史。字宾四。江苏无锡人。曾任燕京大学、清华大学、北京大学、北平师范大学、西南联大、华西大学、四川大学、江南大学等大学教授，主持齐鲁大学国学研究所、昆明五华学院文史研究所。1950年在香港创办新亚书院。1967年定居台湾。治学兼通经、史、子、集四部。在经学研究上主张打破门户，考据、义理各不偏废。所著《刘向歆父子年谱》解决了清代以来经学今古文中一大疑案，并开辟了以史治经的方法。在中西文化问题上主张在中西文化比较中探讨中国文化的特质，坚持以历史方法考究中国文化的多种源流，强调儒学之精神价值，提出所谓"文化自救"的思想。一生致力于中国学术思想史的独特性研究，认为中国思想的精神是求人生真理与宇宙真理的合一。他是在史学领域创建"现代新儒学"的代表人物。主要论著有《国史大纲》《中国历史精神》《中国近三百年学术史》《中国思想史》《宋明理学概述》《朱子新学案》《先秦诸子系年》《中国文化史导论》《文化学大义》等。

　　（引自方克立主编，卢育三、吕希晨、周德丰副主编：《中国哲学大辞典》，中国社会科学出版社1994年版，第581页。）

伍小东先生扇面作品选

山中新色映秋江　伍小东　2023年　59×28cm

静听秋日流水声　伍小东　2023年　59×28cm

满园深浅色 照在绿波中　伍小东　2023年　59×28cm

天朗气清　惠风和畅　伍小东　2023年　59×28cm

【书院学规】

白鹿洞书院揭示

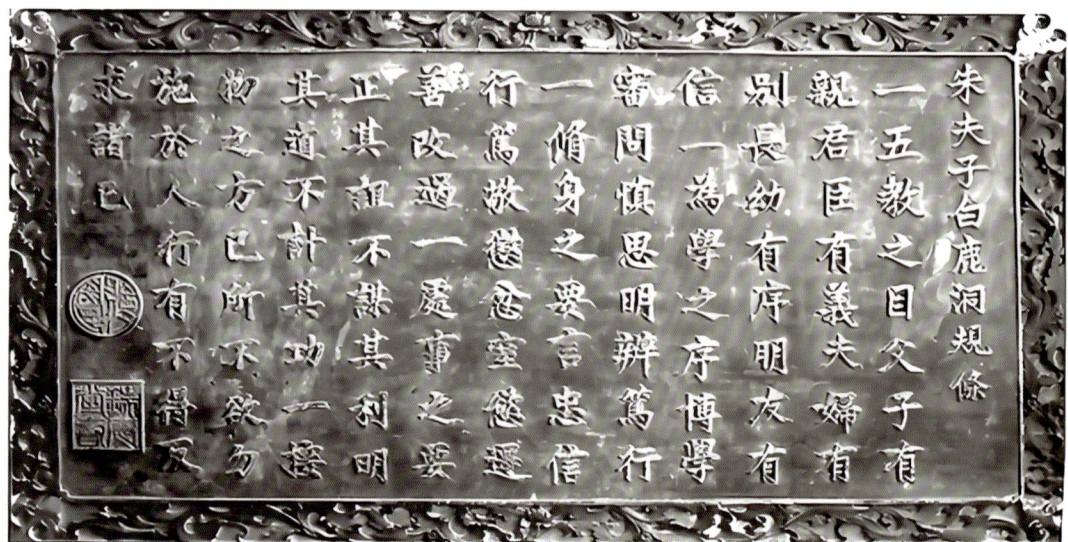

（曲阜状元文化博物馆收藏的清刻《朱夫子白鹿洞规条》）

　　《白鹿洞书院揭示》是在中国书院史上影响深远的学规，与《岳麓书院学规》齐名，是集儒家经典语录而成，由大儒朱熹所立。朱熹（1130—1200），字元晦，后改仲晦，号晦庵，别号紫阳，宋代著名的理学家、教育家、儒学集大成者，世人尊称为朱子。《白鹿洞书院揭示》为朱熹知南康军期间订立。其详曰：父子有亲；君臣有义；夫妇有别；长幼有序；朋友有信。右五教之目。尧、舜使契为司徒，敬敷五教，即此是也。学者学此而已。而其所以学之之序，亦有五焉，其别如左：博学之；审问之；慎思之；明辨之；笃行之。右为学之序。学、问、思、辨，四者所以穷理也。若夫笃行之事，则自修身以至于处事、接物，亦各有要，其别如左：言忠信；行笃敬；惩忿窒欲；迁善改过。右修身之要。正其谊不谋其利。明其道不计其功。右处事之要。己所不欲，勿施于人。行有不得，反求诸己。右接物之要。

【楹联鉴赏】

曾国藩楹联两幅

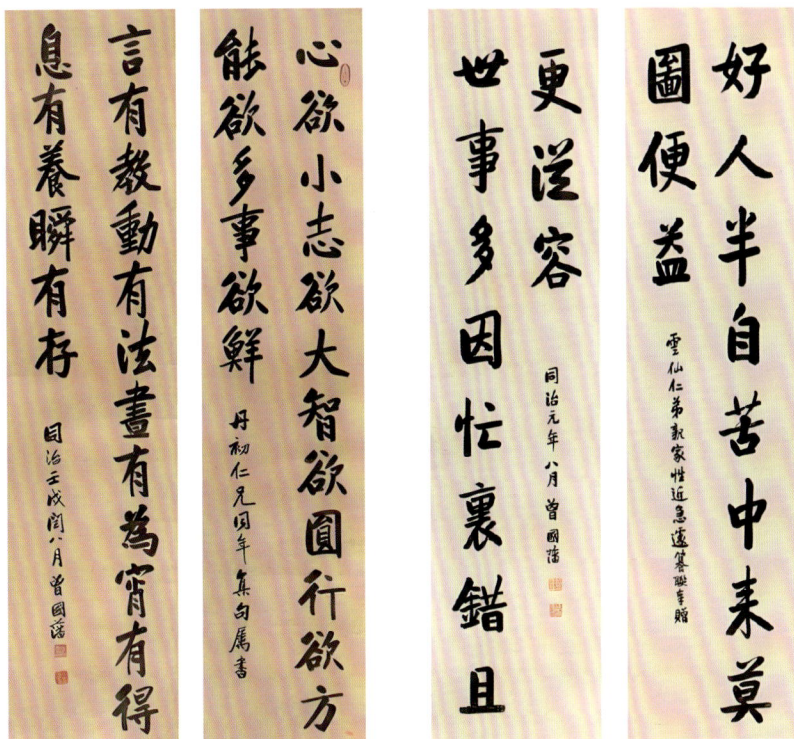

言有教 动有法 昼有为 宵有得 息有养 瞬有存

同治壬戌闰八月 曾国藩

心欲小 志欲大 智欲圆 行欲方 能欲多 事欲鲜

丹初仁兄同年 集句属书

世事多因忙里错 且更须从容

同治元年八月 曾国藩

好人半自苦中来 莫图便益

雪仁仁弟款家惜近急远 筹联奉赠

　　曾国藩（1811—1872），近代洋务派官僚、湘军首领、清末理学代表。原名子城，字伯涵，号涤生。湖南湘乡人。谥"文正"。道光进士，曾任翰林院侍讲。后擢礼部右侍郎，历署兵、吏等部侍郎。咸丰二年(1852)奉诏在湖南办团练，后又编练湘军，镇压太平天国革命。同治四年(1865)以钦差大臣督办直隶(今河北)、山东、河南三省军务，围剿捻军，战败去职。在镇压农民运动中，力主"购买外洋舰炮"并模仿"试造"。与李鸿章、左宗棠依靠外国侵略者创办江南制造局、福建船政局等军事工业，是洋务派首领。其学术思想"一生每三变"，初致力于经书义理之学，办团练后用法家的严刑峻法，晚年"功成思退"，自称"吾学以老庄为体，宋墨为用"。他的文章、日记、家训、书札、奏疏等集为《曾文正公全集》。1959年中华书局又出版《曾国藩未刊信稿》。1988年起湖南岳麓书社出版《曾国藩全集》多卷本。

　　（引自方克立主编，卢育三、吕希晨、周德丰副主编：《中国哲学大辞典》，中国社会科学出版社1994年版，第675页。）

郁林壶

　　玉林古称为郁林，汉属合浦郡，是一座具有1000多年历史的文化古城，是古代海上丝绸之路重要节点城市，享有"岭南美玉，胜景如林""千年古州，岭南都会"等美誉。铁壶可追溯到秦汉时期，根据历史记载，那时铁壶又被称为釜。在我国唐宋时期，煮茶就已经十分盛行，而中国茶道里最流行的煮水器就是釜。玉林自唐宋开始便是冶铁鼎盛之地，兴业县龙安镇绿鸦是当时华南地区最大的冶铁基地，至今已有1500

多年的历史，最初的郁林壶就在这里诞生。现存的兴业县龙安绿鸦冶铁遗址被评为广西文物保护单位。当年玉林铁器通过"海上丝绸之路"运往全国各地、东南亚各地，乃至非洲、欧洲。

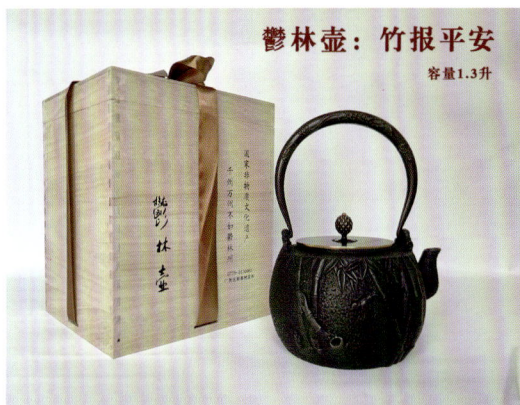

鬱林壶：瑞兽
容量1.3升

鬱林壶：竹报平安
容量1.3升

鬱林壶：繁花似锦
容量：1.3升

鬱林壶：幸运草
容量：1.3升

郁林壶的研发基地位于集生产、生活、生态于一体的现代特色农业示范区——五彩田园内，产品主要功能定位于煮茶器皿、收藏品、旅游产品。郁林壶作为一家传承中国铁壶、倡导文化的品牌，时刻关注市场动态，以传统茶文化为根基，将现代的理念融入其中，向大家传播一种清新、简约、禅意、自然之美，让茶友们在独一无二的意境里感受茶生活的美好，享受茶文化的气息。郁林壶不仅是一个品牌，更是一种文化。近几年，郁林壶不断赢得茶友和社会各界的喜爱，还在全国的旅游商品评比当中获得银奖、优秀奖等重量级奖项。铁壶留雅韵，诗画可入茶。让我们一起走进这匠心独具的郁林铁壶世界，领略这铁壶千年古州的雅韵气息。

【收录证书】

中国人文社会科学学术集刊AMI综合评价报告

《中华优秀传统文化研究》在中国社会科学评价研究院2023年3月正式发布的《中国人文社会科学学术集刊AMI综合评价报告（2022年）》中被评定为人文类（学科大类）、民族学与文化学（一级学科）入库集刊。本次入选的民族学与文化学类集刊共有9种，其中《民族理论研究》《元史及民族与边疆研究集刊》入选核心集刊，《藏学学刊》《地方文化研究辑刊》《华侨华人文献学刊》《节日研究》《西北民族论丛》《西夏学》及《中华优秀传统文化研究》入选入库集刊。

《中华优秀传统文化研究》编辑委员会

目 录

古代历史研究

书院文化精神的播迁与弘毅[*]

——陈星聚在台文教事迹考论

简　东^{**}

【摘要】清代中州书院生徒陈星聚于道光二十九年（1849）中举，同治十年（1871）调淡水任同知。其在任上为官清正、见义必为，凡禁赌博、添义塾、兴书院、增膏火、捐资助学、创养济院、易俗化民等善政，均次第施行。光绪四年（1878）又任台北知府，尤为兴文重教，创办台北府学和登瀛书院，并在光绪十年（1884）中法战争中竭力筹备战守，终因劳瘁卒于官。作为近代中州士人的杰出代表，陈星聚以"胸怀天下、立己达人"的儒家信念和情怀践行并传播了中州文教，很好地诠释了中原以及书院文化精神的重要内涵。在传统书院文化语境下，将陈星聚在台文教事迹，尤其是对书院教育的躬行实践作为对象进行特别关注，对当下两岸文化的交流融通、对书院文化优秀精神的复兴弘扬都有着重要的学术价值与现实意义。

【关键词】陈星聚　书院　中州　台湾　儒家　文教

清代中州书院生徒陈星聚是晚清历史上一位不容忽视的士人和儒臣。其为官心系

---

　*【基金项目】河南省哲学社会科学规划年度项目"清代河南书院与区域文学发展研究"（2021CWX049）；河南省教育科学规划年度项目"书院文化传承视域下的高校学风建设与书院制改革"（2023YB0003）。

　**【作者简介】简东，男，1990年生，河南信阳人，博士，郑州大学文学院副教授。研究方向：明清文学与文献、中原文化与美学。

家国、关怀民瘼、清正廉明、兴文重教，尤其是在台湾为官期间，他于任上施行禁赌博、添义塾、兴书院、增膏火、捐资助学、创养济院、易俗化民等善政，甚为时人称道。光绪四年（1878）始任台北知府，创办台北府学和登瀛书院，并在光绪十年（1884）中法战争中竭力筹备战守，终因劳瘁卒于官。作为近代中州士人的杰出代表，陈星聚以"胸怀天下、立己达人"的儒家信念和情怀践行并传播了中州文教，很好地诠释了中原文教以及书院文化精神的重要内涵。陈星聚的贡献值得肯定，功绩值得铭记，然而受制于史料文献传世之不足，目前学界对陈星聚在台的文教活动研究十分有限，缺乏结合已知相关档案、史料文献的深入考察与论定，因而有必要在此进行述评厘清。

一、陈星聚早年的求学、执教与仕宦

陈星聚（1817—1885），字耀堂，河南临颍人，道光二十九年（1849）举人。据记载，他少年时曾就读于家乡临颍的颍川书院①。另据《台北知府陈星聚》一书引陈星聚四代孙、已故的陈守信先生所撰写的《陈星聚年谱》，道光二十年（1840），陈星聚随父往湖湘游学，于醴陵渌江书院拜左宗棠为师；道光二十八年（1848）至三十年（1850），赴开封读书，并游学于嵩阳书院；咸丰三年（1853），任颍川书院山长，一年多后受战事影响中断；同治二年（1863），再次任颍川书院山长，直到次年三月赴闽任顺昌知县②。这些信息为陈氏后人所述，有一定的真实性，但未见其他史料文献记载，姑录之存疑，谨作一说。再者，关于其就读、执教期间具体经历如何，由于史料缺失，现亦已不得而知，但综观其后来的作为，当无疑会对其一生有着重要的影响。陈星聚于咸丰十年（1860）在家乡督率乡团抵御捻军，因功保举知县。同治三年（1864）开始，在福建省内诸县相继任知县，所至处皆卓有政声。同治十年（1871）被调往淡水任同知，在任上为官清正，虽自奉甚薄，但见义必为，凡添设义塾、增加书院膏火、创建养济院等善政，均次第施行。他还曾捐出廉银设立基金，为乡试学生提供旅费。光绪四年（1878）台北确定建府，六月他即升任知府。光绪五年（1879）开始，便带领民众有计划地筹建台北府城。光绪十年（1884）中法战起，他又竭力筹

---

① 参见张子文等：《明清及日据时期台湾历史人物小传》，台北：台湾图书馆 2003 年版，第 518 页。另《中原文化大典·教育典·私学书院》，郑州：中州古籍出版社 2008 年版，第 147 页也有记述。

② 参见谭建昌：《台北知府陈星聚》，《临颍县文史资料》（第十一辑），政协临颍县委员会学习文史委员会，2009 年，第 275—281 页。

备战守，相持一载。后因劳瘁卒于官，年六十八①。这是他一生大致的经历，早年的求学、执教与仕宦对他日后在台事业自然有着特殊而重要的意义。下面将侧重从其经历中的文教活动来予以说明。

陈星聚于嘉庆二十二年（1817）二月十六日生于河南临颍县台陈村一户普通农家。虽是农家，但祖上长期为书香门第，以耕读传家。其祖、父虽一生未仕，但也满腹诗书，是当地饱学之士。据《重修临颍县志·陈星聚》所载，在他家族里八位兄弟、堂兄弟中，他读书读得最好，并且"性沉毅，读书务穷理，遇人厚而持己严"②。他曾就读于家乡临颍的颍川书院，于道光二十九年（1849）由秀才考中举人，本也应和历代科举仕进者一样，接着参加会试、殿试，从而得中进士、金榜题名。但在他初考会试失败一次后归家不久，即在咸丰元年（1851），广西便爆发了声势浩大的太平天国起义。很快，与之相呼应的捻军起义军也趁势攻进河南，陈星聚的家乡颍川自然也在波及范围内。于是，陈星聚为响应朝廷号召、保卫乡里，不得不暂告文事，速在家乡筹办团练。由于史料文献阙失，关于其如何操办团练、规模多大、训练效果和战绩怎样等具体细节我们现已无法知晓，但从很多陈星聚因守城战功而被授知县的相关记述中，可以获知，他确实是因保护乡里免受战火荼毒而获得了朝廷的赏识、嘉奖。《台湾通志》记载："咸丰十年捻匪北窜临颍，其在籍督率乡团，以守城功保举知县。"③《台北县志》与《台湾通史》的记述接近，称陈星聚抵抗捻军时"督族乡团，以功授知县"④。《台北市志》则有更为详尽的记述，"捻临兰封，围考城、通许，扰尉氏，将犯许州。星聚时方在籍，练乡团数百人，从总兵田在田征剿，以军功保举知县，授浙江（按：误记，应是福建）某县正堂"⑤。陈星聚筹办团练、守城作战的亲身经历，很可能为其日后在抗法保台中的作为提供了某些可以借鉴的经验。事实上，陈星聚是在同治三年（1864）被任命为福建顺昌知县，正式进入仕途。此时他已年近知天命，距离中举逾十五载。他到任后，不负早年所学，"兴利除弊，政绩颇多"⑥。两年之内还协助、配合时任闽浙总督的左宗棠在其县境内四次剿匪，维稳安民。但是

---

① 参见张子文等：《明清及日据时期台湾历史人物小传》，台北：台湾图书馆 2003 年版，第 518 页。另《中原文化大典·教育典·私学书院》，郑州：中州古籍出版社 2008 年版，第 147 页也有记述。

② 陈垣、管大同：《重修临颍县志》（卷十），1916 年河南商务印刷所铅印本，第 28 页。

③ 唐景崧、蒋师辙、薛绍元：《光绪台湾通志》，台北：台湾银行经济研究室 1962 年版，第 153 页。

④ 王月镜等：《台北县志》，台北：台北市文献委员会 1988 年版，第 199 页。另连横：《台湾通史》，台北：中国台湾银行经济研究室 1962 年版，第 276 页也有记述。

⑤ 王月镜等：《台北市志》，台北：台北市文献委员会 1991 年版，第 214 页。

⑥ 高登艇、潘先龙、刘敬：《顺昌县志》（卷十五），1936 年铅印本，第 17 页。

他对于那些早年为了生计而被迫落草为寇的农民，并不滥施杀伐手段，而是"迭用刚柔，兼施威惠，始连官民为一体"①，这一点确属难能可贵。书中还言，尤其是他曾单人独骑，亲赴历来为流民所啸聚的九龙山上，分别劝说众人，力促其更新向化，摒弃干戈而重事农桑，很多人最终都为其所感化。临颍县研究陈星聚的学者晁国顺曾专程去福建顺昌九龙山埔上镇大布村实地走访，询问当地长者。根据他们祖辈相传的说法，方志中的这一记载遂得到了初步证实。② 这一点也为其日后任淡水同知时捕盗除邪、易俗化民积累了重要的经验，打下了坚实的基础。

同治六年（1867），陈星聚任顺昌知县。同年领命赴福建下辖各府县协助学政考核应试学生，不久又改任建安知县。建安县便是今天的福建建瓯，毗邻顺昌县，设县于东汉末年，直接以汉献帝"建安"年号命名。该县至清代经济仍不发达，文教更是落后，农家子弟文盲率甚高。读书人少，科举在当地影响极其有限，以致县内书院考棚长期闲置、废弃，朽坏严重。陈星聚甫到任，为修葺书院考棚，便出自己俸银作为建设资金。他还劝勉富户捐资助学，开设义塾，使儿童得以就近入塾读书。在建安城东的东峰屯，康熙年间原建有紫芝书院，昔日生徒甚多，后屡经兵火灾荒，生徒逃难，几至无人，书院濒临停办困境。陈星聚又对其给予操办扶持，紫芝书院才又重新恢复了弦歌不辍的景象。他还在公务闲暇之余亲赴书院看望师生，并题词勉励生徒发奋读书，以学有所成，裨益国家攘除内忧外患，保境安民，造福乡里。民国《建瓯县志》亦有记载：

> （建瓯）邑东有东峰屯，文学甲一邑，是殆山川灵秀之气所钟毓，抑其乡先生培植之厚有自来欤？戊辰（按：同治七年）春，（陈星聚）役过其乡，于斯院小憩，洋洋乎诵读之声如出金石，海滨之休，于斯为盛焉。颂之曰"学宗邹鲁"，志美也，亦以为多士劝。③

"邹鲁"分别是先秦时的孟子、孔子故里，此处并称以代指文化昌盛之地。陈星聚希冀紫芝书院的生徒能以孔、孟为榜样，秉承传统，发扬学术。或许正是早年书院求学的经历对陈星聚影响深刻，才使得其在地方任上如此留心书院文教。任建安知县仅一年，陈星聚旋又改知闽县（今闽侯县）。他甫一上任便大力清理前任留下的积案、

---

① 陈垣、管大同：《重修临颍县志》（卷十），1916 年河南商务印刷所铅印本，第 28 页。
② 参见任崇岳：《台北知府陈星聚评传》，郑州：河南人民出版社 2018 年版，第 10—11 页。
③ 詹宣猷、蔡振坚等：《建瓯县志》（卷九），1929 年芝新印刷所铅印本，第 12 页。

冤案，很多政务都得到了妥善解决，被百姓誉为"青天"。他更得到了朝廷内外的普遍赞赏，时任钦差大臣的沈葆桢则称他为"纯儒循吏"。他任闽县知县时，正值第二次鸦片战争后帝国主义列强进一步入侵中国之际，列强中尤以英、法两国为甚。两国竟公然提出欲在闽县川石岛构筑炮台。而川石岛位于闽江入海口，背江面海，犹如海门关一样，是福建入海的大通道，制约着水路与贸易，战略位置极为险要。一旦外敌在此造炮台，后果不堪设想。关乎家国荣辱与民族利益，陈星聚坚决反对，据理力争，并向朝廷大声疾呼，晓以利害。无奈，当时清廷畏敌避战，亦无有力交涉，陈星聚力争不成便辞官而去。其在艰难时局中坚持己见、迎难而上的姿态，之后还将继续出现在抗法保台的战斗中。清廷不舍其弃官归隐，便又调他任仙游县令。仙游更是地处边陲，民风剽悍，经常发生械斗仇杀，以致该地长期农事不兴、民生凋敝。陈星聚到任后，不断亲自奔走于各村镇间，大力斡旋调解，更劝勉村中子弟要摒弃前嫌、勤于耕读修身。经过这样一段时间的用心良苦的疏解，仙游部分村民渐渐革除了陋习，乡风改善而愈发淳朴，农桑也渐兴。后来陈星聚的长子陈琢之在《行述》中回忆说，陈星聚还"谕以读书力田之乐，为编《八戒十劝》诸歌，令相传诵，民间感激有流涕者"。其亲自编写的《八戒十劝歌》通俗易懂、明白如话，据《台北知府陈星聚评传》一书所记，全文内容如下：

> 八戒十歌到处传，社会平定都喜欢。一戒械斗睦邻里，四海一家保平安。二戒骄傲谦受益，和衷共济心相连。三戒贪婪知足乐，不义之财手莫沾。四戒淫欲固元气，身心双修享万年。五戒嫉妒能上进，人人有长也有短。六戒贪吃俭为贵，丰时莫把灾荒忘。七戒暴怒仁为本，心平气和三冬暖。八戒懒惰勤为美，哪怕千险和万难。一劝爱国固海疆，拿起猎枪打豺狼。二劝忠孝亲骨肉，养育之恩似海洋。三劝读书作君子，学习圣贤好榜样。四劝家和万事兴，一代更比一代强。五劝人品要端正，诚信处世人敬仰。六劝为富应多仁，义举善行大发扬。七劝取财要有道，千万莫有非分想。八劝心平气和善，不会吃亏和上当。九劝修身固元气，精神旺盛体健康。十劝勤俭满地金，家喻户晓齐传唱。[①]

《八戒十劝歌》道明了械斗危害，旨在从传统儒家教化立场规劝当地乡民重视耕读，强化礼义孝悌观念，以勤俭修身齐家。陈星聚常常利用这样通俗易懂的文学方式

---

① 任崇岳：《台北知府陈星聚评传》，郑州：河南人民出版社 2018 年版，第16—17 页。

晓之以理，动之以情，对乡民有一定的感化作用，有些地方确实摒弃了陋习，有所改善。同治十年（1871），陈又调任古田县令，次年便被荐为淡水同知。

二、兴文重教，取义成仁：陈星聚在台文教事迹钩沉

到任淡水后，为打击当地猖獗的赌博恶习，陈星聚依然秉持着儒家教化立场，宣扬以勤俭修身齐家，于各保还张贴《戒赌俚歌》一百句以晓谕四方，严厉禁赌。《淡新档案》将此歌予以完整记录，歌曰：

> 劝人莫赌博，赌博例严禁。无论兵与民，犯者即枷杖。开场聚赌者，罪名更加重。初犯杖一百，并要徒三年。再犯杖照式，远流三千里。首赌拿赌者，若有真赃据。赌博之财物，一概归入官。半赏首赌人，半作充公用。职官犯赌博，无论文与武。革职永不用，枷责不准赎。生监与职衔，犯则先褫革。照例亦枷责，一体赎不得。尔等富贵子，何以要去赌？多因不肖辈，开场来引诱。或备酒肉饭，或设烟花局。令尔入迷途，朝夕恋不舍。输赢用筹码，悉听头家计。岂知一结算，盈千并盈万。现交不能欠，无钱借贷凑。重利受滚盘，变产还亦愿。从今富贵家，赌博当禁绝。子弟早约束，勿致受人骗。堂堂体面人，肯做下贱事？如今人首告，受辱何能堪？若是买卖中，自有生财道。何可起贪心，思发赌博财。更有一般人，可笑更可怜。轿夫及挑夫，受尽苦与辛。赚来血汗钱，都送赌博场。凡属开赌者，必非善良人。无赖与街混，勾结衙中蠹。暗地纳陋规，白日敢开赌。或设于街坊，或摊于庙内。招集市井徒，纷纷趋如鹜。从此贼日多，由于聚赌来。此等不肖辈，非可言语劝。惟有地方官，严饬保甲查。分别罪轻重，照例即详办。租屋与人赌，知情应封锁。街市若有赌，保邻当禀拿。容隐被人告，杖责亦不饶。既往姑免究，从今当痛改。出示严禁外，更撰五言戒。条例详指示，根由说其概。大家当共醒，大家当共戒。及早想回头，长作好百姓。[①]

查禁赌博这场斗争显然是艰难而长期的，百姓乃至僚属皆良莠不齐，禁赌往往不可能短时间内一蹴而就。陈星聚从同治十三年（1874）开始在淡水禁赌，虽有一定成效，但赌博现象还是禁而不绝，聚赌之事时有发生。陈星聚为此付出了长期的操劳。除了禁赌，陈星聚还在淡水平匪患、编保甲、兴农耕、抑奸商、修桥堰、护义冢、理

---

① 《淡新档案》，台北：台湾"中央"研究院近代史研究所藏，第12506号，第33节。

教案，更在深层次上敦风厉俗，导民行善；伸张正义，安睦人伦。还需要指出一点，这里所参考的《淡新档案》是目前研究陈星聚在台事迹的重要史料文献。该文献从字面意思上看是淡水厅、新竹县的清代官方档案，但考虑到当时行政区划的前后因变，其实际上是淡水厅、新竹县还有台北府城三个行政单位的行政与司法档案。档案较之其他史料，本身就具备更为原始、直观、全面的特点，因而被普遍认为是非常珍贵的第一手资料，而该档案又是国内涵盖时间最长、保存最完整的州县档案，具有实录性质，较为完整地记录了清代北台湾地区的社会情况，史料价值极高，能够为探寻陈星聚在台事迹扩大视野，还原、透视历史现场，极其值得重视①。

在淡水，陈星聚还颁令禁止累民，曾立下《禁勒派买补仓谷累民碑》，其中有言："甚因收不足数，减折列抵交代，祸国殃民，深堪发指。……本部院言出法随，幸勿以身尝试。凛之，切切。"② 爱民之心可见一斑。

光绪四年（1878），因为政绩卓异，陈又被保荐接任台北知府。经相关学者考证，并结合《淡新档案》来看，陈星聚在光绪四年（1878）十月虽然出任署理（即代理）台北知府，但由于人事原因，他为实际掌权者。因为台北城正是在陈星聚的惨淡经营下建成的，而在其之前的三任台北知府亦均未在台北城办公，到光绪七年（1881）二月，陈星聚便被正式授予知府。从这个意义上说，陈星聚才是真正的台北府首任知府③。也由此看来，筚路蓝缕地营建台北府城正是陈到任后的首功。旷野变都邑，在当时风雨飘摇、国运日衰的背景下，清廷中央财政吃紧，捉襟见肘，根本无力负担地方巨额经费支出，全仰仗陈星聚的全力擘画、四方筹措，夙夜忧勤、宵衣旰食，就是在陈星聚面对艰巨而又繁杂的台北城建设任务之际，"虽事皆草创，然措置裕如，试院、学宫及诸庙宇建置，一时并举，劳瘁不辞"④。更值得称道的是，陈主政极重教育，大兴儒学，先后亲自参与创办了台北府儒学和登瀛书院。尤其是后者，正是得自于陈的一手创办，这可视为其对书院教育的躬行实践。"台北府儒学，在台北城内文武庙街，光绪六年由知府陈星聚以官民捐款建设，翌年竣工。"⑤ 登瀛书院则亦始建于光绪六年（1880），地址选在府城西门内，以原台北府考棚为基础而建成。他聘请宿

---

① 李乔：《台北知府陈星聚资料汇编》，郑州：河南人民出版社 2017 年版，第 3—5 页。

② 李乔：《台北知府陈星聚资料汇编·合校足本新竹县采访册》，郑州：河南人民出版社 2017 年版，第 1083 页。

③ 李乔：《台北知府陈星聚资料汇编》，郑州：河南人民出版社 2017 年版，第 19—21 页。

④ 李乔：《台北知府陈星聚资料汇编·合校足本新竹县采访册》，郑州：河南人民出版社 2017 年版，第 1071 页。

⑤ 李乔：《台北知府陈星聚资料汇编》，郑州：河南人民出版社 2017 年版，第 1131 页。

儒陈季芳担任书院院长，而日常管理则亲自负责。当时书院基本财产则主要有：台北城内府前街及西门街家屋二十八户；大加蚋堡新庄仔土地一所，小租谷一百五石；金包里田地一所，大租谷二百石；芝兰二堡七星墩庄土地一所，小租银十元；芝兰一堡内湖庄土地一所，小租谷五十石。① 又据《重修台湾省通志》卷十《艺文志·艺术篇》所记：

> 登瀛书院为台湾北部规模最大之书院，为西南向建筑，前面有照壁及惜字亭一座。屋宇共有四进，第四进且为两层楼之建筑，清代用为藏书楼。屋顶为重脊燕尾歇山式，二楼四周有四廊，并护以栏杆，底层为拱廊。②

由此，该书院之规制面貌可见一斑。不幸的是，甲午后日军占据台北，改登瀛书院为南进司令部，后称之淡水馆，并在其中举行了多次针对读书人的笼络活动。1906年因书院部分梁柱腐朽坍塌，日本人干脆将书院拆除，现如今，我们只能充满遗憾和无奈地凭吊遗址了。其实，这所书院从规划筹建到人才育出，陈星聚都投入了大量心血。比如，书院中的生徒们多出身寒门，日常生活方面尚且挣扎于温饱，何况长途赴考科场。因为在当时，台湾生徒参加乡试时必须到福州应试，路途遥远，费用不菲，这导致很多考生无力筹措，只能被迫弃考。为使生徒们能够学有所成，更为了他们的才学能够为国所用，据《苗栗县志》卷十四《列传·文职》所载：

> （陈星聚）居官廉洁，省约自奉。治民一以爱恤为心，而于待士则尤厚……议筹番银二千圆，交殷绅生息，每届乡试，视厅属应试之人数多少，将所入利息照数摊分。至今，士子犹沾润焉。③

这指的是，早在光绪四年（1878），陈星聚还任淡水同知时，便曾创办"登云会"，并筹集银元两千作为基金，贷给当地五位乡绅，三年收息一次，以资助赴闽应考的当地生徒。陈调任台北知府后，这一善政依旧相沿不废。

陈星聚热衷扶助文教，纵然料理案件时也多为书院考虑。光绪六年（1880），他

---

① 李乔：《台北知府陈星聚资料汇编》，郑州：河南人民出版社 2017 年版，第 1131 页。

② 台湾省文献委员会：《重修台湾省通志》卷十《艺文志·艺术篇》，台北：台湾省文献委员会 1997年版，第 82 页。

③ 沈茂荫：《光绪苗栗县志》，台北：台湾银行经济研究室 1962 年版，第 217 页。

处理了新竹县一起田界争夺的官司，在这场官司中，面对诉讼双方对几片无主之田的争执，陈星聚毅然令判："着将两溪中间之内断充明志书院，两造均不得越溪争田；其沟底亦断充明志书院，两造均不得觊觎。"①最终，两块无主之地的田租都被拨给了当地的明志书院。次年又重申：

> 如有余田余埔，概行充入明志书院招佃管业，以为生童膏火之资。庶返本归真，争端永息。如再滋事，再行察办。②

陈星聚运用政治智慧，既平息了民诉，又巧妙地为书院开源，借此推动书院发展。陈对书院建设真可谓不遗余力。在《淡新档案》里，陈星聚苦口婆心地劝解纠纷双方的文字不绝于书，也充分体现出他注重民生民情的"民本"思想③。不仅如此，光绪五年（1879），陈星聚还以赈济鳏、寡、孤、独为目的在治下台北府艋舺创建台北养济院；次年，又在新竹县城内建成新竹养济院④。

陈星聚知台北期间，除了修建府城、扶助书院以兴学育人之外，还大力发展生产、保护工商、整饬吏治、抚贫济孤、公平断案、完善驿站，以及抗法保台并最终以身许国，以自身实际行动笃力践行了儒家文教事功的最高境界——鞠躬尽瘁，取义成仁。尤其是他在抗法保台事件中的作为，成为影响后世对其公允评价的一个重要方面。在其参与抗法保台的过程中，他曾力劝当时督办全台军务的主帅刘铭传勿弃基隆、拱卫台北，但刘铭传与其意见相左，未及时采纳或予以足够重视。这里无意就仍存疑窦争议的战事细节多作争论，而就最终战局而言，陈星聚的研判和建议虽有一定的局限性，但并非毫无可取之处，这也恰恰反映出陈并非仅是一位不懂军事的行政官员，毕竟其在早年也曾成功地筹办团练、守城作战，还协助、配合过左宗棠的剿匪行动，主持、指挥过治下的捕盗缉寇。甚至，他在基隆陷落以后，还在招募岛勇以图收复。陈的一番作为后来得到了左宗棠的充分肯定，刘铭传在给朝廷的奏章中也承认，"台北府知府陈星聚屡次禀请进攻基隆，并有土著之人愿告奋勇往攻基隆者，皆有其事"。同时，他也直言不讳自己的看法：

---

① 《淡新档案》，台北：台湾"中央"研究院近代史研究所藏，第 22506 号，第 58 节。
② 同上书，第 94 节。
③ 李乔：《台北知府陈星聚资料汇编》，郑州：河南人民出版社 2017 年版，第 9 页。
④ 参见同上书，第 1133—1135 页。

臣日夜忧急，无所措手。台北府知府陈星聚，每见必催进攻基隆。臣因其年近七旬，不谙军务，详细告以不能进攻之故。奈该府随言随忘。绅士陈霞林并署淡水县知县刘勋，皆明白晓畅，见将士多病，土勇尚未募齐，器械缺乏，俱知不能前进。陈星聚除面催进攻外，复禀请进攻。臣手批百余言，告以不能遽进之道。该府复怂恿曹志忠进攻，并以危言激之。曹志忠一时愤急，遂有九月十四日之挫，幸伤人不多，未损军锐。故于十五日即渡河，耀兵七堵。陈星聚妄听谣言，谓基隆法兵病死将尽，又谓业已退走上船，故日催进攻。自十五以后，该府始自言不谙军务，不再妄言。此即左宗棠疏称陈星聚屡次禀请进攻基隆之原由也。①

对于左宗棠的参劾，刘铭传还言辞颇为恳切地陈情道：

左宗棠参臣坐守台北，不图进取，机宜坐失。臣曾将兵单器乏、不能进攻情形，迭奏在案……臣治军三十余年，于战守机宜稍有阅历，惟事事求实，不惯铺张粉饰。若空言大话，纵可欺罔朝廷于一时，能不遗笑中外？臣实耻之！臣渡台时，军务废弛已极，军装器械全不能用，炮台营垒毫无布置。接战于仓猝之间，所部多疲病之卒，历尽艰难，支持半载。临敌应变，大小十余战，幸无挫失。若听局外大言，轻敌浪进，上月初十日孤拔添兵大举，战无策应之师，守无可据之险，必至一败不能立脚。军事瞬息千变，其中动止机宜，固非旁观所能尽知，亦岂隔海所能臆度也。②

由刘奏可以看出，刘铭传从清军实际战力出发采取了较为保守的举措，认为陈星聚的提议有悖于实事求是，属于"轻敌浪进"的急切、冒险之举。若刘奏所言非虚，陈星聚应对战局即使在某些方面确有"不谙军务"的短板，但也绝不能对此扩大化、绝对化。结合其生平经历与仕宦施政事实来讲，陈星聚又年近七旬，不可能缺乏老成持重般的思考，毋完全以急功近利或老迈昏聩视之。无论是史实还是当时战况，已不容后人做太多假设，然而不容否认的是，陈星聚的建言和举动正是其自觉反抗侵略、御敌报国、维护国家主权和领土完整赤诚之心的显现。他不怯战，没有临阵脱逃，更没有投敌叛国。仅此一点，在当时背景下就值得肯定。不仅如此，事实上，陈星聚一

---

① 李乔：《台北知府陈星聚资料汇编·刘壮肃公奏议》，郑州：河南人民出版社2017年版，第1148页。
② 同上书，第1149页。

直忙着主持修筑台北城、加固炮台、料理抗法保台细碎军务，心力交瘁，最终积劳成疾，背疽发作。战事胜利结束后，又闻听朝廷竟签下《中法新约》，更添悲愤，于光绪十一年（1885）六月二十二日抱憾而逝。后来，刘铭传在给朝廷的奏折《为请准照军营立功后积劳病故例从优议恤陈星聚事》中终究还是给予了他高度褒赞：

> 臣查已故台北府陈星聚，于上年捐廉募勇，办理城防，居官廉正，遗爱在民，在任病故……勤慎劳苦，合无仰恳天恩，准照军营立功后积劳病故例交部从优议恤，俾资观感，以顺舆情。①

陈星聚最终以身许国，以自身实际行动对儒家文教精神笃力践行。鞠躬尽瘁，死而后已；知行合一，取义成仁，成为文士和儒臣的一代楷模。回顾其整个宦途，前后为官 21 年，仅在台湾就有 12 年，可以说他把自己的后半生都贡献在了台湾的开发建设上。结合陈星聚的一生事迹，实事求是地讲，他是一位封建时代的循吏，还是一位开发建设台湾的功臣，更是一位不容抹杀的民族英雄。事实上，在此崇高赞誉的背后，恰恰是陈星聚以"胸怀天下、立己达人"的儒家信念和情怀践行并传播了中州文教，很好地诠释了中原文教传统与书院文化精神的重要内涵。

三、"胸怀天下、立己达人"的信念情怀与书院文化精神

综合上述内容来看，陈星聚做出此般事迹和功业，其精神动力来源何在？就文化教育方面来深刻阐释的话，陈星聚实际从中原文教传统与书院文化精神中汲取了很大的滋养和力量。

北宋以后，书院这一文教机构便对中国传统社会的文化发展，尤其是儒家思想与学术的推广、传承和创新日益发挥着愈发显著的巨大作用。在当时一众官学机构普遍沉闷、僵化、衰落的背景下，尚灵动、活跃而富有生气的书院则吸引了越来越多的文士，在那里围绕儒家经典观书、讲学、论辩，书院由此成为儒家文化推广、传承和创新最典型的载体，也是儒家精神的坚定笃行者。书院在很大程度上发扬了先秦孔孟以来的人文精神，继续打破"学在官府"的局面，不断面向社会和现实，扩大受众。儒学是以人为本位的学说，主要表现为在对人的价值和人格肯定的同时，也强调人应该具备社会责任心，并认为这二者之间存在前后依存的关系，即中国传统思想中的"内

---

① 李乔：《台北知府陈星聚资料汇编·刘壮肃公奏议》，郑州：河南人民出版社 2017 年版，第 1165 页。

圣外王之道"。通过"正心""诚意""修身""格物""致知"提高自身的道德修养，达到"内圣"的境界。在此基础上，儒家学者通过自身的努力实现"齐家""治国""平天下"的社会责任，即所谓的"外王"。这种由内圣走向外王的思想，即是儒家文教人文精神的主要内涵。换言之，此精神包含着两个相互关联的层面：其一，士人通过忠实践履儒家的道德规范，并将其内化为自身人格、价值的追求方面，使个体道德达到完善的境界；其二，儒家人文精神的理想在于将儒家的道德要求付诸实践，最终实现"天下大同"的理想。儒家将这种人文精神渗透到文教的各个环节，使中国古代文教呈现出典型的人文特色。书院文教不仅将以道德养成为核心的人文教育摆在首要位置，而且按照儒家的理想来设计人才培养模式，使其人文精神得到贯彻落实①。这一点，在陈星聚的受教、施教历程中得到了充分体现。道光二十年（1840）至道光三十年（1850），十年时间里，陈星聚从家乡的颍川书院到湖南醴陵渌江书院，再到中州嵩阳书院游学读书，接受不同地域书院文教的熏陶滋养，转益多师，然皆可谓"学以立己达人"，对其日后的自我思想行为塑造影响深远。除了接受书院教育的经历，现存的各种方志、传记等史料文献也确实几乎没有关于其就学于官学、社学等机构更多的记述了。因此，这段书院受教经历在其求学生涯中无疑留下了浓墨重彩的一笔。

尽管到清代中后期，中原地区大多数书院是以培养科举人才为主要任务，但书院毕竟并非完全等同于官学、社学、义学等形式，它也没有被划归于、融合于这些形式之中。其产生本是脱胎于私家机构，在唐五代盛衰变幻的时代缝隙里诞生、发展，一开始就带有人文性这一显著而独特的自觉印记。即使到明清时期，其在政治权力的裹挟之下，"官学化"程度不断加深，然而还是并未彻底放弃对人文精神的灌输与追求，很多书院始终提倡推崇良好的道德素养和扎实的儒学功底，认为这是科举应试极为重要的前提条件。清代嵩阳书院著名的山长耿介也认为：

> 若能浑理学、举业为一……以我之心与圣贤相印证，到得默识心融，通贯浃洽，发而为言，直抒胸中所得，敛之不越身心性命之微，而措之则有关于天下国家之大，体与用两得之矣……余尝谓理学举业犹根本枝叶，根本不培则枝叶不茂……②

---

① 李兵：《书院人文教育及其实施探析》，《大学教育科学》2006年第3期，第74页。
② 耿介：《敬恕堂文集》，郑州：中州古籍出版社2005年版，第282—283页。

尽管不同历史时期、不同书院对人文教育的重视程度不尽相同，甚至沦为科举附庸的部分书院对人文教育没有太多强调，但人文教育终究还是在书院的千余年发展中一以贯之，形成其区别于中国古代其他教育机构的典型特征。不唯如此，纵然是在"官学化"大行其道的时代，书院在实际的教学与管理过程中，对生徒关注国家时势、参与社会政治亦未加禁止。康熙三十一年（1692），耿介在《南阳书院学规序》中便称：

> 虽以科举取士，然原本经书……匪仅区区文章之观也……而彻始彻终，贯之以一诚，则穷理尽性，至命达天统是矣。从此真儒辈出，以之任天下国家之责……①

咸丰时，河朔书院山长李堂阶在《河朔书院谕诸生》中说：

> 国家以文取士，岂徒使之为进取之资，图身家之计乎？抑将因言考行，使之明体达用，为朝廷有用之才乎！②

此言则道出了晚清文学教育、科举取士的实际目标。"明体达用"成为晚清中州书院文教颇具代表性的价值导向。到光绪二十年（1894），邵松年所作的《明道书院章程》也告诫生徒：

> 所作文字不得妄议时政。至于心切忧时，讲求经济实学，自是吾儒职分内事。所当砥柱中流，挽回世运，为宇宙长留元气，为苍生长延福命，为中国读书人大吐一口气！大程子兴起斯文，范希文担当天下，窃于诸生有厚望矣。③

虽说到"不得妄议时政"，但由于"救时"的现实需要更为迫切，所以还是希望学生能够像程颐、范仲淹一样以文济世，担当国家责任。综观这些材料，书院人文教育的内涵由此得以进一步拓展。事实上，根据史料文献呈现出的众多书院的发展史，各个时期、各个地方的书院，它们的创建和发展无一不是充满了曲折、艰辛，有的甚

---

① 耿介：《敬恕堂文集》，郑州：中州古籍出版社 2005 年版，第 513 页。
② 邓洪波：《中国书院学规集成》（第二卷），上海：中西书局 2011 年版，第 913 页。
③ 同上书，第 845 页。

至反复经历中断、毁弃，饱受时局、政策、兵火甚至自然灾害的巨大影响，可以说，书院与现实政治、自然人文环境的关联非常密切，那么书院理所当然地便需要在平衡现实中寻求发展，其必然会关注时局时势，并在日常文教活动中或有意或无意地流露出来。书院终归不是修道院，不以培养清心寡欲的儒学教徒为目标；书院亦不是纯粹的文官训练营，不以培养追名逐利为终生目标的势利之徒为任务①。书院教育通过完善生徒道德理念，进而希冀实现全社会道德的健全，尤其推崇传统儒家"胸怀天下、立己达人"的观念，以此充分展现出其独有的人文精神。前面说到，陈星聚在十年的时间里长期在多座书院游学、读书，自然得到了这种熏陶、涵养。而从咸丰三年（1853）到同治二年（1863），又是一个十年，其间他多次主持家乡的颍川书院，虽然受时局战乱波及干扰，但"为国育才、文教兴邦"的愿望在其心中或许愈发强烈。后来离乡仕宦，再到入台，陈星聚始终坚持在施政中兴文重教。其主政各方均有所作为，大兴儒学，创办和修复了不少书院，推动当地书院持续发展。比如，他亲自参与创办台北府儒学和登瀛书院，亲自负责书院的日常管理，将登瀛书院建设成为台湾北部规模最大的书院；又为明志书院扩充田租收入、增加生徒膏火，不遗余力地为书院开源，推动发展。可见，其已然将扶助文教内化成一种自觉行为，这正是对书院文教精神的躬行实践。此外，陈星聚更在为官任上于社会治理方面秉持儒家教化立场，宣扬以勤俭修身齐家。在淡水，他还禁止累民，打击惩处殃民行为；创建台北养济院、新竹养济院，正是为了实现昔日孟子所言"欲使鳏寡孤独废疾者皆有所养"的美好理想；在"抗法保台"之战中，他最终以身许国，以自身实际行动笃力践行儒家文教事功的最高境界——鞠躬尽瘁，取义成仁。

总之，传统书院文教往往将这种人文追求与社会政治、日常人伦道德修养结合在一起。虽然在传统中国的政治体制下，科举是几乎将儒家经典知识权力化的唯一制度，也是文士将文化话语权转化为政治话语权的必经之途，书院与社会政治的结合也常常表现为对科举仕进的追求。但是，为实现个体道德完善与"治国、平天下"的理想，明清已降的大多数书院又都将道德教育与应试教育统一起来，目的在于培养"德业"与"举业"并重的人才。执掌书院的大儒们普遍认为，文士必须要在研习儒家经典的基础上，将儒家思想内化为良好的道德修养和崇高的品格，而不是片面追求科举之学，即所谓立志。在此基础上，再去实现"立己达人""明道致用"的更高追求。

---

① 李兵：《书院人文教育及其实施探析》，《大学教育科学》2006年第3期，第76页。

对于这一点，很多书院的学规都有揭示，此处不再多做展开①。南宋大儒朱熹曾讲："若高见远识之士，读圣贤之书，据吾所见而为文以应之，得失利害置之度外，虽日日应举，亦不累也。"② 明代王阳明的高足王畿亦持基本相同的观点，认为"举业"与"德业"并不是对立的双方，二者是相互促进的。"是非举业能累人，人自累于举业耳。举业、德业原非两事……其于举业不惟无妨，且为有助；不惟有助，即举业为德业，不离见用而证圣功，合一之道也。"③ 正是在这样的书院文教传统之下，清代中州才能出现一批秉持"胸怀天下、立己达人"儒家信念和文化精神的杰出生徒士人，有的人甚至能够成为民族英雄，万古流芳。正如陈星聚其人，是从书院、也是从传统科举仕途走出来的儒臣。

四、余论

光绪五年（1879），"夏疫秋霖，民不聊生。星聚曰：'吾但活吾民，罔顾利害也。'因擅发仓谷赈之。幸大宪怜其勇于任事，未究"④。这是一则易被人忽视但非常耐人寻味的史料文献，一百多年后，当后人在此读到时，仍不免对其掷地有声的话语和对家国百姓之爱感佩不已。陈星聚官职不甚高，无文集流传后世，方志、史传、档案中关于他的记述也比较简略，现有的研究成果非常有限。但是这样一位仁人志士，其人其事不应湮没于历史尘埃。其出任淡水同知以至台北知府期间，正是台湾北部发展最为迅速的时期，同时也是最为多事之秋。陈星聚勉撑危局，勤慎劳苦；兴文重教，取义成仁，其贡献值得肯定，功绩值得铭记，"加强对陈星聚的研究，对于增进豫台渊源关系的认识，促进豫台文化交流具有十分重要的地位"⑤。而在传统书院文化语境下，将陈星聚在台文教事迹，尤其是对书院教育的躬行实践作为对象进行特别关注，对当下两岸文化的交流融通，对书院文化优秀精神的复兴弘扬、创造转化、创新发展都有着重要的学术价值与现实意义。

---

① 简东：《清代中州书院的学规与文学教育》，《郑州大学学报》（哲学社会科学版）2022 年第 3 期，第 95—101 页。

② 黎靖德：《朱子语类》（卷十三），长沙：岳麓书社 1997 年版，第 219 页。

③ 王畿：《龙溪王先生全集·白云山房问答》（卷七），道光二年会稽莫晋刻本，第 58—59 页。

④ 李乔：《台北知府陈星聚资料汇编·台北市志·人物志·宦绩篇》，郑州：河南人民出版社 2017 年版，第 1165 页。

⑤ 同上书，第 1170 页。

广西省立民众教育馆设立及其社会意义的分析

潘晓玲[*]

【摘要】广西省立民众教育馆是民国时期广西实施社会教育的中心机构，它以培养具有国家观念、自治意识、现代常识及身心健康的新型国民为施教目标。其推行的识字教育糅合了读书识字与政治常识、公民知识及民族精神的灌输，提高了当时广西民众文化水平及政治认识。该馆实施的各项生计教育举措，提高了民众生产知识与技能，为民众生计提供了一定保障。其围绕"公民教育"开展的阅览活动，使民众享有更多阅读学习的机会，促进科学文化常识普及的同时，还有助于强化国民的认同感和归属感。该馆推广的健康教育不仅强调提高民众身体素质，而且注重国民心灵健康建设，通过倡导文明健康的生活方式，促进了国民身心健康。其取得的建设成就及经验成果，对今天发展全民教育、终身教育，建设学习型社会，建设健康中国具有借鉴和启迪作用。

【关键词】民国时期 民众教育馆 广西 社会教育 民众教育 国民教育

20 世纪二三十年代以来，随着民众教育运动的蓬勃发展，南京国民政府在城乡广泛建立民众教育馆（以下简称"民教馆"），以"开通民智，改良风俗"。近年来，学者们纷纷关注民教馆，毛文君、赵倩、户部健、周慧梅、李冬梅、朱煜、裴聪等注重

---

　*【作者简介】潘晓玲，女，壮族，1994 年生，广西河池人，湖北大学历史文化学院在读研究生，主要研究方向：中国近代史、区域社会史、广西地方文化史。

从社会教育功能、基层社会改造、国家认同、民族国家意识塑造等角度探讨民教馆社会教育及社会改造的经验①。民教馆具有鲜明的地域性特色，通过考察不同地域环境中的民教馆，有利于探讨民教馆地方化实践的基本类型和运作机制②。但在既有研究中，学者多聚焦于北京、天津、江苏、浙江、安徽等东部文化发达地区的民教馆，专题探讨广西省立民教馆的论著尚付阙如。鉴于此，本文拟以广西省立民教馆为考察对象，分析其社教实践活动及社会意义，借以深化对民国时期民教馆及社会教育的认识，为进一步的整体研究与比较研究奠定基础。

广西省立民教馆是民国时期广西实施社会教育的中心机构，主要任务为研究和实验民众教育方法及辅导各县民众教育馆。民教馆正式成立于 1933 年 3 月，馆址位于南宁市，是广西唯一一个省立民教馆。馆内设教学、生计、展览、康乐、研究 5 部，共有职员 30 余人。该馆以"唤起民众，共同奋斗"③ 为目标，这与新桂系当局推行的"建设广西，复兴中国"主旨甚为契合，因此获得行政部门的大力支持。1934 年 9 月，由于社会教育与学校教育合并办理，该馆奉令裁撤④。在存续期间，其围绕识字教育、生计教育、公民教育和健康教育等开展的系列教育实践，着力于培养具有国家观念、自治意识、现代常识及身心健康的新型国民，对推进广西社会文化和教育发展发挥了积极的作用。

一、扩充识字教育以提升国民政治文化素养

广西省立民教馆的识字教育并非单纯的认字，还糅合了政治常识、公民知识及民族精神的灌输。识字扫盲是近代中国面临的一项重大任务，时人认为"要救中国，便

---

① 参见毛文君、赵可：《民国时期社会教育实施效果有限的原因探析——以民众教育馆为例》，《广西社会科学》2006 年第 11 期；赵倩：《现代化语境下的民众教育与社会改造：1928—1937 年北平地区民众教育馆研究》，北京中国人民大学出版社 2015 年版；李冬梅：《民国时期民众教育馆举步维艰的缘由》，《求索》2010 年第 12 期；户部健：《关于 20 世纪 20 年代末至 40 年代天津社会教育的变迁——以民众教育馆的教育活动为例》，《城市史研究》2010 年第 00 期；周慧梅：《近代民众教育馆研究》，北京：北京师范大学出版社 2012 年版；朱煜：《民众教育馆与基层社会现代改造（1928—1937）：以江苏为中心》，北京：社会科学文献出版社 2012 年版；周慧梅：《集体仪式与国家认同——以山西省立民众教育馆为考察中心》，《天津师范大学学报》（社会科学版）2018 年第 1 期；裴聪：《民国时期民众教育馆的功能取向变迁——以江苏省立南京民众教育馆的科技教育活动为考察中心》，《中国人民大学教育学刊》2020 年第 1 期；朱煜：《民众教育馆与民众国家意识的塑造（1928—1949）》，北京：人民出版社 2022 年版。

② 参见马馨：《民国以来民众教育馆研究现状与展望》，《西部学刊》2021 年第 22 期，第 122 页。

③ 《教育如何才能大众化?》，《民众园地》1933 年第 2 卷第 5 期，第 3 页。

④ 参见广西省政府编辑室：《广西省施政纪录：二十三年度·教育》，广西省政府 1936 年版，第 726 页。

要积极的做识字运动"①。"倘若民众不识字，不但文化不能传递与演进下去，且将日益退化，由此观之，国民是不能不识字的。"② 识字的过程也是知识普及和精神的提升的过程。该馆编印的识字课本和民众读物，涵括生活常识、广西地方政策、地方自治、党化教育、抗日宣传等内容，在提升失学民众识字水平、普及现代社会必备常识的同时，也提高了民众的政治认识，培植了自治、自立、自主思想以及民族意识与爱国情怀。

广西省立民教馆通过开办多种民众学校实验班，对失学民众施以识字补习。（详见表1）其中，平南村民众补习班是为试验农民教育而设，以平南村民为主要教授对象。短期小学目的在救济失学之学龄儿童，分为馆内短期小学和苦力短期小学。函授学校主要以不能来馆学习的民众为施教对象。就学生人数而言，这些班级规模较小，人数最多者仅为141人，最少者为36人。但实验班创办的目的在于"实验民众教育之改进方法"③，以作为各县办理民众教育之参考。因而，这些班级仍具重要参考意义。就施教对象而言，实验班以社会底层民众为主，如码头工人、手工业者、车衣工、小贩、农民、失学儿童等。该馆民众实验班为年长失学者与家贫无力就学者接受教育提供了难得的机会，使民众教育真正贴近民众、面向民众。

表1　广西省立民众教育馆民众学校实验班概况

班级名称	班级数	学生人数（名）	学习期限（月）	课程	教材
民众教育实验班	3	141	6	读本、常识、珠算、歌唱	《广西民众基础读本》等
民众补习初级实验	1	50	6	读本、算术、音乐等	《南宁民众基础读本》《小学复兴算术》等
民众补习高级实验班	1	49	6	读本、自由阅读、文字运用、笔算、尺牍	——
平南村民众补习班	1	113	4	读本、常识、算术	《南宁民众基础读本》；自编常识讲义；自编算术教材
函授学校	1	57	12	国文、常识	《函授学校国文讲义》《函授学校常识讲义》

---

① 张家瑶：《教民发财》，《民众园地》1933年第2卷第1/2期，第12页。
② 拯民：《谈谈民众教育》，《民众园地》1933年第1卷第3/4期，第74页。
③ 广西省政府委员会第五十四次会议决议公布：《广西省立民众教育馆办法大纲》，《广西教育行政月刊》1932年第2卷第3期，第51页。

续表

班级名称	班级数	学生人数（名）	学习期限（月）	课程	教材
馆内短期小学	1	36	—	读本、算术、音乐	《短期小学读本》等
苦力短期小学	1	80	—	读本、算术、音乐等	《南宁苦力工人读本》《小学复兴算术》等

资料来源：根据《民众园地》1933 年第 2 卷第 1/2 期、1933 年第 2 卷第 5 期、1934 年第 3 卷第 1 期整理。

民众学校实验班的课程以识字为主，同时设置常识、算术、阅读等课程加强对国民基本常识的普及。民众学校实验班的课程，除读本外，还包括常识、算术（笔算）、尺牍、自由阅读、音乐（歌唱）等科目。读本科主要训练民众识字读书的能力；常识科以教授科学文化知识、普及公民常识为主；算术、尺牍、自由阅读、音乐等科，目的是为提高民众记账、写信技能，培养民众自由阅读能力以及陶冶民众艺术情操。其中，识字训练是教学的重心，其他科目则作为补充。由这些课程可知，广西省立民教馆意欲培养的新国民，他们一方面既能识文断字、写信记账，又必须具备一定的现代科学文化常识，是识字程度和文化素养较高的国民。

广西省立民教馆坚持因地制宜、因材施教的原则，紧密结合省情，编辑多部识字教材，因地因材推广识字。识字课本通过独特的话语体系，在传授基本识字能力的同时，塑造着国民的行为与思想价值观念①。为适应广西民众的识字需要，广西省立民教馆自行编印了多部识字课本，包括《广西民众基础读本》《南宁民众基础读本》《南宁苦力工人读本》《临时夜校补充读本》《民众常识》《平南村民众补习班农民常识》《函授学校国文讲义》《函授学校常识讲义》等②。这些教材承载着广西民教知识精英及政府急需向民众传递的新知识、新观念。它们不仅被运用于该馆识字教学当中，还被诸如公安局、地方监狱、妇女协会、妇女工读学校等机构采用③。可见，该馆编印的识字课本具有较强的针对性，更适应广西民众的需要，这有利于扩大识字教育的效力。

识字课本渗入大量地方性知识，通过向民众灌输本省政治经济建设常识，培育有助广西建设的基础国民。1930 年代初，新桂系当局意欲通过加强"公民训练"，贯彻

———————

① 参见周慧梅：《国民塑造与识字教科书的常识书写》，《现代教育论丛》2021 年第 2 期，第 57—65 页。

② 参见胡华堂：《教学部教学事业概述》，《民众园地》1934 年第 3 卷第 1 期，第 33—34 页。

③ 同上。

其"建设广西，复兴中国"的政治方针。广西省立民教馆作为政府"教化"民众、统治地方的工具，其所开展的教育活动带有明显的政治色彩，重视对民众的政治意识灌输。该馆识字教材中编入大量广西政治经济建设的知识，如《广西民众基础读本》《南宁民众基础读本》直接规定，关于"广西政治经济建设计划"的题材须占全部内容50%，占比最高①。教材中编有"广西省政府""广西的交通""广西的出口货""广西的入口货"② 等文，向民众传递广西常识，使其明了广西建设的大意。可见，该馆识字教育并非只是让民众学会认字，更重要的是提高民众的政治认识，培育民众成为支持政府、有助广西建设的基础国民。

传播地方自治知识、塑造民众自治自主观念是广西省立民教馆的重要教学内容。1931年，新桂系重新统一广西后，积极推行地方自治。为培养民众的自治意识，广西省立民教馆通过阐释地方自治理念及为什么要兴办民团、划分区村镇街甲及清查口户等相关问题③，使民众能够了解地方自治的作用及意义。此外，该馆通过课文灌输"地方上的事情，就是地方上人的事情。我们是地方上的人，大家就要去管理地方上的事情"④ 等理念，动员民众参与管理地方公共事务。这些举动，有助于培植民众自治、自立、自主意识，促进自治思想在民间的传播。

广西省立民教馆将抗日宣传与识字教育相结合，在推广识字教育的同时，积极宣传抗日救国，增强民众的民族意识和国家认同感。九一八事变后，抗日救亡运动在全国兴起。为宣传抗日救国，该馆通过阐释帝国主义、民族主义等政治概念，介绍黄花岗、国庆、国耻等重要政治事件以及叙述日本侵占我国东北的情形等，培养民众反日反帝心理，培植爱国主义思想。课文还通过呼吁国民拒买日货，以抵制日本的经济侵略，如《广西民众基础读本》上册第三十七篇："国民，国民，我们不买日货，是对待日本最好的一个办法。因为，我们不买日货，日本人就没有饭吃，会死在我们的手上。"⑤ 可见，该馆将爱国教育蕴藏于扫盲教育之中，以标志性的历史事件为切入点，让民众在对历史事件的感知中强化对"国民"的身份认同，使民众心里装着国家和民族。

广西省立民教馆在推广识字过程中，有意识地传播三民主义，宣传党化教育，构

---

① 参见胡华堂：《一年来之文字教育》，《民教通讯》1934年3月7日，第2版。

② 参见唐开乾：《民众常识课程及教材纲要》，《民众园地》1933年第2卷第1/2期，第83—84页。

③ 同上。

④ 蔡挺生：《民众基础读本教学总论》，《民众园地》1933年第1卷第3/4期，第61页。

⑤ 同上书，第54页。

建民众的政治认同。南京国民政府成立后，国民党利用其执政优势，在全国范围内推行以"三民主义"为核心的党化教育。[①] 广西省立民教馆作为官方的社教机关，其课程中自然少不了"三民主义"等服务当局意识形态的内容。如《公民常识》有"总理遗嘱""民族主义""民权主义""民生主义"等文[②]，向民众介绍孙中山及其三民主义思想，以唤起民众对三民主义的信仰。此外，还通过举行总理纪念周、双十节演讲周等[③]，借助孙中山、双十节等象征符号，向民众传递国民政府正统地位的观念，强化民众的政治认同。

传播科学卫生常识、生产生活知识，塑造民众现代性，是识字教育的重要任务。为了净化社会风气，使民众真正摆脱传统思想旧观念的束缚，广西省立民教馆识字教材中编入许多科学知识、现代生活常识内容。如"怎样寄信""怎样打电话""种稻的要法""怎样避雷电"等文，向民众传递了日常生产生活实用知识和技能；"防疫""饮水消毒""公共厕所""住和食的卫生"等文，传播了日常卫生及疾病防御知识[④]。可见，该馆识字教育是改造民众生活的有力工具，有助于新生活观念和卫生生活的建立。

此外，广西省立民教馆还编印各类民众读物，普及科学文化常识。该馆编印的民众读物有《民众周报》《民众三日刊》及各类民众小丛书。《民众周报》和《民众三日刊》除设新闻等栏目外，还专设常识一栏，传递公民、科学、医药、卫生、家庭等方面的常识。民众小丛书主要分为两类：一类是培育国民道德的，如《岳飞》《文天祥》《好家庭》；一类是传递科学常识的，如《开会常识》《我们要用新制度量衡》《森林保护法》等[⑤]。这些民众读物除供馆内学生阅读外，还被县民教馆、县阅报所、民团民校等社教机关订阅[⑥]。这些民众读物在普及科学常识的同时，也提升了民众的道德认知。

---

① 参见葛爽：《国民党"党化教育"中的三民主义：以民国时期中小学党义教科书为中心的考察》，《黑龙江史志》，2014 年第 11 期，第 55—58 页。

② 参见唐开乾：《民众常识课程及教材纲要》，《民众园地》1933 年第 2 卷第 1/2 期，第 83—84 页。

③ 参见李士衡：《平南村民众补习班概况》，《民众园地》1934 年第 3 卷第 1 期，第 244 页；唐开乾：《本馆高级民众补习实验班第一二个月实验经过情形》，《民众园地》1933 年第 2 卷第 5 期，第 76 页。

④ 参见唐开乾：《民众常识课程及教材纲要》，《民众园地》1933 年第 2 卷第 1/2 期，第 83—84 页；唐开乾：《本馆高级民众补习实验班第一二个月实验经过情形》，《民众园地》1933 年第 2 卷第 5 期，第 73 页；胡华堂：《教学部教学事业概述》，《民众园地》1934 年第 3 卷第 1 期，第 43 页。

⑤ 参见亢黄化：《研究部一年来工作概述》，《民众园地》1934 年第 3 卷第 1 期，第 16 页。

⑥ 参见胡华堂：《教学部教学事业概述》，《民众园地》1934 年第 3 卷第 1 期，第 34 页。

二、推进生计教育以提高民众生产知识技能

广西省立民教馆一方面注重实施提高民众知识的文化教育，另一方面也积极开展生计教育，培养民众维持生活、增加生产的能力。20 世纪 30 年代初，我国农村经济出现了严重危机，广大农民生活陷入贫困境地。改善民众生计成为救亡图存的首要任务。1932 年制定的《广西教育改进方案全稿》要求"各民众教育馆拟定生计教育实施办法并分期进行"[①]。广西省立民教馆实施的生计指导，主要包括组织合作社、设置职业补习班、加强农事指导等方面。这些生计措施的推行使民众获得生产知识与技能的同时，道德素质和文明素养也得到一定提升。其组织建立的合作社具有"开风气之先"的作用，为广西其他地区建立合作社提供了模板。合作社通过借贷、优惠购物及共用农机等方式，一方面为民众生计提供了保障，一定程度上缓解了民众生产生活困难；另一方面培育了国民合作互助、自治民主、勤俭节约、机械化生产等思想观念，增进了国民现代性。该馆的职业教育和农业改良试验，提升了民众生产技能，促进了民众自谋自救、自立自强的能力。

广西省立民教馆组织建立的合作社具有拓荒意义，促进了广西民众对合作社的认识。该馆指导建立的合作社主要有 4 个，分别为平南无限信用合作社、南宁苦力消费合作社、南宁水土消费合作社、平南灌溉合作社。合作社的目的各不相同，信用合作社是以社员互助来谋求金融流通及鼓励民众储蓄，以解除高利贷剥削；消费合作社目的在使社员共同购买需要的货物，免除中间环节的盘剥；灌溉合作社是使社员共用机器抽水灌田，以防旱灾，增加农业生产。这些合作社乃为在广西推广合作事业而进行的初步试验，大都属于本省首创之举，提高了民众对合作社的认识，推动了广西合作事业的发展。

平南无限信用合作社是实验农民合作社的首次尝试，为广西其他地区建立合作社及开展农村教育实验提供了样板。平南村为广西省立民教馆农民教育实验区。1933 年 10 月 1 日，该馆指导平南村民组建平南无限信用合作社，试图利用合作社以顺利推进农民教育。该社主要办理社员借款、社员及非社员储蓄存款等业务。广西省立民教馆多次派员前往该社开展演讲，演讲内容以政治常识、农业生产及合作社知识为主，如什么叫作地方自治，什么叫作帝国主义，信用合作社、灌溉合作社的好处，科学的养

---

① 广西教育厅教育设计委员会编：《广西教育改进方案全稿》，广西教育厅教育设计委员会，1933 年，第 80 页。

鸡、养猪、养牛法等问题①。此类演讲取得一定成效，"各社员每次都是兴趣勃勃的！毫无倦容"②。此外，平南灌溉合作社也是农民合作事业之一，后虽以失败告终，但其开展的系列筹备工作，引进了先进农业技术，有利于培养农民机械化生产意识，促进广西农业的现代化。

信用合作社的推行，为农村输入了合作、互助、自治、民主的观念，有助于提升农民道德水准和文明素养，增进国民现代性。平南无限信用合作社最高权力机关为全体社员大会，诸如社员入社、通过社章、选举职员、借款及储蓄办法等事项均由社员大会议决施行，这有助于训练民众养成自治习惯，培养民主精神与团体观念。该社实行连带无限责任制，规定如社员借款不还，则由全体社员平分赔偿③。这一做法既保障社内资金的稳定，亦能够培养社员互帮互助精神。此外，该社要求就职人员需当众宣读誓词，词曰："余誓以至诚遵守本社章程，忠心服务，遇事以社员公众利益为前提，决不受私舞弊，倘或违背誓言，愿受本社最严厉之处分。此誓。"④ 该誓词对就职人员提出遵守社章、忠心服务、不徇私舞弊的要求，强调以公众利益为先的观念，于无形中塑造民众遵守纪律、服务团体的意识。总之，农村合作社的建立使一些先进的思想观念传入农村，推动了农村社会发展进步。

信用合作社对调剂农村金融，减缓农民生产生活贫苦具有积极作用。平南无限信用合作社的借款"利息至多是一分"⑤，较低的利息有利于刺激社员借款。截至1934年8月，该社共计办理借款业务34次，累计借出金额2360元⑥。在借款目的上，社员借款主要用于经商、生产及生活事业。如经营小贩、做砖瓦窑、制卖粉利等商业经营，赎田园、购买肥料、购买耕牛、购买驼马、养猪等农业生产，让路拆屋、修理铺屋等生活事项⑦。总之，一方面合作社向社员提供利息较低的贷款，减少了高利贷剥削，在一定程度上缓解农民的经济困难；另一方面有了资金保障，也增添了农民的自谋自救、自立自强的信心勇气。

信用合作社注重培养民众储蓄意识，引导国民形成勤俭节约的生活习惯。平南无限信用合作社规定每半个月召开一次储蓄会，鼓励社员存款。每次储蓄会，每个社员

①　参见裴友萍：《平南无限信用合作社之过去与今后》，《民众园地》1934年第3卷第1期，第108页。
②　裴友萍：《平南无限信用合作社之过去与今后》，《民众园地》1934年第3卷第1期，第104页。
③　参见裴友萍：《平南无限信用合作社筹办经过》，《民众园地》1934年第2卷第6期，第40页。
④　裴友萍：《平南无限信用合作社筹办经过》，《民众园地》1934年第2卷第6期，第39页。
⑤　同上书，第36页。
⑥　参见裴友萍：《平南无限信用合作社之过去与今后》，《民众园地》1934年第3卷第1期，第99页。
⑦　同上。

至少认定 1 会，每 1 会为 5 角毫币，得会者须将会款之半数存于社内。如第五次储蓄会，共有 17 名会员认 1 会，1 名会员认 2 会，共得会金 9.5 元①。经过 9 个月的经营，截至 1934 年 8 月，该社计有储蓄存款 235 元②。可见，储蓄会的召开，提高了社内储蓄资金，促进了社务发展；同时，向社员灌输了储蓄意识，有助于推动形成勤俭节约的良好社会风尚。

消费合作社的开办有利于提高民众自主自营能力，改善苦力、船户、警员等城市底层贫苦民众的生活。南宁苦力工人消费合作社成立于 1933 年 8 月 5 日，以 806 名苦力工人为社员。社内职务均由社员充任，这有助于培养社员自主自营能力。该社主要销售苦力日常生活必需品，如柴、米、油、盐、烟、酒、火油、其他日用杂品及劳动用具等，并对社员购物实行优惠政策，以缓解苦力工人生活上的困难③。南宁水土消费合作社则是以水上船户及南宁公安局第四分局警员警士为社员④。总之，消费合作社一定程度上减少了中间环节的剥削，促进民众生活的改善。

广西省立民教馆积极发展职业教育，通过设置织袜、藤工、车缝、苦力工人簿记、护士训练等职业补习班，提升民众职业技能，促进民众自救自立。织袜班主要教授漂染、纺锭、织造、缝熨等技艺；藤工班主要教习藤工工艺，毕业后可至南宁市各藤器店工作；车缝班主要传授量度、剪裁、车缝等技术，技术纯熟的学生"常在外承领衣服缝制，每月可获数元工钱藉以补助家庭用费"⑤；苦力簿记补习班主要教授簿记知识、记数方法，培养苦力记账能力；护士训练班旨在训练医院护士、产科医士、儿童保姆等项技能⑥。可见，职业班教授的技能，民众能够应用到日常生活中，且能获得相应的工作和收入，提高了民众自力更生的能力。

广西省立民教馆致力于开展各项农业改良试验，以提高农民生产技能，增加农业生产。平南农业改良试验场先后对香芋、水稻、旱稻、棉花等农作物进行栽培试验，以选出适合本地种植的品种。经过试验，该场对平南村农业提出诸多改进意见。如根据平南村土壤气候特点，提出将旱田改种荔浦芋或糖蔗；在选择稻种上，强调以产量多、质量好、抵抗力强、成熟期早、稻杆坚硬为标准；在栽种上，强调稻苗栽种不可

---

① 参见裴友萍：《平南无限信用合作社之过去与今后》，《民众园地》1934 年第 3 卷第 1 期，第 104—106 页。

② 同上书，第 99 页。

③ 参见生计部：《举办消费合作社的一个实例》，《民众园地》1933 年第 2 卷第 4 期，第 11 页。

④ 参见赵家晋：《一年来之生计教育》，《民教通讯》1934 年 3 月 7 日第 3 版。

⑤ 赵家晋：《车缝、织袜班概况》，《民众园地》1934 年第 3 卷第 1 期，第 135 页。

⑥ 参见赵家晋：《一年来之生计教育》，《民教通讯》1934 年 3 月 7 日第 3 版。

过密，提倡"疏栽"；在果树种植方面，提出剪枝、勤整园地、防除害虫等改良园艺的方法①。这些举措和意见，传播了先进农业生产知识，有助于促进平南村农业的恢复和发展。

三、着力公民教育以增进公民知识及国家意识

广西省立民教馆致力于塑造公民资格，增进公民知识，培养民众国家观念。其公民教育活动以展览事业和图书事业为主。在物品展览方面，该馆通过设立展览室，举办民众艺术展览会、夏令卫生展览会、农事展览会、儿童中心展览会等，实施"观感式"教育，向民众灌输科学卫生及生产生活常识，使民众在参观展览中塑造公民观念。其中，救国展览激发民众产生民族意识和爱国情感，增强了国民对国家的认同感和归属感及主人翁意识。在民众图书事业上，该馆通过设立图书阅览室、巡回书车、巡回文库及民众书报浏览处，向民众提供图书报刊阅览、借阅服务，让民众享有更多阅读的机会，增强了国民自我教育和自我提高的能力，促使国民养成读书学习的生活习惯和生活方式，从而促进国民综合素质的提升。

广西省立民教馆专设展览室，向民众灌输卫生、科学及史地常识。展览室共分三个展厅：一为卫生疾病中心陈列室，主要陈列生理、卫生、药品、药材等仪器标本；二为理化博物中心陈列室，以展览物理、化学、工业制造、纺织品等模型仪器为主；三为公民史地中心陈列室，主要陈列公民、党义、日货、土产、新度量衡等图书模型②。值得注意的是，为配合广西省政府推行新度量衡制度，展品中特意收入21件新度量衡用器，以普及新度量衡知识。此时展览变成了宣传政府政策的一个工具。据该馆统计，1933年10月至1934年5月，参观人数超过286454人③。可见，参观人数之众。

抗日救国宣传性质的展览是增强国民对国家认同感和归属感的重要渠道。为唤起救亡意识，广西省立民教馆注重利用展览宣传抗日救国。该馆公民史地陈列室以日货展品最多，约440余件④。此外，该馆举办的民众艺术展览会专设"提高民族意识"一类，展示诸如北大营、驯鹿坡、镜泊湖、垂虹桥、避暑园等东北失地图片。通过这

---

① 参见唐开乾：《平南农业试验场与平南村农业之改进》，《民众园地》1934年第3卷第1期，第119—125页。

② 参见胡耐秋：《一年来之阅览事业》，《民教通讯》1934年3月7日，第4版。

③ 参见胡耐秋：《一年来展览部工作概述》，《民众园地》1934年第3卷第1期，第47—48页。

④ 同上书，第46页。

些富有刺激性的材料，使民众了解日本对我国的侵略，激发民众的同情心和爱国心，培植民族国家意识。据该馆记录，参观之人"络绎不绝"①，最多之日"不下万余人"②。可见，救国展览有助于唤起民众历史记忆，强化民族认同与国家认同，增进团结。

展览会是灌输民众生产生活常识、宣传农业改良的一个重要窗口。民众艺术展览会举办的宗旨为"提倡民众化的艺术……可使大家从这些画幅上得到相当的常识，令艺术和教育打成一片"③。该会展品共计200余件，除提高民族意识类，还被分成农民生活、民众职业、合作社等类，如"种树""插秧""打铁工人""信用合作社""灌溉合作社""苦力合作社"等。此外，广西省立民教馆还于平南村举办农事展览会，陈列品计700余件，包括水稻、甘蔗、茶、荔浦芋、沙田柚、桂林冬笋等广西主要农作物、特产，以及各种林木标本、水利模型等。④ 对于农事展览，民众颇感兴趣，参观之人"如湖水之汹涌"⑤。可见，通过展览会，参观民众能够获取一定的生产生活常识及农业改良知识。

展览会对提倡儿童教育、传播儿童教育知识大有裨益。儿童教育事关祖国未来和民族前途，意义重大。恩格斯很早就关注到儿童教育问题，他倡导"对所有儿童实行公共的和免费的教育"⑥。广西省立民教馆于1934年元旦举行儿童中心展览会，通过展陈改良儿童服装、儿童卫生病理模型、儿童教育挂图、托儿所用具设备等，宣传儿童生活、儿童卫生、儿童教育及托儿所等方面知识⑦。此外，该馆还首创苦力托儿所，招收苦力婴儿，实施幼稚教育⑧。广西省立民教馆的这些举动，有助于唤起社会对儿童培养的关注，对促进广西儿童教育的发展具有一定意义。

展览会有力地宣传了卫生知识，传递健康理念。广西省立民教馆于1934年6月举办夏令卫生展览会，展览主题分为穿衣卫生、饮食卫生、居住卫生、公共场所卫生、精神卫生、疾病预防与治疗及药品知识等。各项展品的名称均直白明了，如"腐

---

① 胡耐秋：《一年来四大中心展览》，《民众园地》1934年第3卷第1期，第168页。

② 同上。

③ 同上。

④ 同上书，第179页。

⑤ 唐开乾：《一年来之活动事业》，《民教通讯》1934年3月7日第6版。

⑥ 中共中央马克思恩格斯列宁斯大林著作编译局编：《马克思恩格斯选集》第1卷，北京：人民出版社2012年版，第422页。

⑦ 参见胡耐秋：《一年来之阅览事业》，《民教通讯》1934年3月7日第4版；胡耐秋：《一年来四大中心展览》，《民众园地》1934年第3卷第1期，第185页。

⑧ 参见胡华堂：《托儿所概述》，《民众园地》1934年第3卷第1期，第250页。

败的东西不能吃""未煮沸水不宜喝""每日每人须饮水五杯至十杯""住宅四周宜常打扫，沟渠宜常清理""街道上每日至少须洒水二次"等，参观民众就算是粗略浏览，亦多少能够从中了解到卫生常识。展品还附带详细的文字说明，更细致地向民众解说卫生原理。如"家中有人患传染病时"的说明为："家中有人患传染病时，须急速请医生来家诊治，尤以西医奏效较速；若挑痧刮痧的人，因缺乏生理常识，甚属危险"①。通过阐述传染病的就诊方法，引导民众树立卫生健康观念。据该馆统计，1934年5月5日至17日，参观民众共计200664人②。可见，参观人数之多。

图书阅览室让民众享有更多阅读的机会，增强了国民自我教育和自我提高的能力。广西省立民教馆图书阅览室分为成人阅览室、儿童阅览室。成人阅览室藏书丰富，共有3047部，包含政治、农业、工业、商业、教育、小说、医药、军事、历史、科学自然、革命文库等类。除书籍外，阅览室还有《南宁民国日报》《申报》《时事新报》《新闻报》《晨报》《中央日报》《大公报》《民国日报》等100多种报刊可供阅读③。儿童阅览室共藏儿童读物640部，儿童杂志6种，儿童报纸3种④。据该馆统计，1933年7月至1934年5月，到室阅览43918人，借出图书18258册⑤。从该馆阅览室的办理情况，我们可以看出，为提高民众的读书阅报能力，增进文化知识，知悉中外大事，阅览室提供了各式各样的图书报刊。这为民众提供了便利，满足了其读书的需要，充实了民众的精神文化生活，有利于国民养成读书学习的生活习惯和生活方式，促进国民综合素质的提高。

广西省立民教馆通过巡回书车、巡回文库及民众书报流览处等实施流动教育，更大程度地为民众提供阅读服务。巡回书车的书籍以民众生活知识、公民修养与技能种类为主。据该馆统计，1933年10月至1934年5月，巡回书车共出巡28次，到场阅览4475人，共借出图书355册⑥。可见，巡回书车具有一定的施教效果。该馆还设立小学巡回文库，主要分为儿童读物、小说、卫生、医药等类。巡回文库举办7周，借书者共1276人⑦。可见，巡回文库亦发挥了一定教育作用。可见，该馆举办的图书流通事业取得了一定成绩，一定程度上弥补了图书阅览室固定阅览的缺陷，促进了民众

---

① 胡耐秋：《一年来四大中心展览》，《民众园地》1934年第3卷第1期，第194页。
② 同上书，第195页。
③ 参见胡耐秋：《一年来展览部工作概述》，《民众园地》1934年第3卷第1期，第50—53页。
④ 参见梁珪训：《儿童阅览室与儿童读书会》，《民众园地》1934年第3卷第1期，第211页。
⑤ 参见胡耐秋：《一年来展览部工作概述》，《民众园地》1934年第3卷第1期，第53—58页。
⑥ 参见蒋为健：《巡回书车与巡回文库》，《民众园地》1934年第3卷第1期，第203页。
⑦ 同上书，第208页。

文化知识的增长。

四、推广健康教育以促进国民身体心灵健康

广西省立民教馆推行的健康教育，目的在于培育身心健康、身心俱美的国民。近代以来，随着"卫生救国"理念的传播，许多有识之士开始积极倡导健康教育，以促进民族健康。"人民健康是民族昌盛和国家强盛的重要标志"①，广西省立民教馆主要从卫生、体育、娱乐三方面引导国民建立文明健康生活方式。在卫生方面，其主要通过设立民众医院、办理护士训练班、组织民众健康会等，普及卫生常识，增强民众主动防病意识；在体育方面，该馆积极提倡国术、开展体育活动、举办运动比赛，以激发民众体育热情，引导民众养成运动锻炼的生活习惯；在娱乐方面，该馆民众娱乐室、民众茶亭、民众话剧团的建立，丰富了民众娱乐生活及精神世界，有助于塑造国民积极向上的精神面貌，促进国民心灵健康。总之，该馆以提供健康服务、提倡体育锻炼、改善民众娱乐为重点，推进健康教育，不仅强调提高国民身体素质，而且注重国民的心灵健康建设。

广西省立民教馆通过设立民众医院、平南医室等公共卫生服务机构，以向民众赠医送药、提供医疗救济服务的形式，实施卫生教育，普及健康知识，促进民众健康。民众医院设有义务医生免费看诊，同时规定对外科、眼科、皮肤科的特定病人不收药费。在就诊期间，该院安排卫生宣讲员对民众进行卫生常识普及，如在挂号处、换药时及诊察后，由护士班学生对就诊民众作个别卫生谈话；在医院书报浏览处，由护士班学生发给民众含有教育意义或卫生格言的美术画片②。据统计，1933 年度，就医民众多达 8296 人③。在乡村卫生方面，该院分设平南医室，对平南村民施以卫生救济。1934 年 5、6 月，该室共接待就诊病人 225 人④。可见，该馆努力为民众提供卫生与健康服务，一定程度上提高了基层防病治病的能力，同时也促进了民众身体素质的提升。

民众医院坚持以预防为主，积极办理各项卫生防病活动，加强健康知识宣传，增强民众主动防病意识。"预防是最经济、最有效的健康策略"⑤，为预防霍乱，民众医

---

① 习近平：《高举中国特色社会主义伟大旗帜　为全面建设社会主义现代化国家而团结奋斗：在中国共产党第二十次全国代表大会上的报告》，北京：人民出版社 2023 年版，第 48 页。
② 参见韦炳祥：《成立后之民众医院》，《民教通讯》1934 年 3 月 7 日第 8 版。
③ 参见余秀峰、韦炳祥：《民众医院概述》，《民众园地》1934 年第 3 卷第 1 期，第 152 页。
④ 同上书，第 147 页。
⑤ 习近平：《习近平谈治国理政（第四卷）》，北京：外文出版社 2023 年版，第 332 页。

院于 1933 年 6 月举行霍乱防疫注射活动，此次注射民众约 3000 余人；为预防天花，该院于 1934 年 4 月在邕宁市内及平南村开展种痘注射活动，"受本院施种者，不下千余人"①。为预防夏季传染病，该院又于 1934 年 5 月举办注射防疫血清活动②。可见，民众医院主动践行"预防大于治疗"的健康理念，积极开展卫生宣传，为民众提供注射疫苗服务，增强了民众预防疾病的意识及能力。

护士训练有助于增进基层卫生人员知识和技能，提升医疗救治储备能力。护士训练班主要教授药物学、调剂学、传染病学、皮肤病学、创伤学、救急绷带法、卫生学等科目。另外，还设实习科提升实践技能，如创伤消毒实习、调剂实习、卫生宣讲实习、看护实习等。通过这一系列课程，学生能够习得调剂、创伤、急救等现代医疗卫生知识与技能。如国家遭遇战争，这些学生"亦可到前方去做战地救护的工作"③。可见，护士班的举办不仅能够提升基层卫生人员知识技能，更是为战时储备医护力量

民众健康会是卫生知识宣教的重要方式，对提高民众卫生认知水平具有积极作用。广西省立民教馆民众健康会的宗旨为"灌输民众以卫生常识，促进民众之健康，养成民众之自卫及团结力量。"④。该会规定，会员本人或其家人可享受免费挂号、减免药费、免费体检、免费注射疫苗等权利。与之相对应，会员需履行接受卫生指导、听卫生演讲、入民众学校读书、练习国技或接受看护训练等义务。可见，该馆将享受医疗福利与接受教育挂钩，从而吸引民众积极接受教育。此外，该馆还多次举行卫生讨论会，通过讨论产妇卫生、个人卫生、运动卫生、霍乱症、伤寒等问题，普及卫生疾病知识，促进民众树立卫生、健康观念⑤。

民众健康会注重改善国民家庭卫生，加强人居环境卫生整治。民众健康会通过调查会员家庭卫生状况，从而实施卫生指导。卫生调查包括衣食住行等各方面。在第一次卫生调查中，厕所位置不适当、便器甚污秽者有 21 家，空气与光线不足者 19 家，无浴室及不清洁者 15 家，无水沟及不流通者 15 家，地方潮湿及不清洁者 11 家；至第二次卫生调查，各项分别减至 14 家、12 家、4 家、9 家、7 家⑥。可见，通过卫生调查与指导，民众家庭卫生状况获得一定改善，有利于提高民众生活品质。

广西省立民教馆重视发挥体育的作用，通过举办国术班、开展体育活动等方式，

---

① 余秀峰、韦炳祥：《民众医院概述》，《民众园地》1934 年第 3 卷第 1 期，第 139 页。

② 参见余秀峰、韦炳祥：《民众医院概述》，《民众园地》1934 年第 3 卷第 1 期，第 139—140 页。

③ 余秀峰、韦炳祥：《民众医院概述》，《民众园地》1934 年第 3 卷第 1 期，第 140 页。

④ 同上书，第 148 页。

⑤ 参见余秀峰、韦炳祥：《民众医院概述》，《民众园地》1934 年第 3 卷第 1 期，第 149—150 页。

⑥ 同上书，第 151 页。

弘扬体育精神，培养国民运动锻炼习惯。1933 年通过的《广西教育改进方案》规定"积极提倡民众体育"[1]。广西省立民教馆成立后即将广西省立第一公共体育场收归办理，号召民众加强身体锻炼[2]。体育场置有篮球、足球、排球、乒乓球、木马、单杠等多种运动器具，供民众使用。据该馆记录，平均每日到体育场运动者多达六七百人[3]。就促进人的全面发展角度而言，该馆对民众体育的提倡，有利于提升国民身体素质，提高民众的健康水平和生活品质；从推动社会文明进步角度审视之，该馆为民众送上运动生活和健身指南，丰富了民众的精神生活，有助于广西良好社会风气的形成。

民众运动比赛参与民众众多，激发了民众体育热情。广西省立民教馆先后举办了民众渡河、端午竞舟、排球、足球、男子女子单车、苦力工人长途赛跑等比赛活动，以培养民众运动习惯及技能。在儿童运动方面，该馆举办了元旦儿童运动会，通过举行乒乓球、踢毽子、跳绳、竞走、体操等比赛，培养儿童运动兴趣，锻炼儿童体格。据统计，参加儿童运动会的民众及儿童"共约数万人"[4]。总之，民众运动会的举办，增强了民众身体素质，提高了民众特别是青少年体育健身意识，在一定程度上也促进了广西体育事业发展。

民众娱乐室、民众茶亭通过开展一些"寓教于乐"的活动，对国民施以休闲教育，引导其在生活方式、精神情趣上向现代化迈进，培育健康向上的社会风尚。为提倡和改进民众娱乐，广西省立民教馆于馆内设立民众娱乐室，放置乐器、棋类、收音机、电影放映机及省内外报纸等，吸引民众前来娱乐及阅览，并趁机对民众作个别宣传或识字测验[5]。此外，该馆还建立民众茶亭，于亭内开展科学实验、卫生表演、车缝表演、模型演讲等活动，娱乐民众的同时，灌输科学卫生常识[6]。据统计，1933 年借用娱乐器具者达到 12489 人[7]。可见，该馆对民众娱乐生活的改善，有助于增强国民获得感、幸福感，塑造国民积极向上的精神面貌，一定程度上促进了国民生活品质

---

① 广西教育厅教育设计委员会编：《广西教育改进方案全稿》，广西教育厅教育设计委员会 1933 年，第 66 页。

② 参见《训令：第四九四号（三月十四日）：令省立第一公共体育场场长黄祥霖：饬将该场归并省立民众教育馆办理由》，《广西教育行政月刊》，1933 年第 2 卷第 9 期，第 13 页。

③ 参见《二十二年度本馆康乐部事业一览》，《民众园地》1934 年第 3 卷第 1 期，第 210 页；范启周：《康乐部活动概述》，《民众园地》1934 年第 3 卷第 1 期，第 70 页。

④ 范启周：《康乐部活动概述》，《民众园地》1934 年第 3 卷第 1 期，第 71 页。

⑤ 参见范启周：《一年来之健康教育》，《民教通讯》1934 年 3 月 7 日第 3 版。

⑥ 参见钟星云：《娱乐事业概述》，《民众园地》1934 年第 3 卷第 1 期，第 155 页。

⑦ 同上书，第 159 页。

及社会文明程度的提高。

话剧是常识普及、形塑国民观念的利器。广西省立民教馆民众话剧团先后公演了 5 场话剧，分别为《谁之力》《生路》《一个失教者》《新杀登场》《苦力韦大》①。这些话剧以灌输知识、开启民智为主，如《谁之力》讲述农民合作购机抽水灌溉的故事，提倡破除迷信、兴办水利；《一个失教者》描写被父母溺爱的一个青年的悲剧，强调要重视家庭教育；《生路》解释霍乱病是由传染而来，并非鬼神为害，向民众灌输卫生常识。这些话剧深受民众喜爱，表演结束后"观众还翘首企足，依依恋看不走"②。可见，话剧表演能够增进民众知识，提升民众见识，形塑国民思想价值观念。

五、结语

广西省立民教馆的教育实践是广西社会教育事业的重要组成部分。其开展的识字教学、生计指导、展览阅览、体育娱乐等系列教育活动对普及常识、开启民智、培养爱国意识、提升国民健康等起到了重要作用。该馆的识字教育非单纯的认字，而是糅合了政治常识、公民知识及民族精神的灌输。其编印的识字课本和民众读物，融入大量广西政治经济建设常识、地方自治、党化教育及抗日救国的内容，在提升民众识字水平同时，也提高了民众的政治认识，培植了自治意识和爱国情怀。该馆各项生计措施的推行使民众得到相当补救。其组织建立的合作社具有"开风气之先"的作用，为广西其他地区建立合作社提供了示范。生计指导一方面为民众生计提供了保障，一定程度上缓解了民众生产生活困难；另一方面也传播了合作互助、自治民主、勤俭节约、机械化生产等思想观念，促进了民众自谋自救、自立自强的意识。该馆展览室、展览会及民众图书事业的举办，使民众文化水平、民族国家意识获得一定提高。展览室、展览会注重普及各项常识，使民众在参观展览中塑造公民观念。其救国展览强化了民众对国家的认同感和归属感。该馆图书事业为民众提供了更多阅读的机会，增强了国民自我教育和自我提高的能力，有助于提升国民的综合素质。该馆开办的体育卫生及娱乐活动，不仅使国民体质得到增强，还帮助民众树立健康向上的娱乐生活，促进了民众心灵健康。

当然，广西省立民教馆在施教过程也存在诸多不足。如识字宣传、流动演讲"未

---

① 参见范启周：《康乐部活动概述》，《民众园地》1934 年第 3 卷第 1 期，第 68—69 页。
② 范启周：《康乐部活动概述》，《民众园地》1934 年第 3 卷第 1 期，第 69 页。

能深入民众诱导"①，民众体育"未见设法使其普遍化"② 等。虽然其施教成效和国民政府设定的目标存有一定差距，但其取得的建设成就及经验成果，对于今天发展全民教育、终身教育，建设学习型社会，建设健康中国具有一定的借鉴和启迪作用。

① 广西省教育厅导学室编：《广西省政府教育视察团教育视察报告：二十二年度》，广西省教育厅导学室1934年版，第291页。

② 同上书，第292页。

古代文学研究

秉承诗旨，一片仁心：
论马一浮词的创作理念及思想内涵

许柳泓*

【摘要】 马一浮的词作共 121 首，主要收录于《芳杜词剩》和《芳杜词外》之中。马一浮深谙礼乐之义，又推崇诗教，在他的认识中，词乃是诗之剩、诗之外，地位逊于诗。他虽有轻视词之嫌，但其词的创作却合乎他所提出的"《诗》教主仁"的理念。马一浮词的内容包含了"慕俦侣、忧天下、观无常、乐自然"四端，词中的思想内蕴融合了道家的"观化""自然"、佛家的"梦幻""虚空"和儒家的"尽心知性"，并以"明道性"为旨归。其词造语大俗大雅，又巧用前人成句，具有雅俗兼备的特点，又具有高妙精微的境界。马一浮坚持"仁即性德"的观点，其词的创作实际可视为其诗歌创作的延续。

【关键词】 马一浮　词　仁　词学观念　《芳杜词剩》　《芳杜词外》
思想内蕴

马一浮以其博大的胸襟和高远的目光向世人展现了中华传统文化的无穷魅力，无愧于"理学大师"之赞誉。马一浮生平的诗词创作多达四千首，有《蠲戏斋诗前集》《避寇集》《蠲戏斋诗编年集》《芳杜词剩》《芳杜词外》《诗辑佚》《词辑佚》等。其

---

* 【作者简介】许柳泓，女，1995 年生，广东汕头人，南开大学文学院在读博士研究生，研究方向：唐宋文学与宗教。

诗作得到了众多学人的高度评价：徐复观称赞其诗是"当代第一流乃至第一人的手笔"①；刘梦溪赞叹道："二十世纪学者当中，王国维、陈寅恪、钱锺书、萧公权、吴宓等都能诗，但马先生的诗学成就应该排在前面而又前面。"② 诚然，这是对马一浮诗作的极大认可。这种认可也缘于马一浮提出的"《诗》教主仁"理念，这一理念实现了理学与经学、哲学与文学的交融，使得传统诗教观焕发出了勃勃生机。马一浮的创作紧紧跟随着他的理论，正是基于这一点，历来的研究多关注于马一浮的诗作，对其词作则鲜有提及，也缺少较为系统的研究。马大勇教授《"活人剑，涂毒鼓，祖师禅"：论马一浮词》一文注意到了马一浮词中独有的"情感力量"，该文认为："马氏《芳杜词剩》《芳杜词外》二集自起笔即充溢芬芳悱恻的情感力量，其'学''理'的成分在词中非但不冲淡'词味'，且别增一种舒卷摇曳之致。"③ 虽然，相比起为数众多的诗作，现存的 121 首词作稍显单薄，但是细读马一浮的词作却不难发现，其词作是其诗作的延伸，"《诗》教主仁"的理念依旧贯穿于其中。通过对马一浮词作的剖析，可以为我们进一步认识马一浮的诗教观提供一个新的视角。

一、"若余之词，固无取焉"——马一浮的词学观念

《芳杜词剩》和《芳杜词外》收录了马一浮从 1917 年至 1966 年间的词作，字里行间记载着这位大师半个世纪的峥嵘岁月，在平平仄仄里诉说着人间沧桑。马一浮关于"词"这一文体的论述不多，在《鹧鸪天词跋》中的只言片语，或能窥探其词学观念：

> 此庚寅春旧稿。当时偶尔遣兴，只图趁韵，了无足存，弃之败簏久矣。苏盦见而好之，乃焉装褫成册，属为题识。余不谙声律，未足言词，独念向来词人唱酬游谶之作，多流连声色，末流益趋于靡，视齐梁宫体尤过之。其咏古怀人，形于哀怨，不失其正者盖寡。虽曰燕乐之遗稍远风人之旨，是诚衰世之音也。况僸佅侏离，纷然并集，亦音声感应之理则然。后有正乐者宜知此意，若余之词，固无取焉耳。辛卯二月。蠲戏老人。④

---

① 徐复观：《中国知识分子精神》，上海：华东师范大学出版社 2004 年版，第 52 页。
② 马一浮著，吴光主编：《马一浮全集》（第六册），杭州：浙江古籍出版社 2013 年版，第 493 页。
③ 马大勇：《"活人剑，涂毒鼓，祖师禅"：论马一浮词》，《古典文学知识》2019 年第 3 期，第 63 页。
④ 《马一浮全集》（第二册），第 88 页，本文所引马一浮词作均引自《马一浮全集》。

庚寅年（1950）春时，马一浮因清明苦雨，触机而发，写下《鹧鸪天》组词20首，这一数目已占了他平生词作的六分之一，而他自己却并不看重这些词作，将之弃于败箧。又谦虚地说自己"不谙声律，未足言词"。马一浮与夏承焘、龙榆生两位词学大师多有往来，且有唱和之词相寄。他给龙榆生的回信中曾写道："病卧经时，不亲笔砚，累书旷答，实远人情。今读新词，触发旧习，聊复效矉一上。"① 一位卧病多日的老人因得友人之词而"触发旧习"，可见他对填词之法是谙熟的。再有，此处的"声律"应包含了文学层面的声韵和音乐层面的乐律这两种意思，马一浮深谙礼乐之教，虽谈不上精通，但也不会不知乐律，其词作又多合乎韵律，那么"未足言词"一说既是其自谦的表达，也暗含着他对词的一种轻视态度。换言之，他并非不了解词，而是觉得对于词没有多加谈论的必要。他认为词多是词人"唱酬游谑之作"，是流连声色的产物，末流之作甚至比齐梁宫体诗更加绮艳浮靡。即便是咏古怀人之作，也过于哀怨，能保持"哀而不伤""怨而不怒"的艺术旨趣的作品确乎是少之又少。词的创作已违背了诗教之义，而力主诗教的马一浮自然不愿多加垂顾。

马一浮崇尚诗教，主张"圣人始教，以《诗》为先。《诗》以感为体，令人感发兴起，必假言说，故一切言语之足以感人者皆诗也。此心之所以能感者便是仁，故《诗》教主仁"②。在他看来，《诗》具备可以"令人感发兴起"的体性，《诗》能够触动人心，呼唤人心之仁。人本性为仁，仁存于人心深处，人之所以能从《诗》中获得感动，便是因为心底存仁。《诗》唤醒了内在仿佛沉睡了的仁，而仁流淌于外在灵动的《诗》，《诗》与仁便完成了双向的感动。仁是《诗》的思想之源泉，《诗》以特殊的形式承载着仁，《诗》的字句、韵律、节奏等都是触发感动的因素，也是仁的外化表现。因而，以《诗》来感发仁心才可明见本性，才是正道。而远离"风人之旨"，属于"燕乐之遗"的词显然已偏离正道。马一浮对词的态度已非常明确，作为一名通才型的大师，他自然是不会放弃对于词中音乐要素的考量。词以燕乐为配而歌唱，词之音声感应除了内部音韵平仄带来的和谐美感，更有外部燕乐之音带来的律动，而后者往往更为直接，更容易触击人的心灵。燕乐是在域外音乐和本土音乐的多次交流中逐渐形成的，外族之乐纷繁多样，它的融入势必会打破本土音乐的原有样貌。佛家认为人之耳根最具慧性，故"以音声为佛事"，而"中国佛教音乐美学与儒

① 《马一浮全集》（第二册），第746页。
② 《马一浮全集》（第一册），第136页。

家音乐美学有着很多相似的地方，都把‘中正’‘平和’‘淡雅’‘肃庄’作为基本原则”①。尊崇儒释之道的马一浮自然会以此原则来衡量燕乐，显而易见，燕乐已然与这一原则背道而驰了。马一浮坚持“和顺积中而英华发外”②的音乐观点，中正之乐是天地之和的物质表现，天地合而仁心现。对于妨碍音声感应，阻碍仁心回归的“儌侏侏离”，固然是要采取摒弃的态度。于是，马一浮希望那些想为燕乐正名之人可以明白其中的利害关系，在最后慨叹道：“若余之词，固无取焉耳。”③此处的“无取”大致有两层意思：一是马一浮认为自己的词作只是纯粹的文字游戏，“不类嚬呻，将同戏谑”④，权当作是遣兴戏谑的玩物，即保留词在文学层面的意义而无取其音乐层面的意义。二是马一浮也意识到词在音乐层面有着重要的意义，而这又恰恰是不利于回归仁心的一面，故而认为其词作也无所可取了。或许正是因为这个原因，马一浮将其词集名称定为《芳杜词剩》和《芳杜词外》，一“剩”一“外”已表明在他的认识中，词乃是诗之剩，诗之外，词逊于诗，远不及于诗，只可将其作为诗外的游戏，遣怀尽兴罢了。

至此，我们可知马一浮虽推崇诗教，但也没有全盘否定游离于诗教之外的词。词虽无诗那般有着“令人感发兴起”的神圣，却也不失为一条遣兴的佳径。需要明了的是，自性本自适，而繁杂的俗世常常为自我之性捎来各种不适，自心本纯也因此而染上了污垢。遣兴的目的是让自我之性获得舒适感，在排遣中洗涤污秽，如此说来，这也是走向自性回归的一条路。

二、唱酬观世，忧民乐天——马一浮词的内容

马一浮力推诗教，主张以诗感人，学诗知仁。“仁是尽性，道是率性，学是知性。”⑤通过诗之道来尽人之性，最终回归自性，这是马一浮的理学追求。因而，他的诗歌创作也践行着他的这一理念。他言：“予尝观古之所以为诗者，约有四端：一曰慕俦侣，二曰忧天下，三曰观无常，四曰乐自然。诗人之志，四者摄之略尽。若其感之远近，言之粗妙，则系乎德焉。”⑥这四端几乎涵盖了马一浮三千多首诗作的内容。

① 张培锋：《论大乘佛教“以音声为佛事”的观念——佛教吟诵的理论基础研究》，《文学与文化》2013年第4期，第111页。

② 《马一浮全集》（第一册），第153页。

③ 《马一浮全集》（第二册），第88页。

④ 《马一浮全集》（第三册），第759页。

⑤ 《马一浮全集》（第一册），第136页。

⑥ 《马一浮全集》（第三册），第278页。

经历过风雨飘摇，享受过和平安乐的他，在诗中蕴藏着儒家心怀天下的仁义，也饱含着佛家世事无常的慨叹，但也不失道家任性自然的通达。与友人唱和相赠更成了他艰苦生活中的一抹亮色，贯穿着他的生命历程，装点着他的人生。而细读马一浮的词作则可发现，其词作的内容也大约不出这四端，或言之为是其诗作的附属品。

（一）慕俦侣

马一浮一生辗转多地，经历颇丰，鸿儒白丁、道士僧人都可以成为他的朋友。不管是长辈还是后生，与他志同道合者，他都以仁心相待，款款深情从方块字里缓缓流出。前文提及马一浮与夏承焘、龙榆生交情甚笃，从其词作中大可见出。如《踏莎行·和夏臞禅》：

> 城上乌啼，门前儿戏，今朝有酒今朝醉。鹧鸪飞上越王台，雨中不辨南朝寺。　　野旷人稀，夜深花睡，无心更觅埋忧地。偶然得句尚清和，莫教负了湖山丽。①

马一浮此时已居于杭州，词中所写亦是一派清冷的江南之景。乌啼鹧鸪飞，雨落旧时寺，夜深万籁寂。宁谧的夜晚本是静心赏景的好时候，而此时的词人却被愁绪所困，恨不得一醉解千愁，更无心去寻觅可以埋葬忧愁之处，于是便将其情寄于此景中，借着字句吐露出来。词人在结尾处一转笔锋，或是想起偶然得到远方友人的问候而欣慰，或是喜于触景而发而偶得此和作，连忙宽慰自己莫要辜负了这眼前的秀丽湖山。先是慰己，后是慰人，既是和作，词人自然也希望臞禅勿被心中之愁所蒙蔽了自心，从而错过了周遭原本的美丽。

马一浮与龙榆生的唱和更为频繁。晚年的马一浮疾病缠身，卧床难起，龙榆生也常寄尺素询问近况，聊表牵挂之意。而龙榆生寄来的词作也常常令马一浮欣喜万分，给予了他在愁苦中的一丝甜蜜，马一浮的和作也充满着思念之情。"新词语好还相忆，旧酝杯空久罢斟。"②（《鹧鸪天·答忍寒春日见怀》）虽然自己久疾罢盏，但若能与友人相聚，怕是千杯不醉。"叶落未知秋，言愁始欲愁。"③（《菩萨蛮·新秋答忍寒见怀北山》）自古秋来生悲，多情伤别。离别固然令人心痛，别后也只能以思念来抚慰心

---

① 《马一浮全集》（第三册），第759页。
② 同上书，第771页。
③ 同上书，第773页。

灵。思念友人自然是一种悲愁，恐未言及之时便已愁苦万分。但换位想来，友人又何尝不在思念着你呢？被他人思念岂不是一桩幸事？"言愁始欲愁"，词人言愁、欲愁是伤于离别，但却不悲于思念。再如《鹊踏枝·戏答忍寒元夕见寄韵》一词：

老病生涯余戏谑。坐对晴天，仰视浮云薄。胸次不留元字脚，书来令我忘杯酌。　孤山久罢探梅约。吹律回春，想见元宵乐。满院弦歌灯照灼，阶前可有王乔鹤？①

此词作于1963年元夕，这时马一浮的生命乐章已奏至尾声。这位耄耋老人以其达观的心态笑看余年，开篇便将这种豁达之情传递开去。更喜于忍寒书信的慰问，令其忘了酌酒之乐，更忘了老病之苦。虽有孤山寻梅未得的遗憾，但满院的笙歌唤来春回大地。春至而希望存，心存一点希望便可减轻一滴苦痛，于是词人油然而生出一种羽化登仙之感，才会不禁问道是否有仙鹤前来。词人恐怕自知时日无多，但却不曾畏惧，更不愿将伤感传递给友人。全词洋溢着一股勃勃的生机，这是对友人关怀的最佳答复，也是对自我生命的充分尊重。

马一浮交游甚广，又乐于与同志者酬唱和答，和人之作占据了他毕生词作的绝大部分，字字句句无不表露着这位彬彬大儒的赤子之心，在平仄相和中奏出动人的深情厚谊。

（二）忧天下

心怀家国是古往今来仁人志士所遵循的信条，范仲淹一句"先天下之忧而忧"道出了万千仁者的处世准则。无论是和平年代，还是战争时期，仁者总能于不经意间流露出他的恻隐之心。马一浮在诗中写道："此心何能已，恻怛性所流。"（《诗人四德·其二》）② 这是人性本具的最纯真的情感，外化而出表现为一种浓厚的家国情怀。生逢乱世的马一浮在其词作中将此情娓娓道出，如《南柯子》中写道"千山处处割愁肠。消得几多岁月，看沧桑"③。日寇侵华，百姓流离失所，又逢重阳佳节，马一浮看到的是胡尘席卷下满目疮痍的河山。国将不国，他不得不叹问还需多少沧桑岁月才可重整山河。又如同年所作的《水调歌头·九日寄故乡亲友》中言："故园何处秋好？

---

① 《马一浮全集》（第三册），第780页。
② 同上书，第279页。
③ 同上书，第752页。

兵火尚年年。""明年悬记，此日万国扫腥膻。"① 连年的战争消磨了人们秋来赏菊、重阳登高的雅兴，词人无法与家人团聚，在无边的愁思里写下此阕以慰藉亲人。他坚信万众一心，共抗外敌，明年的重阳日便是歼灭敌人、共贺胜利之时。到那时，即可"看遍篱东山色，不把茱萸更插，巫峡一帆穿。"② 在词人看来，让江山重现原有的风姿，亲朋好友欢聚一堂愿望的实现是指日可待的。"忧天下"并不只是单纯地为天下而忧，而应有为天下排忧解难的勇气和信念。若只是沉溺在家国遭难的悲痛中，那么悲痛只会愈发强烈。唯有化悲痛为力量才能振作起来，攻坚克难，这才是一个仁者的魄力所在。马一浮此词的精髓便在于此，彰显着一代大儒的恢宏气魄。再如《双双燕·燕语和史邦卿韵》一词：

> 旧泥落了，忍琐尾流离，欢惊全冷。千山万水，孰与微禽相并。过尽荒台废井，料分别、枭鸾未定。惊心贴地争飞，苦语临波窥影。　　海枯桑润。任水击鲲鹏，群空髦俊。林间栖息，还见朝烟如暝。傥比鹡鸰枝稳，更休问、扶摇风讯。只愁帘幕重重，百尺高楼谁凭。③

词前有序言："莫干旧无燕，至今忽群燕来巢，疑自越南避兵来者。故叙其流离之感云尔。"④ 此词作于1965年词人居于莫干山期间，上片所写的是对南来之燕的深切同情，哀其遭遇背井离乡的厄运，悲其跨越千山万水之艰辛；下片则是对南来之燕的由衷赞赏，赞其不惧险阻，穿林越海，只为求得一栖息之所，其勇可嘉，其心可佩。全词尽是言燕，但此燕是"自越南避兵"而来，这自然而然让词人想到了人亦有如此悲惨的境遇，何况词人一生经历了数次颠沛流离，又怎会不感同身受呢？由人及燕，由燕及人，词人心中装着的不仅仅是民族同胞，更是万物生灵。宇宙浩瀚，物我皆为一体，本性如一，给予他物以恻隐之情时便是对自性的一次真切呼唤。马一浮言："吾人性量本来广大，性德本来具足。"⑤ 性德即仁，忧天下的情怀是仁德的外化表现，其词所蕴藏的深厚力量正在于此。

---

① 《马一浮全集》（第三册），第752—753页。
② 同上书，第753页。
③ 同上书，第775页。
④ 同上。
⑤ 《马一浮全集》（第一册），第15页。

（三）观无常

《金刚经》谓："一切有为法，如梦幻泡影，如露亦如电，应作如是观。"① 佛家认为宇宙中的一切都处在生、住、异、灭的流转中，瞬息万变，无所固常。幼年失亲，青年丧偶，中年逢战，晚年缠病，饱经风霜的马一浮更能深切感受到世事纷纭，变幻莫测。笃信佛理的他接受了命运的波折，反倒以平常心冷静地看待世事沧桑。"凡愚多计常，反之成断见。智者二俱遣，非常亦非断。"② 作为一名智者，他深知世事无常，静观无常，体会百态，才能恣意地游走于天地之间。如《满庭芳》中言："身是浮云，生如流电，百年能几春晴。新消残雪，才见柳梢青。瞥眼风花历乱，刚数日、春已飘零。"③ 词人提笔便已然表明了自己的认识观——浮云易散，流电闪逝，人生本就这般短暂，在倏忽而去的岁月里自然享受不了多少个明媚的春天。更何况风雨可以送春归，亦可携春走，而且通常是送得迟，走得快。春事一日一变是无常，而年年春时尽如此便是常。人生如春事繁杂，自是无常，而能把无常当作常才是一种高妙的智慧，马一浮就是如此。又如《玉楼春》的上片："黄花开遍知秋老，落叶满阶闲不扫。浮云世事总悠悠，流电年光真草草。"④ 黄花开遍，落叶满阶是秋来之常事，而世事如浮云易随风而散，年光似流电易一闪而逝，一切都在刹那间变化无穷，这是无常。但无常的是事相的变化，事理却是常。马一浮多次以浮云喻世事，以流电喻年光便是在揭示这一常理——人生无常。再如《西江月·中秋无月口占》一词：

> 终古一轮明月，此生几度春秋。今宵无月亦登楼，知否来年还又。　　天际浮云易散，人间幻梦难留。未妨卒岁且优游，坐看乌飞兔走。⑤

中秋月圆人尽赏，这似乎是千百年来不变的乐事，在经年的流传中它自然而然也就成了常事。而词人于中秋夜登楼赏月，却不见月的踪影，因而他不免疑惑明年中秋是否又是无月可赏呢？明月终古如一地悬挂于天幕之上，但谁又能保证人生中的每一个中秋夜都能够尽情赏月呢？月之常与赏月之无常不由得让词人生发出"人间幻梦难留"的虚空感，这种虚空感是在常之永恒与无常之短暂的强烈对比下产生的，是对常

---

① 陈秋平、尚荣译注：《金刚经·心经·坛经》，北京：中华书局2007年版，第74页。
② 《马一浮全集》（第三册），第279页。
③ 同上书，第756页。
④ 同上书，第765页。
⑤ 同上书，第774页。

与无常的深刻体认。相比起亘古常在的明月，无常短暂的人生显得微小，甚至是虚无缥缈。而既然已知晓人生的常态是无常，那又何必对其变幻耿耿于怀呢？于是在结句处，词人扬起一笔，说到坐看万物变化，悠游度余生。这一笔顿时将全词的情感积累到最深厚处再迸发而出，随之而出的更有词人静观万象千姿百态的颖慧。观遍无常后而知无常，知晓无常后再观无常，如此往复并非一次又一次的回环，而是螺旋式的上升，以求得最终的常理。这便是马一浮词作中所透露出的处世智慧。

（四）乐自然

"事相繁多，要待学者自己去逐一理会。理则简易，须是待人启发，才有入处，便可触类旁通。"① 既然已知人生无常这一简易之理，那么便不必纠结于无常所带来的焦虑不安。事相自然生发，我们便自然接受，物来顺应方是一位仁者应有的风范。马一浮深会此理，写下了"徇生非有乐，所乐在知天"② 的至理之言。安时处顺，乐天知命，这是一位历尽世事沧桑的仁者在接受人世的风霜雨雪洗礼后了悟的人生智慧。这一智慧也藏于其词作的背后，并借着词中字句慢慢渗透而出。如《临江仙·和尹默湖上近兴韵》中道："古往今来多少事，闲看荷动鱼行。苏堤一曲晓风轻。"③ 在西湖上演的种种轶闻趣事、悲欢离合终究成为历史过往，西湖是它们的见证者。今人只知古人事却见不得古人，而所知也不见得是事之全貌。既如此，倒不如好好欣赏这位见证者。曲院的荷动鱼行，苏堤的晓风拂柳，它们见证了千百年来多少风尘俗事，却从不被外事侵扰，依然顺应物候，待时而动，年年依旧。这是属于它们的命运安排，物尚可自然接受，人亦可以。马一浮在和作中如此言说，想必也希望友人能有所启发而知晓这一点，这恰恰展现出仁者于无声处传道的高明。又如《浣溪沙·积雨初晴苏盦邀看桃花和慈受作》一词：

> 炫昼烘晴各梦中，一春长是雨兼风。难逢佳日暂扶筇。　　老眼看花犹薄醉，落霞散影似朝虹。灵芸见处料应同。④

词人年迈，又逢春来多风雨，出行确实不便。但词人并未因此而拒绝晚辈的邀请，在难遇的晴天拄着筇杖欣然赴约。"老眼看花犹薄醉"一句十分形象，词人在老

---

① 《马一浮全集》（第一册），第 22 页。
② 《马一浮全集》（第三册），第 279 页。
③ 同上书，第 774 页。
④ 同上书，第 764 页。

眼昏花的状态下赏花倒像是微醺时的惺忪，虽然所见不真切，但也不失美感。一位憨态可掬的老人形象也瞬间跃然纸上。词人不因老眼昏花而埋怨赏花时的不便，反而将此种不便当成是一种独有的本事，又发现了眼前之景不一样的美丽。词人甚至自信地认为他人所见也应如同他所见的一样，其中不免带着几分自嘲，而自嘲的前提应是自适，接纳了生命中的各种变化，顺其自然，从中寻得快乐。再如《卜算子·新秋月色如水夜起独步中庭得此》一词：

> 夜静月轮高，江与天俱永。唯见清光浸碧山，不见星河影。　　荇藻砌交横，满院松杉冷。细引天风拂玉琴，莫使鱼龙醒。[1]

寥寥数句，便将宇宙之浩瀚铺展开来，江天无垠，月轮高悬，清光洒遍大地，如此阔大的景致足以令人敞开胸怀，去除杂念，将身心融进天地之间。全词所写像是苏东坡《记承天寺夜游》一文的缩影，而词人取其象更取其意，词人独步中庭所得的不仅仅是清风明月的胜景，更有"何夜无月？何处无竹柏？但少闲人如吾两人者耳"[2]的闲适意趣。明月常有，而闲情不常有，多数时候是因为我们被自己的机心所占据，从而忘却了自性中本就具有的那份闲适。乐自然，顺自性，这是词人所孜孜以求的目标，也是词人留给我们的处世启迪。

三、观化梦幻，一片仁心——马一浮词的思想内蕴

马一浮在现代学人中可谓长寿者，在长达八十余年的生命旅途中，他多半时间是在书海中遨游，经史子集，样样熟识。在战火纷飞的年代里，他潜心向学，对六艺也是推崇备至。对于六艺，他认为："此是孔子之教，吾国二千余年来普遍承认一切学术之原皆出于此……用此代表一切固有学术，广大精微，无所不备。"[3]并且也希望通过性分本具之理——"六艺"的学习来寻获仁心，回归性德之真纯。同时他又自觉接受佛道两家思想的熏陶，主张三教一致，道家的"观化"思想和佛教的"梦幻""虚空"成了他人生哲学的两大来源，而一切最终都将汇聚在他对仁心发现、自性回归的强烈意愿上。

"观化"是庄子思想的重要部分，在庄子看来，生命无非是自然万象与宇宙精神

---

① 《马一浮全集》（第三册），第753页。
② （宋）苏轼著，孔凡礼点校：《苏轼文集》，北京：中华书局1986年版，第2260页。
③ 《马一浮全集》（第一册），第8—9页。

大化流衍于天地之间的一种形态，善于"观化"便可获得精妙的处世智慧，领悟到生命的真谛。马一浮身处硝烟弥漫的年代，对这一思想更是感触颇深。在动乱面前，生命显得格外脆弱，是那么的不堪一击，而他却不惧怕死亡，早已明了"死生为虚妄"的他将生死视为一事，也曾写下这样的对联："适来者时，适去者顺；其生若浮，其死若休。"① 顺时来去，观化自然，这是他对生命的深刻体悟，也是他对历史的高度认识。如《西江月·观化》一词：

> 天运阴阳消长，世情尧桀兴亡。道人观化悟无常，不觉杨生肘上。　　满眼风云变态，一庭兰艾殊香。群生扰扰几沧桑，都付渔樵歌唱。②

国运兴衰，朝代更替，这是历史演进的规律，历史之事如风云般变化无穷，世事难料，而最后，万事沧桑都将成为历史陈迹，甚至化为轻烟散去，存留下来的只是渔歌樵曲里唱到的过往回忆。马一浮对待历史并不是将自己融于其中，而是如登高山望远水一样，立于高处来俯瞰眼底下潺潺流过的历史，它流向未知的远方，流水瞬息万变，无情易逝，历史过往也是如此。俯仰之间，马一浮获得了一种力量感，这种力量感来源于他对历史沉重感的超越。在观察历史中，化解了历史带来的苦痛，自然也就让自我人生多了几分坦然，让个体生命多了几分闲适。

马一浮以"观化"的思想来观照历史生命，在他眼中仿佛一切都是浮云，终将散去。"浮云"意象在其词作中也时常出现，据笔者统计共出现了 13 次。词中的"浮云"大致有两种含义：一是实指自然界中的浮云，如"过眼浮云易散"③ "任眼底、浮云万变"④ 等；二是以浮云喻指世事，如"百年世事浮云"⑤ "浮云世换"⑥ 等。不论是哪一种含义，词人都取浮云多变易散的特点为意，或由景及人，或直叙情事，将其观化历史人生的态度含蓄地呈现出来。在奔腾不息的历史洪流中，个体生命亦愈发微小。而对于历史，尚可将其大而化之，那么人之生死亦如沧海一粟般于大化中流衍。马一浮在自题《火葬铭》中写道："息机归寂，倏若浮云。"⑦ 人终究是要归于一

---

① 《马一浮全集》（第三册），第818页。
② 同上书，第774页。
③ 同上书，第755页。
④ 同上书，第763页。
⑤ 同上书，第767页。
⑥ 同上书，第773页。
⑦ 同上书，第748页。

抔黄土之中，形迹俱灭，恰似浮云于空，消散必然。既是这样的结果，就不必斤斤计较于过往，更无须贪生怕死，"胸次高山流水，座中白雪阳春"①，静观万事万象，顺应天命，求得自心平静，自性真纯岂不更好？道家的"观化"思想给予了马一浮探寻自性的巨大力量，在"观化"中，他泯灭了历史之大与个体之微的明显界限，在突显个体自我力量之时使得自性苏醒，仁心也由此被唤回。

道家的"观化"思想让马一浮看到了历史人生的虚无，而佛家的"梦幻""虚空"更使他愈发真切地感受到人世的空与幻，佛道两家思想在本质上是一致的，都在强调着心无外物、性外无道的观念。马一浮认为"从来云月是同，溪山各异，并不相碍也。无论儒佛，凡有言教，皆以明性道为归。"② 无论是佛家所言及的五蕴皆空，还是儒家的仁者爱人，其最终目的都是为了归本心，明心性。洞彻心源，得意忘象，在虚空中体悟自性，寻得一片仁心。

在未探明马一浮词中真谛之时来看其词，难免会被其中的感伤基调干扰，这种感伤的沉重多半是由词中字句表露出的虚幻、空无所造成的。面对不确定的事相，感到迷茫是人之常情，迷茫带来的是无助的感伤。但是，马一浮词中所表现的虚空却是其悟出的真理所在，是他对自性的发现与复归。正如《坛经》所言："汝之本性，犹如虚空，了无一物可见，名是正见。"③ 明白了本性虚空的道理，所视之物自然如梦如幻，在求得明心见性的过程中逐渐消失，最后成空。因而马一浮词表面上覆盖着一层悲的情感面纱，而揭开这层面纱后所呈现的是明心见性的和乐。如《临江仙·养疴湖滨作》一词：

> 满目青山皆活句，无情说法天然。灵云恰好是同参。桃花春雨后，杨柳晓风前。　　老病生涯如过鸟，何心更逐名言。方生方灭刹那间。林峦才暝色，洲渚又新烟。④

病痛折磨着人的身心，固然令人万分不适，但老来伤病亦是常有之事，何况词人已自知老病生涯如白驹过隙，雁过无痕。因而也不必过多在乎此种苦痛，更不必耗费心机来追名逐利，留言立说，一切都在刹那间生死寂灭，终成虚幻。因此，词人面对

---

① 《马一浮全集》（第三册），第 767 页。
② 《马一浮全集》（第一册），第 546—547 页。
③ 陈秋平、尚荣译注：《金刚经·心经·坛经》，北京：中华书局 2007 年版，第 229 页。
④ 《马一浮全集》（第三册），第 772 页。

病痛与死亡并不如常人那般惶惶不可终日，而是与青山灵云一同参禅悟道。应时而生，灭亦是乐，佛家认为世界万象都具有迷惑性，寂灭时便可以远离这迷惑的境地，故而"寂灭为乐"。清楚此理的马一浮在酷热难耐的长夜里才会顿歇狂心，发出了"眼前生死即泥洹，自性如来出现"①的大彻大悟的喜悦。

佛教之"空"让马一浮顿感人生如梦，"梦"是其词中的高频字眼，据笔者统计共出现了39次。词中之"梦"有实指做梦之意，如"料应有梦到西湖"②"梦中对菊开尊"③等；也有借梦为喻以表虚幻之意，如"过眼轻尘如梦"④"浮生如梦里"⑤等。马一浮喜欢以"梦"来表现他的各种情思，"梦中身""梦中人""梦中事""梦中花"等频频出现在词作中，仿佛他所经历的一切都在梦中发生。梦是不真实的，将真实的一切视为梦便等同于将一切视若无睹。只因本性虚空，心量广大，不取不舍，亦不染著，故而见诸相为非相。不论是汗漫的宇宙，还是微渺的人生，在马一浮眼中都是虚幻空无的。"百年流幻易尽，暂尊前相对梦中身。万事都随逝水，虚空不挂浮云。"⑥此言道尽了马一浮的世界观，个中事相俱为虚妄空无，当见其虚空时也便明见了自性。如此看来，马一浮词中之"梦"已然不仅仅是简单表达虚空之意的载体，更是马一浮求得自性的表现，是词的深层思想意蕴所在。这一"梦"融汇了佛道两家的思想精华，庄周梦蝶的无我超脱，佛禅无相无念亦无住的本性论在此中圆满交融，其终极只为了明晓性德之本来面貌。

至于性德是何种面貌，马一浮则言："从来说性德者，举一全该则曰仁。"⑦仁是性德，是自性中本具的特质，因心中之仁所以心存感动，因心中有仁所以能被感动，这是马一浮"《诗》教主仁"的理念内涵。通过上文的分析可知，马一浮之词虽有佛道的思想外壳，但其最核心处仍是对性德的探求，对自性回归的渴望。这与他的诗教理念是不谋而合的，可以说，马一浮在词的创作中践行着他的诗教理念，抒怀之作是借词遣性以获得性的自适，与人和作是以词为媒来诉说他对性德的体悟。如《声声慢·春日湖上漫兴》一词：

---

① 《马一浮全集》（第三册），第774页。
② 同上书，第754页。
③ 同上书，第770页。
④ 同上书，第759页。
⑤ 同上书，第777页。
⑥ 同上书，第764页。
⑦ 《马一浮全集》（第一册），第15页。

孤根离幻，臀眼观空，颓年倦对芳朝。一曲柔波边愁，不上兰桡。家山画图如绣，称笙歌兵气能消。庭院静，看疏帘燕度，暗柳莺捎。　　终古山河见病，笑蓬莱，仙药久悟王乔。云水无心，鱼龙未是天骄。花源避秦人远，又东风、吹绽园桃。烟树暝，倚霏微、何处玉箫？①

　　开篇直言词人所感，在春意盎然的好时节，他采取的是以"离幻""观空"的视角面对。家山锦绣，但也总有见病之时，见此情状，总有人选择逃避而往蓬莱仙岛、世外桃源。真实世界尚是虚幻空无，仙境更是子虚乌有。最后都是归于空无，那也就不必逃离这番世界。湖上柔波恰似词人起伏的愁绪，但兵气总有消失的时候，庭院的帘燕柳莺也终有离开之日，既知一切归无，倒不如此刻倚霏听玉箫来得自在。词人从不避世，而是在乱世中寻得一番自我世界，回归到最初的仁性。又如《醉江月·答金叟见怀》中"万法本闲人自闹，终古狐涎相续"②一句道出了词人的清醒认识，他在谈论"立教"的问题时也有过相似的论述："大凡立教，皆是不得已之事。人人自性本来具足，但为习气缠缚，遂至汩没，不得透露。"③人之自性具足，包罗万法，本是闲适，但因被习气沾染束缚，故而迷失了自性，也导致了各种荒诞事相的产生。词人借着词中字句以表达自己的所思所悟，也希望以此近似娱乐的方式来让友人明白这一至理。再如《水龙吟·坐雨奉怀南湖金叟用见寄和圭塘韵》中，词人写道："老去禅心渐歇，数空华，几曾邀果。""只檐前，历历青山，满目一虚空我。"④此词作于1926年，年过不惑的马一浮便觉老去，年华空逝，所求未果。看似无果，实则求得一虚空的真我，我之性德虚纳万千事相，我见青山为空，我见自身亦为空。只因我之性德使然，仁心所见尽是如此。仁心虚涵万象，又感动于万象，词人借词将一片仁心默默传递。

　　至此，马一浮词的思想内蕴是儒释道三教合一的典型展现，三教在圆融会通后，最终都以"明性道为归"，寻获一片仁心。其词的思想意旨落在一个"仁"字上，这就与他所主张的"《诗》教主仁"的理念是一致的。词虽有特殊的外在形式，也不如诗那般庄重，但词也承载着词人的思想情感，这是不因外在形式的改变而轻易变化的。也正因为如此，我们依然能在马一浮的词作中捕捉到他的仁心。

---

① 《马一浮全集》（第三册），第750页。
② 同上书，第752页。
③ 《马一浮全集》（第一册），第65—66页。
④ 《马一浮全集》（第三册），第750页。

四、结语

马一浮生活于一个社会极为动荡的时代，同时又是一个思想极为自由的时代。身处西学东渐时代的他企图以复兴和改造传统文化来抵抗西方文明的冲击与挑战，也为中国传统文化谋求新的出路。传统文化是民族智慧的结晶，也是民族赖以生存发展的精神根基。于是，马一浮把目光投向了华夏传统的儒释道三教，他看到了儒家"尽心知性"、道家"观化""自然"和佛家"心性本净"三者间的异曲同工之处，并将三者融会贯通，以"明性道"为旨归，构建起他的文化思想体系。

在诗学方面，他提出了"《诗》教主仁"的理念。"仁"本就是儒家学说的一个核心概念，以诗说仁这一路径重视"'感'发人心，认为只有以诗真正感动人心，才会真正使仁德显露，也才会真正次第引发其他性德"①。以诗达仁，仁即性德，学诗作诗的最终目的都是为了"明性道"。诗庄词媚的观点古来有之，但仁者之词也同样具备令人兴发感动的特质，不尚规整的形式难以遮盖其仁心的显现。马一浮生平所作之词并不算多，但将他的诗学主张放置于他的词作中加以观照，不难发现其中的吻合之处。他所总结出的"为诗四端"——慕俦侣、忧天下、观无常、乐自然，在其词的内容中表现得淋漓尽致，儒释道三教合一的思想意蕴仍旧是其词的精神所在。其词造语大俗大雅，又巧用前人成句，开辟出雅俗兼备的意境，创造出高妙精微的词境。禅意馥馥，道兴勃勃，儒思盎盎，所有志趣皆为了一片仁心。马一浮的好友梁漱溟称读明代思想家罗汝芳的文集时的感受是："根本没有自己，只是一片仁心，圆活无碍于物，不舍于物。"② 此言用来评价马一浮的词，也相当贴切。马一浮虽有将词视为诗余而轻视它之嫌，但细品其词，却可以看出其词的创作实际上也是其诗创作的延续。诗教的意旨是其词的核心内蕴，也是贯穿于词章内外的灵魂所在。将马一浮词与其诗学主张联系起来，我们所看到的是仁性在词这种体式里深刻的阐发，是一位仁者之仁心的自觉流露。

---

① 李虎群、林开强：《以诗说仁：马一浮释"仁"的独特路径》，《西南民族大学学报》（人文社会科学版）2022 年第 9 期，第 57 页。

② 梁漱溟：《梁漱溟全集》（第八册），济南：山东人民出版社 2005 年版，第 37 页。

古典文献研究

山东地区散佚省志辑存状况、
历史文化价值与保护传承（下）[*]

颜世明　李传高^{**}

【摘要】元代以前撰就记述今山东全部地区或两个地级市以上地区的通志，未流传于今的至少有 11 种存 117 条辑文。辑文内容主要涉山东各地历史自然、人文地理情况，历史名人的轶事和神话传说。虽然辑文史料比较零碎且记录事物相对琐细，然其有"地近易核，时近迹真"的优长，可以客观、细致、全面反映山东地区历史之事实，可为探研古代山东城邑布局、结构，河道古今变化，诸地物产情况，以及窥探彼时社会风气等提供新材料，同时在缕析山东古方志发展演变和深入挖掘各地历史文化旅游优势资源方面具有独特历史价值。加强和推进山东古逸方志继承、保护、延承工作，需要持续开展方志普遍调查和搜集遗书佚文工作，抢救性保护珍贵典籍，健全古籍工作体制，以及强化古籍专业整理研究人才培养和队伍建设。

【关键词】散佚　省志　辑录　价值　保护传承

4.（北魏或稍前）佚名《三齐略记》　　卷亡　存文

《太平御览·经史图书纲目》著录作《三齐略记》①，"正文"部分除三处引作

---

　* 【基金项目】山东省社科规划研究项目："山东散佚方志收集、整理与研究"（23CTQJ06）。

　** 【作者简介】颜世明，男，1985 年生，山东宁阳人，博士，山东理工大学马克思主义学院副教授，研究方向：古籍整理与研究。李传高，男，1973 年生，山东沂源人，山东理工大学马克思主义学院讲师，研究方向：中国传统文化与社会经济发展研究。

　① 李昉等：《太平御览·经史图书纲目》，北京：中华书局 2013 年版，第 16 页。

《三齐略》①，其他几处皆写作《三齐略记》。《后汉书·蔡邕列传》李贤注及《续汉书·郡国志》刘昭注另称作《三齐记》②，《三齐记》《三齐略》之名可能都有脱文。其他书籍皆记作《三齐略记》，作者和具体写成年代不详。

就现存文献资料来讲，北魏郦道元《水经注》首次转录此书，摘引部分语句与上引伏琛《齐记》、晏谟《齐记》有相似文句（比如尧山山名来历、秦始皇在海中造石桥、不其山康成书带草、宁戚《叩牛角歌》），其与晏谟《齐记》还有相同的异称《三齐记》，因此少数学者以为《三齐略记》可能是伏、晏二人编辑书籍之一种，写就年代在晋代③。我们认为，既然《水经注》同时引用这三书，况且伏书和晏书为两书，然亦存有行文相似的文句，那么它们或许不是同一种书籍。

（1）山脉

①尧山在广固城西七里，尧巡守所登，遂以为名。山顶有祠，祠边有柏，柏枯而复生，不知防世〔几代树也〕。石上有尧迹，东有尧水。④

②阳庭城东西二百五十里青城山，秦始皇登此山，造石城，入河三十里，临海射鱼，方四百里水变血色，今犹尔也。⑤

③不其城东有郑玄教授山，山下生草，如薤叶，长尺余，坚韧异常。土人名作"康成书带"。⑥

④郑玄刊注《诗》《书》，（善）［常］栖黄山。今山有古井不竭，犹生细草，叶形似韭，俗称"郑公书带草"。⑦

⑤［恓侯国］南有蹲犬山，山似犬蹲，有神，刘宠出西都，经此山，山犬吠

① 李昉等：《太平御览》卷4《天部四·日下》、卷29《时序部十四·元日》、卷537《礼仪部十六·巡狩》，北京：中华书局2013年版，第19、136、2436页。

② 范晔：《后汉书》卷60下《蔡邕列传》，北京：中华书局2015年版，第1981页；司马彪：《续汉书·郡国志四》，北京：中华书局2015年版，第3472、3475页。

③ 参见文廷式撰，朱新林整理：《补晋书艺文志》，北京：清华大学出版社2012年版，第277页；章宗源撰，项永琴、陈锦春、郑民令整理：《隋书经籍志考证》卷6，北京：清华大学出版社2012年版，第137—138页。

④ 杜公瞻：《编珠》卷1《山川部》，清康熙三十七年（1698）刻本；欧阳询撰，汪绍楹校：《艺文类聚》卷39《礼部中·巡守》，上海：上海古籍出版社1985年版，第699页；虞世南：《北堂书钞》卷16《帝王部十六》，北京：中国书店出版社1989年版，第37页。

⑤ 李昉等：《太平御览》卷192《居处部二〇·城上》，北京：中华书局2013年版，第929页。

⑥ 司马彪：《续汉书·郡国志四》，北京：中华书局2015年版，第3475页；李昉等：《太平御览》卷994《百卉部一·草》，北京：中华书局2013年版，第4400页。

⑦ 乐史撰，王文楚等点校：《太平寰宇记》卷19《河南道十九·淄州》，北京：中华书局2007年版，第377—378页；李昉等：《太平御览》卷42《地部七·黄山》，北京：中华书局2013年版，第203页。

之，宠曰"山神谓'我人'也"。①

（2）河流

不其城西南方有万岁水，水北有万岁亭，是汉武帝造。②

曲（城）[成]，齐城东。有万岁水，水北有万岁亭，汉武帝所造。③

（3）古迹

①田开疆、公孙接、古冶子三壮士冢，在齐城东南三百步阳阴里中。④

②鬲城东南有蒲台，秦始皇东游海上，于台上蟠蒲系马，至今每岁蒲生萦委若有系状，似水杨，可以为箭。⑤

鬲城东南有蒲台，高丈八。秦始皇所顿处，在台下萦马，至今蒲生犹萦，似水杨而劲，堪为箭。⑥

[台] 城东南五十里有蒲台，高丈八。秦始皇所顿处，时在台下萦蒲系马，夹道数百步，到今蒲生犹萦，蒲似水杨而劲，堪为箭。⑦

海侧有台，高八丈，秦始皇于台下萦蒲系马，因名蒲台。⑧

③荥阳有免井，汉沛公避项羽追，逃于井中，有双鸠集其上。人云沛公逃入井。羽曰："井中有人，鸠不集其上。"遂下道，沛公遂免难。后汉世元日放鸠，盖为此也。⑨

④富平城，孝明帝时改为厌次。此城东南五十里有蒲台，高丈八。秦始皇所顿处，时在台下萦蒲系马，夹道数百步，到今蒲生犹萦马。蒲似水杨而劲，堪

---

① 司马彪：《续汉书·郡国志四》，北京：中华书局2015年版，第3475页。

② 杜公瞻：《编珠》卷1《山川部》，清康熙三十七年（1698）刻本。

③ 李昉等：《太平御览》卷194《居处部二二·亭》，北京：中华书局2013年版，第939页。

④ 虞世南：《北堂书钞》卷94《礼仪部十五》北京：中国书店出版社1989年版，第360页；李昉等：《太平御览》卷559《礼仪部三十八·冢墓三》，北京：中华书局2013年版，第2526页。

⑤ 郦道元著，陈桥驿校证：《水经注校证》卷5《河水》，北京：中华书局2013年版，第140页；李昉等：《太平御览》卷999《百卉部六·蒲》，北京：中华书局2013年版，第4421页。

⑥ 司马彪：《续汉书·郡国志四》，北京：中华书局2015年版，第3472页；李昉等：《太平御览》卷957《木部六·杨柳下》，北京：中华书局2013年版，第4248页。

⑦ 欧阳询撰，汪绍楹校：《艺文类聚》卷60《军器部·箭》、卷89《木部下·杨柳》，上海：上海古籍出版社1985年版，第1089、1531页。

⑧ 徐坚等：《初学记》卷8《河南道第二》，北京：中华书局1962年版，第169—170页。

⑨ 李昉等：《太平御览》卷29《时序部十四·元日》，北京：中华书局2013年版，第136页。

为箭。①

⑤平昌城〔门〕内有台，高六丈，台上有井，井与荆水通，失物于井，或得于荆水。有神龙出入于其中，故名"龙台城"。②

（4）水利工程

昔者堰浯水南入荆水，灌田数万顷。③

（5）诗歌

①宁戚《击牛角歌》曰："南山矸，白石烂，生不遭尧与舜禅。短布单衣适至骭，从昏饭牛薄夜半，长夜漫漫何时旦？"④

②康浪水在齐城西南十五里康衢（则）〔侧〕，宁戚《扣牛角歌》于此也。⑤

③康浪水在齐城西南，宁戚饭牛而歌曰："康浪之水白石粲，中有鲤鱼长尺半。縠布单衣裁至骭，清朝饭牛至夜半。黄犊上坂且休息，吾将舍汝相齐国。"⑥

④《三齐略记》载诸葛亮《梁甫吟》曰："步出齐城门，遥望荡阴里。里中有三坟，累累正相似。问是谁家墓，田疆古冶氏。力能排南山，又能绝地纪。一朝被谗言，二桃杀三士。谁能为此谋，相国齐晏子。"⑦

（6）神话传说

①始皇于海中作石桥，非人功所建，海神为之竖柱。始皇感其惠，通敬其神，求与相见，神曰："我形丑，莫图我形，当与帝相见。"乃入海四〔三〕十里，见海神。左右莫动手，工人潜以脚画其状。神怒曰："帝负约，速去。"始皇转马还，前脚犹立，后脚随崩，仅得登岸。画者溺死于海，众山之石皆倾注，今

① 李昉等：《太平御览》卷350《兵部八十一·箭下》，北京：中华书局2013年版，第1610页。

② 徐坚等：《初学记》卷8《河南道第二》，北京：中华书局1962年版，第170页；乐史撰，王文楚等点校：《太平寰宇记》卷24《河南道二十四·密州》，北京：中华书局2007年版，第498页。

③ 乐史撰，王文楚等点校：《太平寰宇记》卷24《河南道二十四·密州》，北京：中华书局2007年版，第498页。

④ 杜甫撰，蔡梦弼笺注：《杜工部草堂诗笺》卷7《遣兴五首》，清光绪八至十年（1882—1884）遵义黎氏日本东京使署刻《古逸丛书》覆南宋麻沙本。

⑤ 李昉等：《太平御览》卷59《地部二十四·水下》，北京：中华书局2013年版，第284页。

⑥ 虞世南：《北堂书钞》卷106《乐部二》、卷128《衣冠部中》，北京：中国书店出版社1989年版，第407、497页。

⑦ 杜甫撰，蔡梦弼笺注：《杜工部草堂诗笺》卷1《同李太守登历下古城员外新亭》，清光绪八至十年（1882—1884）遵义黎氏日本东京使署刻《古逸丛书》覆南宋麻沙本。

犹炭炭，无不东趣。①

②始皇作石塘〔桥〕，欲渡海看日出处，于时有神人能驱石下海，石去不速，神人辄鞭之，皆流血，石莫不悉赤，至今犹尔。城阳一山石尽起立，嶷嶷东倾，状如相随行。②

始皇造石桥，渡海看日出处。有神人召石下，城阳一十三山石遣东下，炭炭相随如行状，石去不驶，神人鞭之，皆见血。③

以上总共收辑有 18 条佚文，并按照辑文主体内容对其进行了简单分类。与前此山东古旧方志相较，其特色在于大都将事物与历史人物联系起来，在陈述山脉、河流、城邑、人物遗迹之时顺带提及相关齐地名人和事件，以烘托山东地区浓厚的历史人文气息；另将几首古谚谣和诗歌录入文中，平添了几分文学色彩。

5. （南朝萧齐）崔慰祖《海岱志》　　二十卷　存目

唐代于志宁等《隋书·经籍志》"杂传"和《通志二十略·艺文略第三》"传记"皆称"《海岱志》二十卷，齐前将军记室崔慰祖撰"④，其记录的卷数 20 卷，《旧唐书·经籍志》《新唐书·艺文志》则谓 10 卷⑤，目录类书册收存此书卷帙孰正孰误，章宗源、张国淦等辑佚家憾未指出⑥，下面综合《南齐书》《南史》"崔慰祖传"有关内容加以探究。其云：

慰祖著《海岱志》，起太公迄西晋人物，为四十卷，半未成。临卒，与从弟纬书云："……《海岱志》良未周悉，可写数本，付护军诸从事人一通，及友人

①　郦道元著，陈桥驿校证：《水经注校证》卷 14《濡水》，北京：中华书局 2013 年版，第 334 页；欧阳询撰，汪绍楹校：《艺文类聚》卷 79《灵异部下·神》，上海：上海古籍出版社 1985 年版，第 1347 页。

②　欧阳询撰，汪绍楹校：《艺文类聚》卷 6《地部·石》、卷 79《灵异部下·神》，上海：上海古籍出版社 1985 年版，第 108、1347 页；徐坚等：《初学记》卷 5《地部上·石》，北京：中华书局 1962 年版，第 108 页；李昉等：《太平御览》卷 51《地部十六·石上》、卷 882《神鬼部二·神下》，北京：中华书局 2013 年版，第 251、3918 页。

③　乐史撰，王文楚等点校：《太平寰宇记》卷 20《河南道二十·登州》，北京：中华书局 2007 年版，第 409 页。

④　魏征等：《隋书》卷 33《经籍志二》，北京：中华书局 2010 年版，第 974 页；郑樵撰，王树民点校：《通志二十略·艺文略第三》，北京：中华书局 2019 年版，第 1559 页。

⑤　参见刘昫等：《旧唐书》卷 46《经籍志上》，北京：中华书局 2021 年版，第 2001 页；欧阳修等：《新唐书》卷 58《艺文志二》，北京：中华书局 2021 年版，第 1480 页。

⑥　参见章宗源撰，项永琴、陈锦春、郑民令整理：《隋书经籍志考证》卷 13，北京：清华大学出版社 2012 年版，第 228—229 页；张国淦：《中国古方志考·山东省》，北京：中华书局 2019 年版，第 135 页。

任昉、徐寅、刘洋、裴揆，令后世知吾微有素业也。"①

据上文所述《海岱志》基本内容及崔慰祖写给其堂弟崔纬书信可知，这部书乃是齐地著名历史人物传记合集，所列人物起于西周姜尚，止在西晋历史名人；全书有 40 卷，慰祖只成整部书的一半，计 20 卷。故而《隋书·经籍志》《通志二十略·艺文略第三》所举卷数较为合乎情理。

6. （唐代或此前）佚名《青州先贤传》　　卷亡　存文

青州为上古古九州之一，其名最早见载于先秦典籍《尚书·禹贡》，据现代学者考证范围大致相当于渤海以西延伸至泰山一带今山东、河北地区。《青州先贤传》大抵讲述的是生活在青州地区贤哲人物的事迹，书名不见于任何目录类史册，著者和具体成就时间皆不详，文字最先为唐代文学家欧阳询等编辑《艺文类聚》征引，现暂时将其生活时代推定在唐代或稍前。辑文存 2 条。

（1）京师号曰："陈仲举，昂昂如千里骥；周孟玉，浏浏如松下风。"②

文中先后提及的"陈仲举""周孟玉"，分指东汉名臣陈蕃、周璆，陈蕃任青州乐安郡（今山东淄博北、潍坊西北）郡守之时曾征召周璆为僚属。《后汉书·陈蕃列传》曰："太尉李固表荐，［陈蕃］征拜议郎，再迁为乐安太守。时李膺为青州刺史，名有威政，属城闻风，皆自引去，蕃独以清绩留。郡人周璆，高洁之士。前后郡守招命莫肯至，唯蕃能致焉。字而不名，特为置一榻，去则县之。璆字孟玉，临济人，有美名。"③ 陈蕃乃豫州汝南郡平舆（今河南平舆北）人④，曾经任职乐安郡，为官清廉；周璆系乐安郡临济（今山东高青东南）人，官青州平原郡高唐（今山东禹城西南）县令⑤，陈蕃、周璆分别因做官之地、籍贯在青州，其事迹录入《青州先贤传》。

———————————

①　萧子显：《南齐书》卷 52《文学传》，北京：中华书局 1972 年版，第 902 页；李延寿：《南史》卷 72《文学传》，北京：中华书局 1975 年版，第 1773 页。

②　欧阳询撰，汪绍楹校：《艺文类聚》卷 22《人部四·品藻》，上海：上海古籍出版社 1985 年版，第 404 页。

③　范晔：《后汉书》卷 66《陈蕃列传》，北京：中华书局 2015 年版，第 2159 页。

④　同上。

⑤　袁山松：《后汉书》卷 4《周璆传》，周天游辑注：《八家后汉书辑注》，上海：上海古籍出版社 1986 年版，第 672 页。

（2）［陶丘］洪字子林，平原人也。清达博辩，文冠当代。举孝廉，不行，辟太尉府。年三十卒。①

东汉末年青州平原郡（今山东德州东南、济南西北）人士陶丘洪，大抵与袁术（？—199）、华歆（157—232）生活在同一时期，与鲁国孔融、陈留郡边让"并以为俊秀，为后进冠盖"，曾经不避忌讳先后举荐刘岱、刘繇二兄弟为茂才，为史弼辩诬名声②，这些相关历史事迹与上引《青州先贤传》可相互发明补充。

7.（唐代或稍前）解道康《齐地记》 卷亡 存文

《太平御览·经史图书纲目》著存有解道虎《齐记》③，"正文"部分三处引用其文字（详下），其中"临淄天齐渊五泉""不夜城"两条，与唐代司马贞《史记索隐》转引解道彪《齐记》行文基本相同④；"不夜城"条还和《太平御览》转录解道康《齐地记》文句相近⑤；《太平御览》另转载一条解道处《齐记》。案"虎"与"彪"及"处"繁体字"處"字形相近，解道虎《齐记》和解道康《齐地记》书名相似且有类似的句子，反映解道虎、解道彪、解道康、解道处或许指同一个人，名字在传抄过程中出现讹字。

（1）《史记索隐》：案：解道彪《齐记》云："临淄城南有天齐泉，五泉并出，有异于常，言如天之腹齐也。"⑥

解道虎《齐记》曰："临淄城南十五里天齐渊五泉并出，有异于常，故庙屋以同。瓦有'天齐'字，在齐八祠，祠天于此，故名云。"⑦

（2）解道虎《齐记》曰："不夜城在阳庭东南一百二十里，淳于髡称海童作妖城。古有日夜出见于东境，故莱子［立］此城以不夜为名异之。"⑧

（3）解道虎《齐记》曰："巢父城北十五里石户，圣人去转欲闭，今裁广数

① 范晔：《后汉书》卷64《史弼列传》，北京：中华书局2015年版，第2112页。

② 参见范晔：《后汉书》卷64《史弼列传》、卷70《孔融传》、卷76《循吏列传》，北京：中华书局2015年版，第2111、2262、2479页；陈寿撰，裴松之注：《三国志》卷10《荀攸传》、卷12《崔琰传》、卷13《华歆传》，北京：中华书局2014年版，第322、371、401页。

③ 参见李昉等：《太平御览·经史图书纲目》，北京：中华书局2013年版，第15页。

④ 参见司马迁：《史记》卷28《封禅书》，北京：中华书局2013年版，第1368页。

⑤ 参见李昉等：《太平御览》卷3《天部三·日上》，北京：中华书局2013年版，第15页。

⑥ 司马迁：《史记》卷28《封禅书》，北京：中华书局2013年版，第1368页。

⑦ 李昉等：《太平御览》卷526《礼仪部五·祭礼下》，北京：中华书局2013年版，第2389页。

⑧ 李昉等：《太平御览》卷192《居处部二〇·城上》，北京：中华书局2013年版，第929页。

寸，窥屋里方二丈。"①

（4）解道处《齐记》曰："魏黄初三年，文帝弟燮封濮阳王，临终顾命葬近
蘧瑗之墓。吾常想其为人，愿托贤哲之灵。"②

以上合计辑出 4 条逸文，其中一条由唐代司马贞《史记索隐》转抄自初唐顾胤之
书③，说明这部书完就时间在唐代或此前。

8.（宋代或此前）张朏《齐记》 一卷 存文

《宋史·艺文志》言张朏著《齐记》一卷④，《路史》引作张朏《齐地记》（详
下），其与《崇文总目》《通志二十略·艺文略第四》及《遂初堂书目》分别提到的
李朏《三齐记》（1 卷）、张朏《三齐记》是否为同一人和同一种书难以确知⑤，可以
判定的是张朏生活的时代在宋代或稍前。

宋代或此前以"张朏"为名者不止一人，例如《隋书·经籍志》录存张朏《春
秋宝藏诗》4 卷⑥，反映其生活的年代在隋代或此前；又如，清道光年间在襄阳樊城
出土的《唐故太中大夫守新定郡太守张公墓志铭并序》，说唐襄州襄阳人氏张朏
（696—751）"遇疾薨于新定郡官舍"；另如，唐代另外一名张朏在唐德宗建中四年
（783）任剑南西山兵马使，于是年十一月攻袭其长官剑南西川节度使张延赏，迫使延
赏逃离成都府邸前往汉州鹿头避难，不久被延赏部将叱干遂斩杀⑦；最后，五代后晋
天福二年（937），山南东道节度使安从进担心唐州刺史王晖攻打吴地，遣属下行军司
马张朏抢先占领自复州到鄂州的道路要隘。难断孰是，顾宏义和张国淦则将他的生活
时间分别系于北朝、隋与宋代⑧。

北宋姚宽《西溪丛语》及南宋罗泌《路史》相继引录过两则，相关历史事物均

<hr>

① 李昉等：《太平御览》卷 184《居处部一二·户》，北京：中华书局 2013 年版，第 893 页。
② 李昉等：《太平御览》卷 556《礼仪部三五·葬送四》，北京：中华书局 2013 年版，第 2516 页。
③ 司马迁：《史记》卷 28《封禅书》，北京：中华书局 2013 年版，第 1368 页。
④ 参见脱脱等：《宋史》卷 204《艺文志三》，北京：中华书局 2020 年版，第 5159 页。
⑤ 参见王尧臣等编次，钱东垣等辑释：《崇文总目 附补遗》卷 2《地理类》，《丛书集成初编》第
21 册，北京：中华书局 1985 年版，第 88 页；郑樵撰，王树民点校：《通志二十略·艺文略第四》，北京：
中华书局 2019 年版，第 1578 页；尤袤：《遂初堂书目·地理类》，《丛书集成初编》第 32 册，北京：中华
书局 1985 年版，第 15 页。
⑥ 参见魏征等：《隋书》卷 35《经籍志四》，北京：中华书局 2010 年版，第 1085 页。
⑦ 参见刘昫等：《旧唐书》卷 129《张延赏传》，北京：中华书局 2021 年版，第 3607—3608 页；欧
阳修等：《新唐书》卷 7《德宗本纪》、卷 127《张延赏传》，北京：中华书局 2021 年版，第 190、4445 页。
⑧ 参见顾宏义：《宋朝方志考·山东》，上海：上海古籍出版社 2010 年版，第 26 页；张国淦：《中国
古方志考·山东省》，北京：中华书局 2019 年版，第 136 页。

见于上列山东古方志辑文之中，现掇拾如下：

（1）唐之尧山亦有尧祠，张朏《齐地记》以为尧巡狩所登。①

（2）张朏《齐记》云：是烈士公孙捷、田开疆、古冶子三士冢，所谓"二桃杀三士"者。②

9.（宋）张齐贤、丁谓《青淄齐郓濮等州山川道路形势图》 卷亡 存目

《玉海》卷14《地理》"景德山川形势图"条提到："［景德］四年七月戊子，诏翰林遣画工分诣诸路，图上山川形势，地里远近，纳枢密院，每发兵屯戍，移徙租赋，以备检阅。元年十月甲午，令张齐贤、丁谓具青、淄、齐、郓、濮等州山河道路形势，画图以闻。"③

宋真宗景德四年（1007）令画匠编绘全国各路地图，在地图上需标识山脉、河流、交通、各地之间相对位置等，画完上交枢密院，作为以后调动军队、屯垦戍边、交纳赋税的重要依据；收到中央指示之后，大中祥符元年（1008）张齐贤、丁谓上陈京东路青（今山东淄博东北、潍坊西南）、淄（今山东淄博东）、齐（今山东济南）、郓（今山东泰安西南）、濮（今山东鄄城、范县）等州地图，图上当标记有上述地理要素。此图主持编撰者张齐贤、丁谓，其仕宦经历分见《宋史》卷265《张齐贤传》、卷283《丁谓传》，其中《张齐贤传》提及景德元年（1004）张齐贤知青州，稍后兼任青、淄、潍三州安抚使，齐贤曾经在这几个州任职，当熟悉这些州地理情况从而有便利条件撰绘地图。

10.（宋）无名氏《京东路图经》 九十八卷 存目

《通志二十略·艺文略第四》"图经"收存图文并茂的98卷《京东路图经》④，未言作者。案宋神宗熙宁七年（1074），京东路析分成京东东路、京东西路，此书既然冠名"京东路"，说明它的完就时间在熙宁七年或此前。京东路管辖区域大抵包括今河南商丘，江苏徐州、淮安，以及除德州、聊城以外的今山东地区。

11.（金）李余庆《齐记补》 卷亡 存文

元代于钦《齐乘》先后多次征引《齐记补》一书，在卷3《郡邑》"益都路"条

① 罗泌：《路史》卷43《余论六》，清光绪二十年（1894）校宋本缩印本。
② 姚宽：《西溪丛语》卷上，清嘉庆间虞山张氏照旷阁刊学津讨原本。
③ 王应麟：《玉海》卷14《地理》，南京：江苏古籍出版社1987年版，第272—273页。
④ 参见郑樵撰，王树民点校：《通志二十略·艺文略第四》，北京：中华书局2019年版，第1580页。

谈到其撰者："《齐记补》，谓是章宗时临淄李余庆之笔。余庆爵至开国，编书如此，则女直之文献可知已。或云后人托名以传，未必然也。"① 反映李余庆乃金代临淄人，封爵与"开国"二字有关（金代有开国郡公、开国县公、开国郡侯、开国县侯、开国郡伯、开国县伯、开国郡子、开国县子、开国郡男、开国县男等爵位），在金章宗在位之时（1190—1208）编辑完毕该书；对于他人所持《齐记补》系后人托名伪造的说法，于钦持怀疑态度，认为著者应当是李余庆。

李余庆相关的历史材料仅限于此，其书冠名"补"字，可能是针对前此齐地方志譬如伏琛、晏谟、解道康、张邺各自所著《齐记》中之一种在时间、空间、内容上进行的续写和补充。除却《齐乘》引其书之名作《齐记补》外，在明代嘉靖年间撰就的《嘉靖青州府志》《嘉靖山东通志》皆另称作《齐记补遗》（详下），说明在明嘉靖年间是书尚流传于世。

（1）山脉

①尧山，《齐记补遗》谓尧巡狩所登，山麓有尧庙。②

②稷山……《齐记补》曰："山旧有后稷祠，故名。"③

③商山……《齐记补》云："南燕建平年立冶，逮今鼓铸不绝。"④

（2）河流

①天齐渊……《齐记补》引《晏子》曰："吾闻江深五里，海深十里，此渊与天齐。"渊中浮出瓦，有"天齐"字。魏永平中水溃，出木五；北齐天保中，又出木四，皆五采，类松柏而香，构亭水上——临淄俗，上巳被禊于此。有神祠曰休应之庙。⑤

---

① 于钦撰，刘敦愿、宋百川、刘伯勤校释：《齐乘校释》卷3《郡邑》，北京：中华书局2018年版，第198页。

② 杜思等修，冯惟纳等纂：《嘉靖青州府志》卷6《山川》，明嘉靖四十四年（1565）刻本；陆釴等纂修：《嘉靖山东通志》卷6《山川下·青州府》，明嘉靖年间刻本。

③ 于钦撰，刘敦愿、宋百川、刘伯勤校释：《齐乘校释》卷1《山川》，北京：中华书局2018年版，第29页；杜思等修，冯惟纳等纂：《嘉靖青州府志》卷6《山川》，明嘉靖四十四年（1565）刻本；陆釴等纂修：《嘉靖山东通志》卷6《山川下·青州府》，明嘉靖年间刻本。

④ 于钦撰，刘敦愿、宋百川、刘伯勤校释：《齐乘校释》卷1《山川》，北京：中华书局2018年版，第32页。

⑤ 于钦撰，刘敦愿、宋百川、刘伯勤校释：《齐乘校释》卷2《益都水》，北京：中华书局2018年版，第124页。

②女水……《齐记补》引《黄石公记》云：东海龙女隐于此——石室尚存——将还，作此水，甚有神焉，化隆则水生，政薄则津竭。①

（3）城邑

益都路……《齐记补》曰："天会中，北城颓废，移州治南阳城，为益都府。"②

（4）古迹

①临淄周太公墓……《齐记补遗》曰："太公葬于周，齐人思其德，葬衣冠于此。"③

②四王墓……《齐记补遗》曰："方基圆顶，东西直列，乃齐威、宣、湣、襄四王墓。"④

③晏婴墓……《齐记补遗》："晏婴对齐景公曰：'臣生近于市，死亦近于市。'乃葬于故宅。"⑤

④临淄古城……《齐记补》谓齐古城周五十里，高四丈，十三门。⑥

⑤郭大夫庙，《齐记补》曰："刘裕既夷广固城，齐人郭大夫相水土，劝羊穆之筑东阳城——为青州——后人为大夫立庙于云门山前。"⑦

⑥罗汉洞，府西山中。疑即《齐记补》所载七级禅寺。⑧

⑦常将军庙……《齐记补》曰："将军秦（昭宣）［宣昭］帝时为大岘戍主，建元中战（没）［殁］。后人立庙此山，皆石为之。"⑨

---

① 于钦撰，刘敦愿、宋百川、刘伯勤校释：《齐乘校释》卷2《益都水》，北京：中华书局2018年版，第126页。

② 于钦撰，刘敦愿、宋百川、刘伯勤校释：《齐乘校释》卷3《郡邑》，北京：中华书局2018年版，第198页。

③ 杜思等修，冯惟纳等纂：《嘉靖青州府志》卷11《陵墓》，明嘉靖四十四年（1565）刻本；陆钺等纂修：《嘉靖山东通志》卷19《陵墓·青州府》，明嘉靖年间刻本。

④ 同上。

⑤ 陆钺等纂修：《嘉靖山东通志》卷19《陵墓·青州府》，明嘉靖年间刻本。

⑥ 于钦撰，刘敦愿、宋百川、刘伯勤校释：《齐乘校释》卷4《古迹·城郭》，北京：中华书局2018年版，第310页。

⑦ 于钦撰，刘敦愿、宋百川、刘伯勤校释：《齐乘校释》卷4《古迹·亭馆上》，北京：中华书局2018年版，第419页。

⑧ 同上书，第421页。

⑨ 同上。

⑧阿育王塔……《齐记补》云："唐太和中建寺，五代无棣僧道圆居之，与宋太祖有旧，加号'盖国大师'，增塔为十二级，祥符中更名'广化寺'。"又载黄康弼诗云："齐野非吴渚，支郎是子陵。钓台千古月，宝塔万年灯。"①

（5）历史人物

《齐记补》载汉少翁、晋石崇，云崇父苞为青州刺史，生崇于临淄，小字齐奴。②

以上总计搜罗出 15 条辑文，内容涉齐地山脉、河流、城邑、历史遗址和人物。其中最后一条提到的"少翁"，生活在西汉武帝刘彻继位之初，系栾大的同门师兄弟，齐地方士，曾经应召至宫中召唤汉武帝宠妃王夫人的鬼魂，一年以后法术屡屡失灵，于是将写有文字的帛书饲喂牛，对武帝言牛腹中存有奇物，后为武帝识破计策而诛杀③，石崇事迹参《晋书·石苞传》④。

三、历史文化价值

春秋战国时期的齐国，鼎盛时期控驭范围大抵包含今山东地区泰山以北的黄河流域和胶东半岛；秦王朝灭亡之后，西楚霸王项羽在齐国故地之上分封齐国王族后人田都、田市、田安分别为齐王、胶东王、济北王，其疆土范围大致相当于今山东地区之大半。汉代以后的人士大都以"齐"或"三齐"指称今山东地区，上文罗列的部分山东全省方志名称即冠以此古称。

流传于今的古代史册注解、类书、地志等，征引了部分山东散佚通志的名称和文句。从中可集录的文字虽为全书一鳞半爪，然集腋成裘，总体上来说逸文数量蔚为可观，加之编写的材料又多采自作者实地见闻，故史学价值不容小觑；辑录的部分文字还不见于"正史"，在现今山东早期历史资料较为短缺的情况下，其在存留史料、完善方志和促进文旅方面都具有不容忽视的独特价值。

---

① 于钦撰，刘敦愿、宋百川、刘伯勤校释：《齐乘校释》卷 4《古迹·亭馆上》，北京：中华书局 2018 年版，第 425 页。

② 于钦撰，刘敦愿、宋百川、刘伯勤校释：《齐乘校释》卷 6《人物》，北京：中华书局 2018 年版，第 573 页。

③ 参见司马迁：《史记》卷 12《孝武本纪》、卷 28《封禅书》，北京：中华书局 2013 年版，第 458、1387—1388 页。

④ 参见房玄龄等：《晋书》卷 33《石苞传下》，北京：中华书局 1974 年版，第 1004 页。

1. 史料价值

若按研究者认知、掌握史学材料的程度分类，历史资料可分作已知史料、待"发掘"史料（即今所称"新史料"）、不可知史料三类：已知史料指已被研究者熟稔利用之史料，待"发掘"史料指在现有条件下发挥主观能动性可获知之史料，不可知史料指囿于客观条件不可知悉之史料。其中，待"发掘"史料形式有未对外刊布的档案资料、出土文献、海外汉籍、佚书辑文等，均可为历史研究提供新论据，现今已受到历史学者关注。并且，元代或此前山东毁损通志乃是当时人记当地事情，有"地近易核，时近迹真"的优长，能够细致、具体、确切反映历史之事实。在进行史学研究之时合理征用这些历史资料，或许可以使经我们细致分析所得结论更能接近历史真实情况。

具体而言，综观上文列举的 11 种逸书的 117 条辑文，可见其内容总体上来讲涉以下几个方面史事：齐地历史自然和人文地理状况、著名历史人物事迹、神话故事。文献学价值具体表现在以下几个方面：

第一，复原古城布局和方位。不少辑文讲到城邑结构（即存东、西或南、北二城），城内及城外墓葬、亭等历史遗址详细分布状况，与其他城池、河流相对地理位置，甚至某些记载详至城邑周长、城墙高度及城门数量，这些翔实而可信的材料完全可以运用到考古学和城市史研究中。特别是晏谟《齐记》言南燕都城广固城建造时间和筑建者及城名来历，史料颇具独特性，广为后世书籍征引。

其次，还原古代河流河道变化。辑文先后多次提到山东地区大量河流，比如荆水、淄水、渑水、巨洋水、时水、济水、胶水、潍水，涉其发源位置、流经地区和城邑、注入河湖，与山东此些河流现状作对比分析，对于考察其河道古今更变应颇有助益。

再次，明了古代山东各地物产情况。伏琛《齐记》讲皮丘坑（今山东广饶县东北五十里高家港）民众烧煮湖沼中湖水使其蒸发提炼类似石盐的物质，应属于湖盐；又说莱芜地区一个山岭出产铜矿，系古时冶炼、铸造铜器的场所。晏谟《齐记》和佚名《三齐略记》均称位于今山东崂山西北的不其山，生长有叶子细长、柔韧异常的书带草。

又次，明晰古代齐地行政区划。伏琛《齐记》提到郡辖国、县，与《晋书·地理志》可相互参证；南燕时期行政区规划因资料缺失和紊乱，向称难治，比如谭其骧主编的《中国历史地图集》标注南燕时期行政管理单位到州、郡，未及其下属的县①，

---

① 参见谭其骧主编：《中国历史地图集》第 4 册《东晋十六国·南北朝时期》，北京：中国地图出版社 1996 年版，第 15—16 页。

晏谟《齐记》记录的一些县名可补充相关历史地理学图籍的缺憾。

最后，有裨于探讨古代山东社会发展史。前列辑文旁载山东本地历史人物和神话传说，既有志向和兴趣高尚风雅的闾丘冲、清正廉洁的陈蕃、不慕名利的周璆等正面人物，亦有骄横残暴的秦始皇等反面人物。这些载述为探研相关历史人物事迹的重要历史资料，同时可以通过归纳选取这些人物及事迹的标准，窥测当时社会存在对于暴虐进行贬斥和善良予以褒扬的良好社会风气及思想。

2. 方志学价值

地方志书发源于先秦时期的《周礼·职方》《尚书·禹贡》《山海经》等，在形式上经历了两汉魏晋南北朝"地记"、隋唐"图记"、宋代以来"方志"等几个发展阶段。大略来说，地方志在宋代以前处于发轫、发端、雏形状态，在两宋时体例和内容才趋于完备、成熟。论析方志发展变化、成型定型主要借助原典，然唐代或此前成书、流传于今内容比较完整史志并不多见，仅有东汉袁康《越绝书》、东晋常璩《华阳国志》、唐李吉甫《元和郡县图志》等。

与全国其他地区情况相似，山东地区保存至今、内容完全无缺的省志最早完成时间在元代，且只有《齐乘》一种，之后明代也是只有陆钶等纂修《嘉靖山东通志》一种。如欲全面系统探索方志流变之细微，必须借用除现存地方志书外的其他资料。本文辑考佚亡古籍基本上是宋代或稍前完书的山东通志，可为探研宋代以前齐地甚而全国方志起源和发展进程提供新材料。

西晋荀绰《兖州记》将当时和之前高情远致、地位显赫和才能卓越的本地文人事迹，列作志书的一个重要内容，其写作方式及思路为后世学者接受，并将之作为著述的主体内容，例如萧齐崔慰祖《海岱志》和唐代或稍前无名氏《齐州先贤传》即专门录存这类历史人物；晋代伏琛与南燕晏谟同名作品《齐记》及分别在北魏或稍前、唐代或此前写就的佚名《三齐略记》、解道康《齐地记》，均注重山脉、河流、城邑、名胜、特产等历史自然和人文地理的书写，晏书在目录类典册中卷数记作二卷，或可推测晏书及与之内容颇为相近、卷数不详的这几种志乘，可能皆有意识地按照某种标准划分卷帙或区分不同类别的内容；宋代重视齐地地方志配图的编绘，将方志囊含的地理要素转录到图画上。

由于元代以前的这11种亡逸省志内容散乱且辑文有限，上面只能依据书名和零散的史料归纳其大致特点和发展脉络，大抵可得出两点结论：元代以前山东省志类型既有记述本地各类事项的全志，亦有专意某一项内容的专志；在内容结构上，注意全书体例的编排与内容归并。

3. 文化旅游价值

上文校理的辑文广涉今山东境内各地山岳、城市名称的来历及相关著名历史名人轶事，温泉的地理位置及医疗功用，另载大都有其独有特点和优势的石桥、古井、亭、高台、墓冢、祠堂、寺庙、佛塔、水利工程，例如有的营建时间比较早，有的与古代著名人物和神话传说相关。举个例子，晏谟《齐记》讲"太白自言高，不如东海劳"，其表达意思是太白（即泰山）自愧不如青岛崂山高，不如崂山在海内外的地位和知名度。这些与众不同的历史记载，对于山东各地历史文化旅游优势资源的深度发掘与对外旅游文化宣传具有不可替代的重要价值。

四、保护传承

继承好、保护好、利用好、发展好祖先遗留下来的宝贵历史文化遗产——古籍文献，对于弘扬以爱国主义为核心的民族精神和以改革创新为核心的时代精神，增强国家文化软实力和竞争力，铸牢中华民族共同体意识，具有非凡的作用和价值。

山东地区作为齐鲁文化的发祥地，有史以来编撰各类地方志数量浩瀚如烟，其中流传至今收存在山东各地公藏单位的各种地志数目繁多。前此省、市、区（县）党委和政府及本地文化教育、人文社会科学研究、文物、档案、出版部门一直高度重视存世志书保护、整理研究和编辑出版工作，在科学、规范、专业地维护、管理、传播传世古代志乘方面已取得显著成绩。

2022 年 3 月 5 日，在第十三届全国人大五次会议上，"加强文物古籍保护利用"首次出现在《政府工作报告》中。4 月 11 日，中共中央办公厅、国务院办公厅联合印发了《关于推进新时代古籍工作的意见》，并向全国各地下发通知，要求各地政府、企事业单位、学术团体、行业协会等结合本地、部门实际情况认真贯彻落实。在新时代党中央国务院提出进一步改进古籍保护、整理研究与传承工作的这一现实背景下，下面对照《关于推进新时代古籍工作的意见》内容并联系当前山东地区方志等类型典籍保存、整理研究和编辑出版工作现状，就以后加强和推进相关古籍继承、保护、延承工作着力点谈一下自己想法，以赓续齐鲁文化历史脉络。

首先，持续开展方志普遍调查和搜集遗书佚文工作，完善书目各项数据。此前，山东各级政府先后曾经多次组织开展过方志普查登记、建档、定级工作，采集其基础信息，初步了解和掌握了各级图书馆、博物馆等单位及民间所藏方志情况，从而大致摸清了古籍资源分布和保藏状况。

然而从有文字记载以来到清代的五千多年时间里，记述山东全省及各地历史情况的地方志书及其中流传至今完本方志到底有多少种，哪些业已亡逸不传，目前未见有学者进行过系统全面细致的统计。在全省范围内不间断进行方志调查工作，还应该包括山东地区散佚方志书目编目和辑录考证逸文，以便为今后古籍救护、整理研究、编辑出版等提供最基本的参考依据和历史经验。

在此基础上，组织专业人员编纂山东地方志及省内图书管理部门收藏各种珍善本方志目录《山东地方志总目》《山东存藏珍稀方志文献目录》，列举书名、编写时间、作者、版本、收藏地等历史信息，甚至还可撰写总目提要、附录图版，使其成为兼有版本与目录学功能的工具书。

其次，抢救性保护珍贵典籍。记录中华优秀传统文化的载体——古籍，如果没有得到科学、规范、专业藏存、护理、管理和传承，很容易受到自然和人为等因素影响而毁损。比如金代编就、在明嘉靖年间尚见传布的《齐记补》未流传至今，即可为证。倘若要守住齐鲁文化根脉，深入挖掘齐鲁文化蕴含的哲学思想、人文价值理念与传统美德，以及增强中华民族文化体认和自信，就要有针对性、计划性地统筹协调山东各地区庋藏有古籍的部门，汇聚各方面力量，在区域内推行古籍全面调查基础上，抢救性搜寻、仿造、摄影扫描、缩微复制、整理、影印出版山东地区存藏珍善本方志、孤本方志以及其他类型古籍、濒临消亡的竹木简和石碑等。倘若经济条件允许，可以考虑影印、整理、出版囊括山东地区全部古籍的书库《齐鲁文库》，或者创建一个全民共享、资源丰富、可在线检索和浏览的山东古籍数据库。

需要特别指出的是，之前省内各地图书管理部门和文化教育科研单位曾经影印、点校出版过山东地志丛书，然收录其中的基本上为完成时间在元代以后的足本方志，对于编写时间在元代以前现已佚失的省志、府志、县志关注程度不够。

第三，健全古籍工作体制。山东地区从事古籍收藏、整理、研究、出版工作的企事业单位有很多，其部门职能几乎涵盖文献典籍藏存、保护、开发利用、编辑出版方方面面，他们开展的工作可以协调衔接起来形成环环相扣的产业链，因而可以考虑联合这些机构组建一个"山东古籍保护开发利用中心"，形成良好的古籍工作机制和系统，以便在古籍工作方面使其能够相互配合，统筹事业和产业两种形态、公益和市场两种资源，推动形成古籍行业发展新局面，以高质量和全方位的服务奉献公众。

比如，山东高校和科研院所汇聚有一大批中国古典文献学、历史文献学研究方向的博士毕业研究生和高级职称人员，其整理研究古籍领域较为广泛，涉经史子集诸小部类，他们的校勘、注释、辑佚、研究能力在省内处于领先水平，曾经发表或出版过高水平古籍理论研究作品；省内各地图书馆、博物馆等藏书机构藏存有大量珍善本方志，其中多部入选国家、山东省珍稀古籍名录。整合以山东高校及科研院所古籍人才队伍和省、市图书馆存藏古籍为中心的现有社会资源力量，实现强强联合、资源共享、优势互补，或许可以加快山东地区方志文献保护和整理研究利用工作进程。

第四，强化古籍专业整理研究人才培养和队伍建设。相较于古籍保护和编辑出版发行工作，整理研究工作为古籍工作的中间阶段、关键环节。其主要工作人员分布在山东地区高等院校和科研机构中，要充分发挥他们在传扬齐鲁文化方面中流砥柱的作用，必须凝集省内现有古籍整理研究人员研究领域，突出"精"和"专"，形成专研齐鲁文化诸类古籍特别是方志的人才队伍；大力引进古籍修复、数字化和中国古典文献学、历史文献学专业人才，同时利用山东高校中国古典文献学和历史文献学方向硕士、博士学位授予点，培养专门研究方志等类别古籍的研究生；严格遵循《关于推进新时代古籍工作的意见》规定，即在职称评定、评奖推优、科研成果认定、绩效考核等方面，向从事古籍保护整理研究人员方向倾斜。

以上主要站在一名普通教学科研人员立场上，就山东地区方志等类型古籍保护、整理、研究、编辑出版工作提出一些想法。在列举完上述提议以后，顿然感觉到认真全面执行党中央、国务院共同印发的《关于推进新时代古籍工作的意见》，不只需要统筹协调省内多个部门，还需要拢聚一大批工作人员进行协力合作，非一时、一人、一个机构所能为。但是只要我们保持坚持不懈的良好心态、夙夜为公的工作状态，有计划、有步骤、分批分类地开展实施，一定会克服千难万险，推动山东地区古籍事业繁荣发展。

五、结语

本文较为全面、细致、系统地收集整理了在宋代或此前写就，而现今已经亡失的11 种山东省志，总计辑录出 117 条佚文。稍后在解析史料基础上，大致分析了其在学术和社会实践方面的历史文化价值，以及由此些方志亡失不存给予我们当下保护、继承与传扬古籍文献方面的历史启示。这些梳理和研究对于今后探索山东地方史及方志发展演变史当有所助益。

相较于以往关于山东方志的整理、研究论文和专著，本报告特色与创新之处集中体现在以下几个方面：（1）"新史料"与"新史学"为今史学研究中热门话题，佚书辑文与出土材料、档案资料、域外汉籍等均为"新史料"中的重要成分。本课题以佚书辑文为研究对象，又与弘扬中华优秀传统文化、旅游特色资源开发相关，故在选题上贴近学术前沿与社会热点；（2）较为齐全、条理地收录、整理晋以来所撰山东地区亡失省志，还将佚文的辑校与辑文的考证紧密结合起来，对其进行个案研究与综合分析，所辑得的佚文较为齐全，其中包括报告首次所辑的一些逸文；（3）结合中共中央办公厅、国务院办公厅新近联合印发的《关于推进新时代古籍工作的意见》，联系当前山东地区方志等类型典籍保存、整理研究和编辑出版工作现状，有针对性地提出以后加强和推进相关古籍继承、保护、延承工作着力点。

上文就目前所知所见历史载籍及前人搜录成果加以辑集，然中国古籍浩如烟海，报告裒辑的遗书和辑文可能会有漏辑、误辑之失；另外，辑文比较零碎、记录的事物相对琐细，难以与其他史册相互印证，故而报告没有对所有资料详加解析。同时，除却上文枚举的亡损的山东通志外，尚有现已亡逸古代各地市、县志未见有学者进行系统、齐全、精细整理研究。在以后学习、工作和探求历史新知过程中，我会注意弥补报告在整理研究方面存在的不足，并着意于古代山东府、县遗失方志收集、整理和研究。

少数民族文化及区域文化研究

铸牢中华民族共同体意识下
广西抢花炮习俗的发展路径[*]

——以靖西市龙邦镇为例

何卫东^{**}

【摘要】 铸牢中华民族共同体意识、引领民俗文化活动，在地方文化建设中发挥着重要的作用。靖西市龙邦镇"关圣祭祀节"和壮族抢花炮赛事项目历史悠久，特色鲜明，文化内涵丰富，吸引了当地各族民众的积极参与。"忠义"精神贯穿该活动及赛事项目始终，此赛事活动蕴涵诸多美好寓意，民族认同感强，是同根生文化的归属点和铸牢中华民族共同体意识的具体体现，是地方政治、经济和文化的发展缩影。

【关键词】 习近平新时代文化思想　铸牢中华民族共同体意识　抢花炮　靖西　龙邦镇　边疆地区　民俗体育文化　发展路径

　　弘扬民族优秀传统文化，增强民族文化认同感，铸牢中华民族共同体意识，为新时代社会文化发展指明了方向，对促进现代社会的发展有着重要意义。中华民族传统文化的内容和表现形式丰富多彩，民俗文化在民间风俗、民间活动以及民间生活中凭

---

　　* **【基金项目】** 国家社会科学基金一般项目"体育促进边疆民族团结的实践经验（22BTY020）；广西哲学社会科学基金一般项目"广西民族传统体育文化与旅游产业深度融合及其实践研究"（21BTY007）。

　　** **【作者简介】** 何卫东，男，1968年生，广西崇左人，广西民族大学体育与健康科学学院教授。研究方向：民族传统体育学、体育人文社会学、体育教学。

借文化、艺术和体育等形式流传下来，其文化形态融入并依附于民众日常生活的风俗习惯中，这些民俗文化通过互构、互嵌和互鉴的方式对当今地方文化建设产生了积极的推动作用。铸牢中华民族共同体意识是多民族国家主体性建设的关键环节，广西具有浓厚的民族文化底蕴，产生了大量具有民族特色的民俗活动，靖西市龙邦镇龙邦街在农历五月十三举办的"关圣祭祀节"活动就是其中的代表之一。

一、抢花炮民俗文化发展的相关研究及意义

（一）专家学者们的成果及观点

民族文化发展创新问题的研究兴起已有 10 余年时间，近年来，部分学者开始侧重于对民族文化与广西壮族传统节日相结合的研究，民族学、社会学和人类学等学科领域的专家学者，对文化发展创新在文化的传承、保护机制和发展等领域的作用进行探讨。同时，部分专家学者也对广西抢花炮这一民俗活动加以关注，并针对相关学术问题开展研究。在对壮族传统节日与文化的创新研究方面，罗树杰（2016）提出在节庆活动中举办唱山歌、抢花炮、打铜鼓、抛绣球和非遗展演等传统民族特色文体活动。① 黄润柏（2019）提出以大众为主，培育文化自觉，围绕政府、专家、媒体等多方参与等路径来展开。② 徐玉特（2020）指出应该在政府整合机制理念下，聚焦组织、制度及其机制构建和整合。③

在抢花炮活动研究方面，李志清（2005）认为桂北侗乡的抢花炮活动反映了民族文化的生存能力和适应性，以及仪式性少数民族体育文化的现代价值。④ 韦晓康（2011）认为侗族抢花炮及其文化仪式已成为三江地区侗族文化体系中的重要组成部分。⑤ 此外，蒙军（2014）提出将抢花炮融入新农村发展的建议⑥，王成科（2015）

① 参见罗树杰：《"壮族三月三"：促进各民族交往交流交融的大平台》，《中国民族报》2016 年 4 月 30 日，第 1 版。
② 参见黄润柏：《壮族传统节日文化创新的基本路径研究——壮族传统节日文化创新研究之二》，《广西民族研究》2019 年第 3 期，第 159 页。
③ 参见徐玉特：《政府整合机制：壮族文化传承与创新发展的路径选择》，《广西民族研究》2020 年第 3 期，第 114 页。
④ 参见李志清、虞重干：《当代乡土生活中的抢花炮——桂北侗族地区抢花炮变化特征的实地研究》，《体育科学》2005 年第 12 期，第 17 页。
⑤ 参见韦晓康：《抢花炮仪式文化的生命力及功能解析——广西柳州三江县抢花炮活动实证调研》，《中央民族大学学报（哲学社会科学版）》2011 年第 6 期，第 102 页。
⑥ 参见蒙军：《新农村视域下花炮节的意义及发展对策——以广西崇左市宁明县纳利村为例》，《广西民族师范学院学报》2014 年第 4 期，第 4 页。

提出利用抢花炮这一民俗活动构建体育文化生态圈的建议①。

在铸牢中华民族共同体意识与抢花炮活动的研究方面,王春亮是第一位以广西"三月三花炮节"为例,对铸牢中华民族共同体意识的少数民族体育实践进行研究的学者。他提出从特色、渠道、模式、交互、观念和机制六种实践途径对少数民族体育实践开展研究,对优化民族传统体育文化,进一步铸牢中华民族共同体意识有较好的启示作用。作为个案研究,对具体实践的内在逻辑加以梳理和阐释,但其中针对实践路径的研究缺乏具体的发展规划和翔实的实施方案,对各内在条件及权重关系的考量也有不足。②

以上研究已达到一定的广度与深度,并取得了丰硕的成果,上述成果及其实践理性研究,多从文化发展、功能主义和文化间融合的视角展开,最终聚焦于文化具象阐释,这些观点为地方民族传统节庆活动和抢花炮民俗文化的发展创新提供了借鉴。但是,关于现代民俗文化、少数民族体育的多元化发展对当前边境地区的社会需求、价值与文化建设的学术研究数量较少,尤其是在解决铸牢中华民族共同体意识下如何引领抢花炮活动的发展这一问题时,对民族理论、历史、政策和思想理念方面的研究还比较欠缺。

(二)研究问题的切入点及意义

通过调查研究,传统的抢花炮在广西、广东、贵州和湖南四省区域内流传较广,是该地区的壮族、侗族、瑶族、苗族、仫佬族等多民族每逢春节期间、二月初二、三月初三和其他节日时开展的一项传统体育活动,有着悠久的历史底蕴和深厚的群众基础。2013年,靖西县龙邦镇"壮族抢花炮习俗"相继入选百色市非物质文化遗产传习基地和第四批广西壮族自治区级非物质文化遗产传习基地。在2014年龙邦镇"关圣祭祀节"上,以"唱响改善民生主题,谋划荣边锦梦大计"为主题,当天边境有上万人民群众共庆这一非遗传习活动带来的艺术盛典。2014年9月,靖西县龙邦镇的《壮族抛绣球习俗》和《壮族抢花炮》被列为自治区级非物质文化遗产代表性项目名录。

基于此,笔者所在调研组以靖西市龙邦镇农历五月十三日"关圣祭祀节"活动为调查点,自2018年开始对其在铸牢中华民族共同体意识下广西边境抢花炮发展路径

---

① 参见王成科、李林峰:《全民健身视域下中越边境民族传统体育文化生态圈的构建——以崇左市"金山花炮节"为例》,《唐山师范学院学报》2015年第5期,第80页。

② 参见王春亮、吴邓凤、黎晓春:《铸牢中华民族共同体意识的少数民族体育实践研究——以广西"三月三花炮节"为例》,《文化产业》2020年第12期,第62页。

展开了近六年的社会调查，对该地区抢花炮民俗活动的活动内容、仪式过程、文化内涵和民族体育功能及其传承发展进行研究。因此，将靖西市龙邦镇在铸牢中华民族共同体意识下的广西抢花炮发展作为个案加以研究具有典型性意义，该研究对弘扬地区的民族优秀传统文化，解读铸牢中华民族共同体意识下民俗体育活动在民族地区的实践，补充马克思主义民族理论与政策中国化的地方经验，以及民俗体育项目发展的探索，具有重要的时代意义。

二、靖西市龙邦镇壮族抢花炮活动的自然与人文历史

（一）靖西市龙邦镇的自然与历史沿革

据清《归顺直隶州志》记载：宋景炎元年（1276），张天宗率 300 余部众在此与当地人民一起建设家园，使得当地在治理、经济、文化、科技、农业和教育等方面得到极大的发展和进步。[①] 明弘治十二年（1499），岑璋奉调守府江有功，朝廷颁给州印，改顺安峒为归顺土州，此后该地一直是王朝羁縻或由岑璋后代土司管辖。[②] 直到清雍正七年（1729），清政府进行改土归流的变革，朝廷直接委任流官以代替世袭的土官。改土归流顺应了当时社会发展的需要，维护了民族团结与国家统一。1950 年 1 月 18 日，靖西县人民政府成立。龙邦于 1992 年改置镇，镇人民政府驻地在龙邦街，龙邦镇地处我国西南边境，与越南茶岭县接壤，边境线长 43.85 公里，截至 2011 年末，龙邦镇下辖其龙、大莫和品明等 12 个行政村，下设 149 个村民小组。

（二）靖西市龙邦镇的关圣祭祀节习俗

据查考，明神宗朱翊钧于万历四十二年（1614）十月十五日在北京敕封关公为"三界伏魔大帝神威远镇天尊关圣帝君"，印造《伏魔经忏》，命全真道士举办庆贺醮典三昼夜。从而关羽由"真君"提升到"帝君"，千百年来，关圣帝君是集中国传统"忠、义、仁、勇"美德于一身的楷模。地理上，靖西市龙邦镇与越南高平省茶岭县相连，靖西市龙邦镇在每年农历五月十三日都举行隆重的"关圣祭祀节"。而关于在此地建关帝庙一事，有两则民间传说：一则是宋代某官员驻守边疆靖西县龙邦镇时，提议建关帝庙于边陲圣地龙邦街，兹世人供奉；另一则是明代关圣帝君托梦给龙邦老人和武官要在龙邦建一座关帝庙护佑地方。综合以上查考与分析，笔者认为，靖西龙

---

① 参见何福祥：《归顺直隶州志（全）》，台北：成文出版社 1969 年版，第 38—39 页。

② 参见王柏中、张小娟、马菁：《兴边富民新壮村——广西靖西县龙邦镇其龙村调查报告》，北京：社会科学文献出版社 2011 年版，第 2 页。

邦镇的"关圣祭祀节"应在明神宗朱翊钧于万历四十二年（1614）敕封关公"三界伏魔大帝神威远镇天尊关圣帝君"名号后在全国各地传播，靖西市龙邦镇的当地民众逐步将关圣帝君融入节庆活动进行祭祀而发展起来。从 1614 年以来，靖西龙邦镇龙邦街民众就将每年农历五月十三日作为龙邦街祭拜、纪念三国忠臣关羽之日，当天要到关帝庙做包含关圣祭祀、舞龙舞狮拜福、关圣巡游、抛绣球和抢花炮等民俗活动的祭拜活动，该活动慢慢成为当地人们纪念"关圣"和传颂其的忠义及功德，弘扬民族优良传统的习俗。

从 2013 年以来，龙邦镇"关圣祭祀节"的活动内容包含关圣祭祀、舞龙舞狮拜福、关圣巡游、文艺汇演、抢花炮、抛绣球和篮球等项目活动，与越南代表队交流主要有篮球友谊赛、抛绣球比赛和民间传统文艺汇演等项目。在关圣祭祀和巡游活动的后半段，人们到达龙邦街的文化广场后，边民载歌载舞，欢聚一堂，然后开展具有浓郁壮族乡土气息和民间竞技体育相结合的抢花炮项目比赛，将"关圣祭祀节"活动推向高潮。

从龙邦镇"关圣祭祀节"的活动内容、历史节点、规模和影响力来看，"关圣祭祀节"内容从 1614 年到 2013 年得到有效的传承，尤其从 2013 年至 2020 年进入加速发展。在该地区 400 余年的发展过程中，"关圣"的精神内涵有很强的民间信仰和文化信仰，对当地培育民众和教化民众有很强的影响力。"关圣祭祀节"的活动蕴含在该区域族群的节日喜庆氛围里，承载着民众对上苍赐福、祭祀关圣、族群团结等美好的文化内涵与精神诉求。

（三）龙邦镇"关圣祭祀节"活动中的抢花炮

民间抢花炮活动起源于广东，广东商人在向外发展贸易和文化交流时，将广东的民间抢花炮活动引入各少数民族地区，至今已有 500 年之久。从《岭表纪蛮》《三江县志》《上林县志》等历史典籍记录中，可以看出在清朝和民国时期，广西多个民族聚居地有关抢花炮活动的具体形式、时间节点、开展方式、主要规则、基本规模，以及其中蕴含的宗教信仰和人民诉求等信息。[1] 抢花炮活动在广西各地的传播较为广泛，依附于民俗节庆之中，有较扎实的群众基础，与各民族习俗紧密结合，体育竞技特征明显。

---

① 参见刘锡蕃著：《岭表纪蛮》，南天书局 1987 年版，第 186 页；王素改：《广西抢花炮运动文化变迁与发展研究》，《安徽体育科技》，2018 年第 4 期，第 23 页；陈梦雷：《古今图书集成》，巴蜀书社 1987 年版，第 18 册，第 2097 页。

经笔者查考，靖西壮族抢花炮活动至今已有 150 多年的历史，在龙邦镇"关圣祭祀节"中将壮族抢花炮引入到节庆活动中的时间大约是清代同治九年（1870）前后。近百年以来，民众接纳抢花炮项目，并将其融入自身族群的文化习俗之中，相生相承。当地民众通过参与祭祀活动，观看、参加抢花炮活动，其过程既可享受节日的喜庆氛围、品尝美味佳肴和互动交流，又可体现个人、团队与家族的价值和地位，在物质和精神上都有所收获。此外，在活动巡游前，民众都前往关帝庙和关岳祠祭拜祈福。现今，龙邦镇关岳祠内供奉着关圣、忠武和玄天上帝三位神祇，而每当周边或某地有抢花炮活动，附近的民众都积极前往参加，使得抢花炮活动不断发展壮大，成为当地重要的民俗活动之一。此后，在下一届比赛前，上一届的三炮获奖者都要拿上祭品到关岳祠"还礼"。此外，调研中发现，在凭祥市博物馆中收藏着一只采集自边境地区的清中期壮族抢花炮实物，直接提供了该地区抢花炮开展的一种佐证。

作为一种基于地理环境、交通设施、族群生养、经济生活和民风民俗及历史积淀等多重因素而形成的地域文化，抢花炮活动在当地扎根、成长，这一活动的延续对增强族群间交流、促进民众强身健体和丰富民众休闲娱乐产生积极作用，还具有团结和谐一方百姓的象征意义以及维护社会稳定发展等重要功能。与此同时，其活动内容由关圣祭祀祈福、关圣巡游、抢花炮比赛和抢得花炮者在家供养与祭拜四个主要部分组成，造就了靖西市龙邦镇"关圣祭祀节"壮族抢花炮以"忠义"人文精神为其根魂的个性特征，均体现出龙邦镇抢花炮活动厚重的体育人文价值。

（四）龙邦镇壮族抢花炮的竞赛

1. 壮族抢花炮竞赛的活动流程

龙邦镇"关圣祭祀节"的抢花炮竞赛活动大约用时四个半小时，其中经历养炮、还炮、接炮、游炮、抢炮和祭炮等六个环节共四个流程，各环节和流程的秩序有条理，民众积极参与，活动过程高潮迭起，展现出民众强烈的归属感和自信心。

2. 壮族抢花炮竞赛的体育特性

龙邦镇"关圣祭祀节"中壮族抢花炮比赛的活动流程清晰，活动内容丰富，设计结构完整，项目特色鲜明，竞赛规则相对严谨且规范，规模属于小团体竞技。比赛对抗性强，技术、战术和打法多样且复杂，攻防互换的方式灵活多变，攻防体系完备。攻防人数按照 1:4 或 1:5 的比例搭配组合，运动负荷强度大，进攻获胜难度极大，比赛用时 40—60 分钟左右，奖励中感恩元素厚重，体育功能明显，其有较强的影响力和感召力。

3. 壮族抢花炮竞赛获奖者的责任担当

抢花炮比赛结束时，获胜的三位花炮炮手上台一起领奖。领奖后，由参赛队员按获奖等次抬着一、二、三炮镜匾拥戴着获胜的花炮炮手到各自家中，祈求福气财运自今日起降临到获奖的花炮炮手和家人们的身上，队员们在精神上得到关圣的护佑。对于获胜的花炮炮手，既是个人的荣幸，也是其家庭和村屯的荣耀。此外，获胜的三位花炮炮手或家人在这一年里，每逢农历初一和十五都要带着祭品前往关岳庙祭拜和感恩，传承忠义，行善积德，不可中断，这是一份责任担当，这种行为和方式在当地慢慢形成良性的民风民俗，并有较强的影响力和号召力，促进民族间团结和互动交往。

综上所述，随着现代社会发展，人们在展现、传承"关圣祭祀节"民俗活动的过程中，不仅达到了娱乐、健身和竞赛的目的，还通过祭拜三国时期的名将关羽、举行关圣神像巡游活动和实地现场抢花炮等活动形式，将壮族抢花炮的习俗赋予忠义的文化内涵。这一系列活动，展现出边境人民的民族同根性，对增强人民的文化认同感有积极作用。同时，也有利于爱国主义教育，有助于增加当地民众的国家认同感。此外，这一习俗的传承，也寄托了各族人民对美好生活的向往之情。在此基础上，树立各族民众的民族文化自信，促进各民族间的情感交融，一同团结奋进，进而铸牢中华民族共同体意识的凝聚力。

三、龙邦镇壮族抢花炮的文化价值、特点及意义

靖西市龙邦镇在每年"关圣祭祀节"中，将"忠义"精神融入整个节庆活动之中。壮族抢花炮比赛成为最有代表性的赛事活动，其寓意美好且传递着正能量，深受边境民众的喜爱并代代相传。

（一）文化价值

靖西市龙邦镇的"关圣祭祀节"属于本土化的节庆活动，多民族人民参与其中。壮族抢花炮作为其中一项重要内容，其发展过程经历了宗教祭祀、娱神祈福、娱人等阶段，进入现代后发展为体育竞赛。节庆活动不仅培育了各民族间相互尊重、理解、包容、和睦共处和团结协助的国家情怀，还在健身、娱乐、竞技、经贸和文化交流合作中蕴含着深厚的人文情怀，壮族抢花炮赛事展现的功能价值与其特有的文化内涵，凸显着历史的发展印记。

壮族抢花炮比赛是一项非常接地气的赛事，得到各族民众大力支持，承载着厚重的文化历史，同根生文化也是该区域民俗体育文化发展的归属点。同时，龙邦镇"关圣祭祀节"中抢花炮活动积淀了浓厚的中国广西靖西与越南两地边境地区民俗文化精

髓，反映了该地区民俗体育文化发展特色，折射出边境地区各族文化的多元化，蕴含着该地区宗教观、审美观、伦理观和新时代的价值取向。

（二）特点

新时代发展理念下，该"关圣祭祀节"及壮族抢花炮展现出铸牢中华民族共同体意识的行为与精神实质，龙邦镇壮族抢花炮依托厚重的人文历史为背景，表现出多元化文化价值的特点：一是多层面展现的体育人文性；二是竞赛蕴含丰富的体育精神与价值取向；三是蕴涵壮族朴素的哲学思想且突显多元性；四是"忠义"精神融入赛事之中，有多重美好寓意的传承性；五是特殊的地理、人文环境和文化认同感构建文化基因的民族性。

（三）意义

边民在传承发展民俗文化上，展现出团结、和谐、友好、拼搏、奋进和感恩的精神风貌与民族情怀，具有多重的文化价值。因此，大力发展有特色的地方民俗体育文化，开展并凸显有社会主义核心价值观符号的龙邦镇"关圣祭祀节"的民俗文化活动，是弘扬优秀民族文化、振奋民族精神、提高民族自尊心、增强民族凝聚力和提升民众文化自信的重要力量，有效促进边民民族文化认同感，是新时代背景下拥护党的民族团结政策、实现中华优秀传统文化传承发展、促进边境安定和谐、铸牢中华民族共同体意识等方面的具体体现，是边境地方政治、经济和文化的缩影。

四、龙邦镇壮族抢花炮发展的困境与路径

（一）发展困境

在新时代传承发展中华优秀传统文化和实施全民健身活动背景下，龙邦镇壮族抢花炮民俗文化发展面临着诸多困境，特别是在时代发展目标、本土化文化自信、传承模式、合作交流和资源结构等方面难以适应时代发展的新要求。笔者将其归纳为以下四点：一是其规模和影响力与打造广西边境地区发展的国门形象不相匹配。二是由于思想观念与生活方式的差异、生存环境和审美取向的不同，导致节庆活动开展存在单一性，加之体育竞赛公平性原则等因素，使这一活动与当代多元性文化间出现一定的隔阂，出现与当今社会脱离的情况。三是地理环境狭小，对外交流交往少，活动承办方和赞助方少，国际性视野狭窄，对外合作交流空间较小，导致在现代化发展过程中眼光较为短浅。四是自我文化的解读与宣传力度不够强，举办体育赛事活动的保险机制不健全。

（二）发展路径

党的十九大报告《决胜全面建成小康社会 夺取新时代中国特色社会主义伟大胜利——在中国共产党第十九次全国代表大会上的报告》以及党中央颁发的《关于实施中华优秀传统文化传承发展工程的意见》等纲领性文件，为我国民俗体育文化研究转型提供了新的思路。中国与东盟国家及地区进行文明交流、文明互鉴和共享，是进一步发展边境地区"关圣祭祀节"的民俗文化的新契机。因此，在铸牢中华民族共同体意识视域下，坚持以习近平新时代文化思想为指导，结合《靖西市国民经济和社会发展第十四个五年规划和二〇三五年远景目标纲要》，拟定以政府主导为主线，以制定新发展定位为基准，围绕倡导"本土化"文化回归、践行传承发展新模式、建构交流合作平台、融合创新机制、加强大众传媒力量、教育培养资源、打造赛事品牌和整合与优化资源结构等多元组合为实施手段，通过政府、社会、学校和民间组织等层面构建有效的协同系统，我们提出八条相应的发展路径及措施，以实现广西抢花炮民俗文化的多元化发展。具体如下：

第一，以坚守社会主义核心价值观、走马克思主义中国化的道路为发展定位。

千百年来，中华优秀文化能够生生不息、持续发展，是因其能够在坚持自身价值的同时伴随时代发展的需要做出改变。因此，在坚守社会主义核心价值观的同时，也一定要结合中国和地方的实际情况，走马克思主义中国化的道路。

美国著名学者亨廷顿认为："有些国家领导人有时企图抛弃本国的文化遗产，使自己国家的认同从一种文明转向另一种文明，然而迄今为止，他们非但没有成功，反而使自己的国家成为精神分裂的无所适从的国家。"[①] 壮族节庆活动根植于农耕稻作之中，经过千百年的发展凝聚于宗教信仰、艺术和体育等诸多领域中，其文化形态融入和依附于民众日常生活的风俗习惯，通过壮族传统的民间风俗、民间文化和民间生活方式得到有效的传承发展。

坚持以习近平新时代文化思想为指导，遵循拟定的发展定位，结合龙邦镇"关圣祭祀节"的民俗文化活动，对该节庆活动所需的政策支持、发展机制、人才培养、文化特色和产业融合等方面进行顶层设计，确保关圣祭祀、舞龙舞狮拜福、关圣巡游、壮族抢花炮、抛绣球、民间传统文艺汇演能够展现国家情怀和人文思想，强化壮族抢花炮"忠义"精神的发展定位，增强民族文化认同感。

---

① ［美］塞缪尔·亨廷顿著，周琪译：《文明的冲突与世界秩序的重建》，北京：新华出版社1998年版，第353页。

第二，地方民俗文化"本土化"的回归是新时代民俗文化发展的结晶。

费孝通先生认为，文化自觉是指生活在一定文化历史圈子的人对其文化有自知之明，并对其发展历程和未来有充分的认识。① 雷军蓉认为，民俗体育文化"本土化"回归不仅是我国民俗体育国际化发展的时代诉求，也是传承中华民族优秀文化不可回避的话题。② 近年来，多以政府对举办活动进行政治定位、节日规划、项目审核、拨付资金、行政管理，再以民间团体和社会组织共同承办的方式开展系列节庆活动。这些活动都是通过政府主导，民间团体和社会组织协同的方式举办，其中政府的主导对地方的民族节日文化发展创新发挥着重要作用。

政府不仅在龙邦镇"关圣祭祀节"开展边民丰富多彩的文体活动，还组织本地区群众参与民族体育健身活动，改良优化部分传统项目进入校园，积极将该内容落实并转化到全民健身活动中。这正是龙邦镇"关圣祭祀节"活动在时代中的缩影，其民俗体育文化"本土化"特征明显，那方水土那方人的精神家园和自我文化的根得以回归，也展现出是龙邦镇"关圣祭祀节"的根魂——"忠义"人文精神，体现了当地社会和谐幸福、安定团结的生活状态，民众诚信、忠义和遵纪守法的道德追求，其民俗文化从土司制度到社会主义制度得到转变与发展，尤其在铸牢中华民族共同体意识的特质上实现跃升，反映了该地区民众的文化自觉和文化自信，是新时代民俗文化发展的结晶，这对于地区民俗文化"本土化"回归有着非常重要的作用和意义。

第三，把研究的理论和实践结合起来，打造广西传承发展民族体育的新模式。

美国学者麦克尔·赫兹菲尔德认为："几乎所有的专著都在对人类学知识的构成进行反思，几乎所有的理论撰述都不曾脱离基本的民族志调查。"③ 龚晓潇认为："基于马克思主义理论的视角看，民族地区乡村振兴与铸牢中华民族共同体意识契合了马克思主义哲学和政治经济学理论的内在要求。"④ 2022 年 7 月，习近平在新疆考察时再次强调："要推动各族群众逐步实现在空间、文化、经济、社会、心理等方面的全

---

① 参见费孝通：《反思·对话·文化自觉》，《北京大学学报（哲学社会科学版）》1997 年第 3 期，第 18 页。

② 参见雷军蓉、王世友：《本土异域间：我国民俗体育文化"本土化"研究的审视与论绎》，《北京体育大学学报》2018 年第 1 期，第 133 页。

③ ［美］麦克尔·赫兹菲尔德著，刘珩等译：《什么是人类常识：社会和文化领域中的人类学的理论实践》，北京：华夏出版社 2005 年版，第 11 页。

④ 参见龚晓潇、曾鹏程、孟楠：《从互构到互嵌：民族地区乡村振兴铸牢中华民族共同体意识的自治逻辑》，《广西民族研究》2022 年第 6 期，第 74 页。

方位嵌入，促进各民族像石榴籽一样紧紧抱在一起。"① 这为社会嵌入视角下推进民族地区高质量发展提供了最为清晰和权威的道路指引，更是为中华民族复兴场域下如何推动乡村振兴与铸牢中华民族共同体意识从全面互构走向深度互嵌提供了根本遵循。② 当前，随着非物质文化遗产研究主题的兴起，传统节庆活动也成了学界研究的新热点，应该确立以民族政策、地方治理、民族地区乡村振兴和民族志的理论与实践相结合的研究取向，将节庆的特色与现代化融合，而且节庆理论、框架和价值的雏形已形成结合。

研究认为对新时代靖西市龙邦镇"关圣祭祀节"文化及壮族抢花炮项目理论研究的创新与实践主要集中在三个方面。一是要以文、史、哲、伦理、美学等人文研究强调方法论层面的方法来解释、整合、提炼散碎文本材料的视域和总体思路。这是对龙邦镇"关圣祭祀节"文化及壮族抢花炮项目的结构创新，也是对当下广西民俗体育人文研究在哲学方法论上的理论扩展。二是要以龙邦镇"关圣祭祀节"活动组织者、项目负责人、非遗传承团队、传承人和壮族抢花炮项目教练员、运动员和管理员为对象，对"节庆活动""民族团结""兴边富民""乡村振兴"和"运动项目"等主题的认知感受的口述和摄像记录，整理成口述史。这是对民俗体育文化最本体的实质反映，也是现代民俗体育口述史基本理论的演变递进的样态创新。三是要将龙邦镇"关圣祭祀节"的节庆活动及壮族抢花炮项目的发展历程进行整合梳理和提炼，形成龙邦镇的"自我民族志"，通过文字、图片和影像等形式来反映，并在博物馆、非遗传承馆、村史馆和研究中心及学校等场所进行展示、传承和交流，这是对本土民族文化的强有力认同和宣传，是民族体育文化融入乡村振兴战略的具体落实，也是对文化自信和理论自信的真实写照和实践创新。四是总结龙邦镇"关圣祭祀节"的节庆活动中壮族抢花炮项目区别于其他民族地区的竞赛方法与方式，说明其独特性所在，例如与柳州市三江侗族自治县富禄苗族乡"三月三"民族传统的侗族抢花炮、桂林市恭城瑶族自治县三江乡石口村的瑶族抢花炮、南宁市邕宁区中和镇孙头坡的壮族抢花炮等的不同。

近十年来，通过以政府为主导，建立相应的研究机构、中心和专家团队的系列举措等方式，为节庆文化创新活动总结了成功经验，也为相关研究提供了理论反思和评

---

① 习近平：《完整准确贯彻新时代党的治疆方略　建设团结和谐繁荣富裕文明进步安居乐业生态良好的美好新疆》，《人民日报》2022 年 7 月 16 日第 1 版。

② 参见龚晓潇、曾鹏程、孟楠：《从互构到互嵌：民族地区乡村振兴铸牢中华民族共同体意识的自治逻辑》，《广西民族研究》2022 年第 6 期，第 78 页。

估办法。此外，站在新时代的历史起点上，应以民族地区体育治理现代化、民族体育文化示范区建设、地方体育学科与专业建设和体育研究方法论创新为主要创新发展突破口，尤其是将民族地区乡村振兴、民族体育文化和铸牢中华民族共同体意识相结合，进而打造成为广西传承发展民族体育的新模式。

第四，提升国门形象，建立交流合作平台和创新机制。

近年来，国家投入与建设一批体育基础设施和运作赛事活动，制定实施《广西壮族自治区少数民族传统体育保护规划》和《中越边境（广西）全民健身工程规划》，投入数十亿资金和提供政策支持，这些规划与建设大大地解决和改善边境民族地区市、县、乡镇、行政村四级公共体育设施和体育健身场地的问题，为民族传统体育发展提供场地保障。在交流合作平台上，提出以构建文化自信为切入点，以壮族抢花炮为代表项目，通过民俗文化"本土化"回归、民族体育进校园、民族传统体育与旅游产业相结合、加大对民族体育保护和传承力度、建设一批体育基础设施和运作赛事活动，提升国门形象，重点打造传习基地上抛绣球和抢花炮活动的特色项目制定并实施相关传承发展举措，促进边境地区非遗示范带建设等组合对策的实施。在创新机制上，提出有效指引地方有特色的民俗体育文化的现代转型、文化与旅游相结合、打造地方精品项目、加强边贸往来、提升民众的文化自信、对外交流合作等举措，这些举措对通过文化提升我国的国际形象具有重要的时代意义。

第五，利用大众传媒宣传、国民教育和校园培养相结合，促进民俗文化传承及产业发展。

根据法国社会学家皮埃尔·布尔迪厄提出的场域理论分析可知，文化创新实践应该以广大民众为主体进行文化创新。靖西市龙邦镇民间民俗文化特色多姿多彩，非物质文化资源丰富，需要现代大众传媒的参与以帮助其宣传。政府以优越的边陲地理位置为纽带，对非物质文化遗产进行保护和传承，并积极弘扬传统民族优秀文化。壮族抛绣球和壮族抢花炮活动作为靖西壮族优秀的历史文化遗产，是靖西民俗文化中的特色项目，在传统节日里得到广大民众的支持和积极参与，每年有数万以上民众参与和观看关圣祭祀、关圣巡游、抛绣球、抢花炮和民间文艺表演展示等系列活动，接地气的民俗文化活动有很强的吸引力和辐射力，在时间和空间上有着深远影响。

通过节庆活动开展国民教育，推动民族体育文化进校园，设立以民族体育为基础的体育课程、展台和专栏，推进定点基地、传承人、抢花炮传承项目和抛绣球传承项目的团队建设，对民俗文化的传承有积极的作用。在国民教育方面，充分利用"民族＋体育＋旅游"相融合的文旅发展模式；在校园教育方面，充分利用"基地＋民族特色＋项目"相融合的培养模式。丰富多彩的民俗文化活动通过节庆活动得到展示，是较好的国民教育与宣传方式，与此同时，学校也可以通过基地建设的方式培养专门人才。

2018 年，靖西市绣蕴坊绣球文化有限公司入驻靖西市电子商务公共服务中心，建立了初具规模的"靖西绣球产业发展基地"，逐渐将靖西绣球由传统的"小农经济"阶段逐步转变为以市场需求为基础的"产业化转型"阶段，靖西绣球现在已经进入"产业规模化"发展阶段。目前，广西壮族自治区体育局在广西民族大学设有龙舟、珍珠球和板鞋竞速三项项目的民族体育项目基地，广西民族大学的《民族传统体育课程》已于 2022 年 6 月获得广西壮族自治区教育厅第三批自治区级一流本科课程，武鸣民族中学、南宁沛鸿民族中学等中学成为广西民族传统体育示范学校。此外，靖西市各中学体育课和课外体育活动中，将开展壮族抛绣球、舞龙、舞狮、板鞋竞速和抢花炮等项目。这些民族体育项目基地、示范学校和课程让民族体育的发展有了更多的示范点和更具体的突破点。

第六，将抢花炮打造成为区域性品牌项目。

抢花炮活动在广西及周边区域有悠久的文化历史底蕴和显著的民族特色。该活动具有群众基础牢固、体育元素鲜明、寓意美好、文化价值高、铸牢中华民族共同体意识鲜明的特点，是弘扬民族优秀传统文化和增强民族文化认同感的现实素材，因此，应充分利用大众传媒的力量进行有效宣传。与此同时，从民族风俗、健身活动、趣味竞技和民族认同感方面出发，尝试增设女子抢花炮队伍参加比赛或展示，加大学生人群和中青年人群对该活动的兴趣与参与，促进国民教育和校园培养相结合，培植其在民众中的文化基础，为促进其进一步发展培养专业人才。同时，挖掘壮族绣球和花炮的产业发展，从工艺中走向高科技研发和康养，在娱情中走向健身和竞技，努力打造抢花炮的区域性品牌项目。

抢花炮运动的竞赛方式方法与现在正风靡欧美和大洋洲的橄榄球运动很相似。七人制橄榄球运动作为 2016 年奥运会比赛项目，有完整的组织、协会、竞赛规则和举办赛事及推广模式，已经成为世界级的运动项目。目前，抢花炮是我国少数民族体育运动会中的重要项目，也是广西的传统优势项目，广西代表团抢花炮代表队已在该项赛事中 6 次夺冠。2022 年 8 月在海南省五指山市举行全国花炮邀请赛中，柳州市花炮队代表广西参赛并荣获冠军。2012 年柳州市柳江区柳堡成为广西抢花炮保持传承示范训练基地，2013 年此地作为广西抢花炮训练基地。近年来，广西高校在教学训练中积极开展抢花炮活动。如广西民族大学、广西师范大学、广西民族师范学院和百色学院在自治区级或地方民俗节庆活动的比赛中，各代表队相继获得诸多好成绩。

广西结合当地实际情况出发，应有选择地借鉴现代世界级的橄榄球运动赛事运行的模式和成功经验，努力寻求广西与周边地区相适合的民族资源，引入资金，推进壮族绣球和花炮的工艺品、健身产品、康养的产业及研发，增设抢花炮传承示范基地、抢花炮训练基地、人才培训中心、传习中心和展示馆，以达到多元保护、扶植和培养更专业的抢花炮传承团队和人才的目的。实施全民健身活动，弘扬优秀民族体育文化，努力将抢花炮项目打造成在商业、体育、教育和高科技等区域性的品牌项目，未来可以走进东盟，走向国际。

第七，地方政府通过整合与优化资源结构，实现合作共赢。

美国学者塔尔科特·帕森斯认为，"社会整合是调整和协调系统内部的各套结构，防止任何严重的紧张和不一致对系统的瓦解"[①]。地方政府通过优化资源结构，继续采取相关措施，实现政治、经济、文化、产业和国门形象等方面的双赢，可以从以下四个方面具体实施。

首先，靖西市需继续深入推进落实全民健身活动，加快民族体育、民族团结、文化旅游和休闲农业等的融合发展。龙邦镇继续倾力打造《壮族抛绣球习俗》和《壮族抢花炮》非遗文化品牌项目，建设并丰富村史馆和镇史馆的活动内容及史料，并形成良性循环。其次，增建比赛场所，扩展活动场地。将龙邦镇原来开展抢花炮比赛场地转移到地势更为平整、宽阔，交通更为通畅、便利的位置，建设镇一级的壮族抛绣球和壮族抢花炮健身与比赛场地，在龙邦镇下辖其龙等 12 个行政村建设村二级的壮族抛绣球和壮族抢花炮健身与比赛场地。再次，科学有序地恢复原有系列活动，进一步开展相关文体活动。近三年来，受到新冠疫情的影响，"关圣祭祀节"和抢花炮比赛等活动相继暂停，当前，随着对疫情管控措施的改变，科学有序地恢复先前暂停的活动项目势在必行。最后，在优秀文化传承发展方面，广西地方政府通过整合与优化资源结构，推进边境特色民族旅游文化开发，做好非遗优秀文化保护和传承，巩固边境民族文化阵地，实现社会效益和经济效益双赢。

第八，多维度拓展靖西市及龙邦镇的民俗体育文化建设。

近年来，铸牢中华民族共同体意识不断增强，平等、团结、互助、和谐的社会主义民族关系不断得到巩固和发展，从我国民族地区以铸牢中华民族共同体意识为主线，推动基层治理体系与能力现代化建设中总结出丰富的成功经验。广西地方应注重

---

① ［美］安东尼·奥勒姆著，董云虎、李云龙译：《政治社会学导论》，杭州：浙江人民出版社 1989 年版，第 89 页。

民族文化的深挖工作，抓实铸牢中华民族共同体意识示范区创建，多维度探讨民族优秀传统文化在新时代民族团结背景下民俗体育创新性发展。[①]

研究认为坚持以习近平新时代文化思想为指导，未来靖西市龙邦镇"关圣祭祀节"的民俗体育文化建设，应以"思想主线＋平台搭建＋基地（营地）建设＋基础辐射及拓展赛事活动项目"为指导方案。即"关圣祭祀节"以龙邦镇为中心，以铸牢中华民族共同体意识为主线，以民族团结为核心，将靖西市龙邦镇"关圣祭祀节"提升到国家级非物质文化遗产的新平台。一是加快探索健康文旅的体育产业项目建设。即建设一批以靖西市为区域的中小学生节庆研学实践教育基地（营地）、中学与高校相结合的民族体育旅行基地（营地）和民族体育研学示范基地。二是打造文体综合类项目。即打造一批以靖西市为区域的"非遗体验""靖西美食""靖西文艺""靖西药市"和"靖西长寿与康养"等文体综合类项目。三是打造品牌项目。即通过高校与地方进行相关的专业人才培训、资源整合和设计，打造出壮族抛绣球、抢花炮的品牌项目。四是拓展赛事活动项目。即承接一批以靖西市为区域的公路自行车世界巡回赛、靖西品牌景点的定向越野赛、靖西市抛绣球国际邀请赛、靖西市抢花炮国际邀请赛、靖西市峡谷漂流国际邀请赛、靖西市健身气功国际邀请赛、中国－东盟国际乒乓球赛（靖西站）、中国－东盟国际羽毛球赛（靖西站）、中国－东盟国际马拉松赛（靖西站）、中国－东盟体育旅游活力月（靖西站）、百色国际马拉松赛（靖西站）、靖西市民族体育炫等体育赛事活动及体育论坛。

五、结语

坚持以习近平新时代文化思想为指导，积极实施民族优秀传统文化在地方的转化和创新融合。我们需要以政府主导为主战线，以坚定地方民俗文化"本土化"的回归，利用大众传媒宣传、国民教育和校园培养相结合促进民俗文化传承及产业发展为重要基础，以打造广西传承发展民族体育的新模式为核心，以提升国门形象建立交流合作平台和创新机制，打造抢花炮成为区域性品牌项目为突破口，以注重政府通过整合与优化资源结构，扩大国际交流合作和多维度拓展靖西市及龙邦镇的民俗体育文化建设为拓展的发展路径及相关措施。面对新时代边境地区兴边富民的使命与机遇，龙邦镇"关圣祭祀节"及壮族抢花炮活动被赋予时代责任与担当。

---

① 何卫东、曾雁冰、董必凯：《铸牢中华民族共同体意识下广西霜降节民俗体育文化的时代价值——以天等县为例》，《传承》2023 年第 2 期，第 118 页。

一部农民《家史》蕴含的家文化及其内涵探析

陈雪贞　　陈贵辉*

【摘要】 家文化是一个家庭的精神内核，是一个社会的价值缩影。中华民族历来重视家文化建设，注重家风传承、育人兴家。在家文化建设传承方面，家史、家训和家风起着至关重要的作用，是支撑中华民族生生不息、薪火相传的重要精神力量。《陈家沟延鼎家史》归纳了"延鼎家训"的具体内容为：勤学、悟道、乐善、聚力、健康、富强；"延鼎家风"的具体内容为：以德为先、温良恭俭，孝亲爱幼、吃苦勤奋，文化自觉、智慧创业，乐观向上、爱国爱家。深入挖掘《家史》蕴含的家训、家风等家文化及其内涵，对于新时代推动中华优秀传统文化创造性转化、创新性发展具有重要启示和现实意义。

【关键词】《陈家沟延鼎家史》　陈延鼎　家文化　家史　家训　家风

家庭是社会的细胞和人生的学校，既是人们身体的住处，更是人们心灵的归宿。家文化是一个家庭的精神内核，是一个社会的价值缩影。中华民族自古以来就重视家庭、重视亲情，中华民族在长期历史发展中所创造的优秀家文化对于新时代提升文化自信，推进社会主义家庭建设，涵养社会主义核心价值观，具有十分重要的意义。从2007 年开始，我们集全家之力、花费近十年时间完成了《陈家沟延鼎家史》（以下简称《家史》）这部家族简史，《家史》的主人公是甘肃省永靖县陈井镇陈井村陈家沟

---

*【作者简介】陈雪贞，女，1990 年生，甘肃永靖人，兰州交通大学文学院讲师，研究方向：传统家谱及家风。陈贵辉，男，1966 年生，甘肃永靖人，甘肃省委编办，研究方向：传统家谱及家风。

农民陈延鼎。这部《家史》是兰州大学出版社精心打造的重点图书，2017年7月出版发行，2018年荣获第十二届甘肃省优秀图书二等奖，被中央党校图书和文化馆、国家方志馆等单位收藏，被国学网"国学书苑·好书推荐"栏目重点推荐。本文试图对《陈家沟延鼎家史》蕴含的以家训、家风为主要内容的家文化及其内涵进行深入挖掘，以期促进中华优秀家文化传承成为家庭建设与中华优秀传统文化传承发展工程中的重头戏，为推动全社会重视家庭建设，注重家庭、注重家教、注重家风添砖加瓦，真正使千千万万个家庭成为国家发展、民族进步、社会和谐的重要基点，成为人们梦想起航的地方，推动人们为家庭谋幸福、为他人送温暖、为强国建设和民族复兴作贡献。

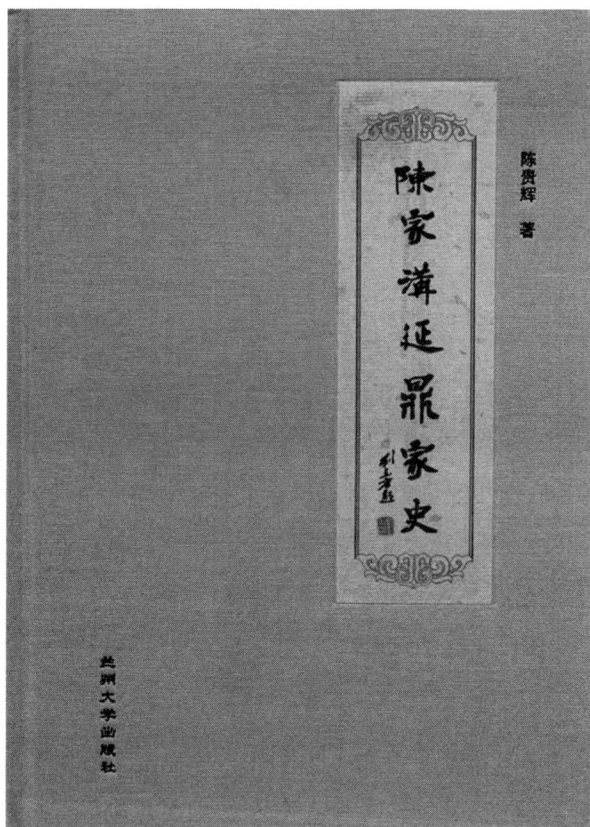

图1　《陈家沟延鼎家史》书影

一、延鼎家史

陈姓是中国最古老的姓氏之一。黄帝是中华人文始祖，舜帝是陈姓血缘亲族，胡公满是陈氏受姓始祖。黄帝至舜帝源流一世至九世，舜帝至胡公满源流一世至三十四世。《史记·陈杞世家》载："周武王克殷纣，乃复求舜后，得妫满，封之于陈，以奉帝舜祀，是为胡公。"① 自妫满被周武王封到陈地建立陈国，到春秋末年（前479）为楚国所灭，历二十世二十六代，共五百八十八年。陈氏源于宛丘（今河南省周口市淮阳区），望于固始（今河南省固始县），盛于颍川（今河南省长葛市），南开闽漳，遍及全球。在中国，陈姓是大姓，人口数量位居全国第五。

甘肃省永靖县陈井镇陈井村陈家沟陈氏家支世系，肇始于兰州市西固区陈官营陈氏始祖陈超。陈超（曾用名陈赵□），约生于元朝至元四年（1338），卒年不详，"原籍直隶庐州府合肥县太平乡建乙村"②。太平乡在今安徽省合肥市蜀山区小蜀山一带③，"建乙村"口传为"甲乙村"。元朝至正十五年（1355），陈超在今安徽省马鞍山市境内的采石矶汤和麾下从军，后随徐达等征战溧水、镇江、常州、湖州、苏州、庆元、福建、溪头、太原、蒲州、云南、龙海、广西、广南等地。明朝洪武二十四年（1391）四月被敕封为陕西都司兰州卫右所昭信校尉④，第二年到职，居兰州城西三十里之地，从此这里就称陈官营。二世祖陈谅与浙江都司磐石卫正千户曹成作对比试，得中双收，于洪武三十年（1397）三月初五日世袭武德将军⑤。世袭有明一朝七世九人，官职传袭共九次九人，依次为：陈超、陈谅、陈铭、陈俊、陈英、陈琏、陈宣、陈勇、陈伯勋。官职传袭历经七世，顺序为：一世祖陈超，二世祖陈谅，三世祖陈铭，四世祖陈俊，五世祖陈英（无嗣）、陈雄、陈宣，六世祖陈琏（陈雄之子，无嗣）、陈勇（陈宣之子），七世祖陈伯勋⑥。陈超八世后裔有九位，即陈伯勋的四个儿子陈天启、陈天仓、陈天玺、陈天库和陈友信的五个儿子陈廷福、陈廷禄、陈廷佐、陈廷佑、陈廷宝⑦。陈官营陈氏堂号为和睦堂⑧。康熙十四年、十五年"王辅臣之乱"时期，陈氏先祖一支从陈官营迁徙至陈家沟。陈家沟陈氏先祖依次为八世祖陈廷宝、

① （汉）司马迁：《史记》卷三十六《陈杞世家》，南京：江苏凤凰美术出版社2015年版，第166页。

② 陈贵辉：《陈家沟延鼎家史·兰州右千户所陈伯勋供状》，兰州：兰州大学出版社2017年版，第14页。

③ 参见张全海：《〈兰州右千户所陈伯勋供状〉所记"合肥县太平乡"略考》，《档案》2021年第2期，第50—51页。

④ 参见梁志胜：《明代卫所武官世袭制度研究》，北京：中国社会科学出版社2012年版，第38页。

⑤ 同上书，第24页。

⑥ 陈贵辉：《陈家沟延鼎家史·兰州右千户所陈伯勋供状》，兰州：兰州大学出版社2017年版，第26页。

⑦ 同上。

⑧ 参见陈以升提供：《金城陈氏世代宗谱》中缝。

九世祖陈应达、十世祖陈吉泰，陈吉泰孙辈应为陈家沟"海"字辈①。陈家沟陈氏从陈官营迁徙至今已历 13 代，辈分依次为：海、天、宗、万、得、发、延、贵、功、成、胜、利、正，从一世祖陈超至今已传 24 世。

陈家沟这一带山沟，元朝称"好麦川"。明洪武二年（1369）至成化十三年（1477）属陕西布政使司临洮府兰县，成化十四年（1478）兰县升为兰州，属临洮府兰州西丰里。清康熙五年（1666），陕甘分治，设甘肃行省，兰州成为省会，乾隆三年（1738）临洮府迁至兰州，称兰州府，改兰州为皋兰县，为省会、府治。从此，始有皋兰县之名。皋兰县建县初，陈家沟属皋兰县西丰里。陈家沟地名，从目前所见史料有两处记载：一处是，清光绪十七年（1891）许尔炽、孙世贵著《皋兰县西固采访稿》载："古城南后山二十四庙，由总庙起，……又西南三里第十二庙陈家沟。"② 另一处是，光绪十八年张国常编《重修皋兰县志》卷二十四"列传"卷四载，同治九年（1870），"王天华，陈家沟团长，阵亡"③。陈家沟庙供奉晋司爷、金龙爷（徐达）二位神轿，左右厢房供奉山神、土地神牌位。陈氏家神庙供奉关公神帧。宣统元年（1909），陈家沟属皋兰县西乡。据清《皋兰县地理调查表》载：皋兰西乡黄河南岸东起陈官营，西至大川、姚家璇（今甘肃省永靖县），北岸东起沙井驿（今甘肃省兰州市安宁区），西至张家河湾、马回子（今甘肃省兰州市红古区），共三十六个村庄④。其中，今属永靖县的有陈家沟等十一个村庄。民国十二年（1923），皋兰县设六个区，陈家沟隶属第四区（西固）丰乐乡（"丰乐"地名源于邻村他什哼啰李氏光绪初创办的"丰乐私塾"，取"岁物丰成""与民同乐"之意），乡址在年家湾（今甘肃省永靖县陈井镇年家湾村）。1949 年 12 月 20 日，皋兰县人民政府废除保甲制，实行区乡制，设六个区公所，一百三十八个乡政府，陈家沟隶属皋兰县西固区丰乐乡。1950 年，陈家沟隶属皋兰县西固区陈井乡，此时始有"陈井"地名出现。1953 年 1 月，西固区公所驻陈家沟。西固区划归兰州市管辖后于 1953 年 2 月 5 日，经甘肃省人民政府同意，西固区区址迁陈家沟，区名改为陈井区，辖陈井等周边九个乡。1958 年 3 月 7 日，甘肃省人民委员会决定，将皋兰县陈井区的陈井、仁和、徐顶、光月、青和五个乡及湟惠区抚河乡划归永靖县管辖。永靖县设立于民国十八年（1929）三月八

---

① 参见张国梁、尚季芳：《明朝洪武年间兰州陈官营陈超后裔陈家沟家支世袭研究——〈陈家沟延鼎家史〉谱牒档案续考》，《档案》2021 年第 10 期，第 22 页。

② 许尔炽、孙世贵：《皋兰县西固采访稿》，清光绪十七年稿本，甘肃省图书馆藏，671.65/103.77。

③ 参见张国常：《重修皋兰县志》卷二十四，第三十六页，甘肃省图书馆藏，671.65/103.31。

④ 参见赖恩培辑：《皋兰县地理调查表》，清宣统元年，甘肃省图书馆藏，671.65/103.78。

日，从临夏县和皋兰县析置，将临夏县管辖的碱土川、喇嘛川、银川、安集、白塔寺川、王台、川城、新寺、王坪、坪沟、盐集、西河和皋兰县管辖的小川、古城、中庄、大川划归永靖县，县址设在莲花堡，后被刘家峡水库淹没。陈井山区地处高山，历史上真正意义的开发，始于国家"一五"计划项目刘家峡水电站的开工和刘家峡至兰州公路的升级。随着刘家峡水电站的开工，1956 年 12 月，国道 213 线兰州至刘家峡段在原简易公路基础上新辟路线。1973 年至 1982 年，又建成国道 309 线（宜兰路），由兰州七道梁至永靖关山、徐顶，经陈井、盐锅峡，再到西固区达川。

陈家沟陈氏先祖移居兰州市西固区南山后，世次名讳记载很清楚。据陈家沟现存陈氏谱牒记载，陈家沟陈氏共分四房，"海"字辈先祖大房中有两位（陈海登、陈海池），二、三、四房无记载；"天"字辈先祖有九位；"宗"字辈先祖有十一位；"万"字辈先祖有十三位。从"海"字辈始至今已有十三代，最小辈为"正"字辈。我们一支为第四房，从家谱图看，无"海"字辈先祖记载。陈超后裔第十三世祖陈天时在褚家湾子（现今甘肃省永靖县陈井镇大岭村）生二子陈黄乡保、陈颜保子。十四世祖陈黄乡保，配孔氏，生二子陈万有、陈万宗。十五世祖陈万有，配张氏，生二子陈得文、陈得武；陈万宗，配褚氏，无嗣，陈得武过继。十六世祖陈得武，配金氏，生三子一女，三子为陈发福、陈发贵、陈发财，女陈发琴。十七世祖陈发福，配崔氏，生三子一女，三子为陈延庆、陈延祥、陈延鼎，女陈月娥。十八世祖陈延鼎，配李氏，生四子一女，四子为陈贵杰、陈贵斌、陈贵辉、陈贵涛，女陈淑梅。

清朝康熙年间以来，陈氏先祖成为地地道道的农民。我们四房先祖继续在西固城留种沙地，在南山耕种旱地。川地遇旱，山地能够补偿，确保旱年丰收。十六世祖陈得武生于清道光末年（约 1840—1850），卒于民国初年，在西固、陈家沟拥有较多土地。陈得武经西固西柳沟乡绅陈大年家牧羊人徐爷介绍，娶当时宣家沟口红土坡子崔家脚店金氏为妻。陈家沟老人们说，陈得武是个大善人，人称"善人爷"。陈得武每天早上看庄上谁家的烟囱不冒烟，他就主动上门，把自家的粮食用骡子驮到磨坊磨成面，送到没面的人家。谁家婚丧嫁娶、抓壮丁时人跑了或者不愿去，这些钱都由他自愿支付。光绪二十六年（1900），金氏为年已五十多岁的陈得武生下了嫡长子陈发福（十七世祖），乳名通户保。为了让他接管好家业，陈得武给陈发福找了大他十一岁的邻村崔怀英为妻，掌管家中诸事。后来，陈发福子承父业，家里各种事务料理得井井有条。乡里乡外，家家户户，谁家有困难，他都乐善好施，扶贫济困，乡亲们把陈发福仍称"善人爷"。陈发福兄弟三人均在西固私塾学习，不仅字写得好，而且都会记账、算账。当时的私塾通用教材是《三字经》《百家姓》《千字文》及"四书""五经"等。陈发福没有种过地，当"掌柜的"的时间也不长，在当"掌柜的"期间，他给困难人家借粮食时，满"升子"出，浅"升子"收。民国时，家住西固城东北角，有十多间房屋，在西固城十字街钟鼓楼西南角有"陈家商号"，五间商铺，在陈家沟有两院房子。1947年，陈发福家住陈家沟，拥有一院房子。

1962年，十八世祖陈延鼎在陈家沟分家单建一院房屋，年迈的父母与其一起生活。大概在1972年春节前后，陈延鼎的母亲去世。屋漏偏逢连夜雨，当年的农历三月初六，他年仅38岁的妻子被病魔夺走了年轻的生命。时年不到40岁的陈延鼎，上有70多岁的老父亲，下有5个孩子，大儿子19岁，二儿子17岁，小的三个孩子分别为7岁、6岁、3岁。陈延鼎和他的两个大儿子想方设法在距离老家很远的地方妥善安葬了妻子。当时在生产队能挣全额工分的劳力只有陈延鼎一人，陈延鼎一家人在贫困中艰难度日。1975年，陈延鼎的父亲去世。1985年陈延鼎因患胃癌，离开了这个世界。2015年其长子在工作岗位上英年早逝。我们深知，陈延鼎老人在世时没有过上一天好日子。子女们为了报答尽孝，始终坚持干好工作，牢记清明，上坟祭祖，教育晚辈，励志成才。陈延鼎老人去世后的第十个清明节，我们追忆老人生前为人处世和言传身教的故事，纷纷表示应弘扬好先祖遗风，由此萌生了挖掘整理传承陈氏家风的想法。2014年清明节前，陈延鼎三子陈贵辉在《甘肃日报》（百花版）发表了感念母亲的散文《母亲的心》，受到了广泛的关注，许多同事、朋友为他点赞。于是，陈贵辉又动员哥兄等家人搜集家庭资料，撰写回忆父亲的文章。这一"写"，就"一发不可收"。家庭成员中大多都已干公事，大家牺牲全部休息时间开展田野调查，广泛搜集资料。陈贵辉在繁忙的工作之余，先后六去西固区陈官营，三去皋兰县档案馆，两去陈家沟，四去盐锅峡镇陈家村，并多次去甘肃省档案馆、甘肃省图书馆、兰州市图书馆，查阅史料，访问知情人士。虽艰辛，但快乐！《陈家沟延鼎家史》是我们花费十年的业余时间，翻山越岭，走村串户，拜访老人，搜集资料、据实考证整理出来的。全书从明朝初年太始祖父陈超从庐州府合肥县迁徙兰州开始写起，止笔于2016年底，时间跨度约六百余年，记载了一个普通农民以及他的家庭走过的艰辛道路，粗线条地反映了不同历史时期的时代变迁、民间生活、地方风俗、家庭悲欢。全书共十二章。第一章"明始军户"，概述陈姓渊源、甘肃兰州陈官营陈氏先祖自元末明初从家乡合肥参加朱元璋军队，转战南北，最后被敕封、驻屯兰州的经过，以及历代先祖至明末的世袭情况。第二章"南迁务农"，全面记述了清朝初年兰州西固南山自然地理历史概貌、区划变迁及陈氏家族发展情况。第三章"李氏先祖"，简述了作者陈贵辉母亲李维英家乡概貌、李氏家族史及家庭文化，并遵循"五世而新"的原则重点记述了母亲五世先祖及母亲姊妹情况。第四章"母亲的心",以饱含热泪的质朴文字,叙写了母亲的短暂人生,文尾发出了"如今想母空有泪,哪知最苦是娘心"的心声。第三、四章写母亲及母亲的家史,这一点是作者的独具匠心。传统家史或家谱往往只写父亲家族,不写母亲家族。作者在《家史》布局谋篇时,有意将母亲家史安排了两章。作者认为母亲的性格和修养很大程度上来自她娘家的家风和教养,母亲家族的家风传承对一个家庭的影响是巨大的,甚至决定一个家庭的兴衰和子女的命运。第五章"青年创业",全面记录了作者父亲陈延鼎在家乡读初小、进城经商、中国水电四局当工人、回家务农的情况。第六章"苦难煎熬",详细追忆了陈延鼎家庭在 20 世纪 70 年代艰难拼搏的历程和自强不息的精神。第七章"智破藩篱",如实反映了陈延鼎家庭在 20 世纪 70 年代中后期悟道求变的"破茧"足迹。第八章"沐浴春风",记载了改革开放以来陈延鼎家庭发生的翻天覆地变化。第九章"艰辛育人",记述了陈延鼎苦供三个小孩子上学的求知经历及孩子们勤奋学习的情景。第十章"德教可钦",全面回忆了陈延鼎患病及办理丧事的历史场景。第十一章"党恩无限",叙写了陈延鼎去世后,他的子女们在党的培养下成长成才的过程。第十二章"传承家风",是作者对新时代家庭建设的理性思考,在总结陈氏家族历史得失的基础上归纳提炼出了"勤学、悟道、乐善、聚力、健康、富强"的"延鼎家训"。为了记录追寻先祖的经历,在"正文"之后开列了"寻根记事"。在本书的最后附录了"胡公满是陈氏受姓始祖""陈氏家谱概说""陈氏规范四则"。为了体现家史的泥土味道和乡村气息,在写作中尽量以原生态的语言为载体,力求朴实无华、清新自然。本书还有一个特点是图文并茂,起到了导读的作用。开头编入了民间艺人"花开富贵""道善贵辉"的书画作品,每章正文首页编入了体现本章主旨的插图,随文展示了大量反映家庭生活、生产的实物图片,封底编入了"延鼎家史"繁体四字印一方。值得一提的是,作者母亲没有留下照片,作者几经收集其母娘家亲属照片及母亲容貌印象,邀请美术编辑绘制了母亲画像,该书出版后见过作者母亲的人们都说,这幅画像越看越像当年的李维英!这件事便成为作者最开心的事。

2021 年 12 月,《陈家沟延鼎家史》责任编辑张国梁先生在《话说家风·写在前面的话》中写道:"从社会反响和读者的认可度可以证明,这是一本有用可用的书。因此,我概括性地写了几句'编辑小语':这是一本浓缩亿万农民艰辛与创造的家史,叙写了陈家沟陈氏一族自强不息、继往开来的生动篇章;这是一部唤醒一代人情感记忆的作品,流露出百善孝为先、敬人先敬祖的民族气质;这是一出演绎中国好家风的活剧,传延着勤俭温良、厚德载物的中国符号。因此,应当牢记,既然历史曾经如此地感动了我们，我们也将继续谱写感动后人的历史。"[1]

那么，我们为什么要呕心沥血地写这本《陈家沟延鼎家史》？原因很多，核心有两条：第一是讲好家风故事，弘扬中华民族传统家庭美德；第二是践行在家尽孝、为国尽忠，弘扬家国情怀，激发每个人、每个家庭都为中华民族大家庭做出积极贡献的热情。改革开放以来，我们的亿万家庭发生了重大而深刻的变化，过上了幸福生活，但是在孝亲养老、子女教育等方面，受西方一些不良家庭伦理思潮与我国社会转型期一些消极因素的影响，出现了一些不容忽视的问题，家庭传统伦常日渐式微。对此，党中央高度重视，1996 年党的十四届六中全会审议通过的《中共中央关于加强社会主义精神文明建设若干重要问题的决议》将加强家庭美德教育作为精神文明建设的重要任务来抓。2001 年中共中央印发的《公民道德建设实施纲要》进一步指出要大力倡导以尊老爱幼、男女平等、夫妻和睦、勤俭持家、邻里团结为主要内容的家庭美德。党的十八大以来，党中央高度重视家庭领域的问题，强调注重家庭家教家风建设，形成了较为完整的理论思想体系。2017 年 1 月，中共中央办公厅、国务院办公厅印发的《关于实施中华优秀传统文化传承发展工程的意见》中提出要广泛开展文明家庭创建活动，挖掘和整理家训、家书文化，用优良的家风家教培育青少年。自 2022 年 1 月 1 日起施行的《中华人民共和国家庭教育促进法》对家庭教育的内容与方式方法作出了明确规定。可见，传承发展作为中华优秀传统文化重要组成部分的中华家文化非常必要、正当其时。

二、延鼎家训

《陈家沟延鼎家史》将先祖们留下的家文化归纳为"延鼎家训"，具体内容为：勤学、悟道、乐善、聚力、健康、富强。

图 2　陈金有《治家范本》小楷书法

勤学是持家之本。勤学，即"学而时习之"。西汉刘邦在《手敕太子》中讲道

---

① 参见陈雪贞、陈功嘉：《话说家风》，兰州：兰州大学出版社 2021 版，第 2 页。

"汝可勤学习，每上疏宜自书，勿使人也。"① 南宋王应麟所作、被赞誉为"千古第一奇书""蒙学之冠"的《三字经》，最后部分"昔仲尼，师项橐，古圣贤，尚勤学。赵中令，读《鲁论》，彼既仕，学且勤"，呈现了孔子不耻下问、名相赵普手不释卷的勤学榜样。

回顾陈氏先祖，十七世祖陈发福和十八世祖陈延鼎小时候接受过私塾教育，熟读《三字经》，并以此作为处世之道，骨子里镌刻着中华传统文化的基因。祖上始终注重学习，这一点在十八世祖陈延鼎的身上得到充分体现，他身体力行学"四书"、学珠算、学务农、学秦腔……学一行，爱一行。他对子女的教育尤为重视，在大儿子、二儿子没有学习条件的情况下，他托亲戚朋友多方联系，进城恳求老手艺人为两个儿子传授技术，时常教导两个儿子尊师重教、虚心学习、回报家乡、服务乡亲，最终两个儿子学有所成。改革开放初期，他又殚精竭虑让其女儿及三儿、四儿上学，当时家庭经济条件比我们家好的同龄儿童，大多数中途辍学，而我们家始终将孩子的学习教育放在重要位置，即使家里再困难也不放弃孩子们的学习机会。陈延鼎在供子女上学的问题上，态度始终是坚定的。他常给儿女们说，"家里的活我去干，你们去学习""上学的钱，我想办法，你们只管好好学习就行了"。大儿子在村上干了几年兽医后，主动去兰州自学牲畜阉割技术，他的这项技术在全县都是首屈一指的，既给乡亲们提供了更好的服务，又增加了家庭收入。大女儿是初中生，她在学习上的坚韧和努力一直受到父亲夸奖，她也持续保持着好学上进的精神，在兰化技工考试中取得优异成绩，最终获得高级工职称。后辈们有的学习好，有的学习一般，为了他（她）们能考上大学，我们就让学习一般的孩子插班学、补习学，最后都如愿以偿，考上了大学。"人皆知以食愈饥，莫知以学愈愚"②，这句话道出了"学"的本质。改革开放以来，我们家的变化再次诠释了"知识改变命运"这个真理。现在是学习型社会，每个家庭都应更加重视学习，每一个家庭成员都应终身学习，做一名对社会有用的人。

悟道是成事之魂。中华民族对"道"的认识与践行随着历史的发展而逐渐深入，"道"字在西周早期金文中早已出现。今人对"道"的理解，多受《易·系辞》"形而上者谓之道"以及《道德经》"先天地生""独立而不改"等的影响，强调其超越的、形而上的含义。若从字源考察则发现，在先秦等早期文献中，"道"的本字之一作导，本义为导人行。"道"本质上是一个此岸取向的概念。那时"道"的内涵主要

---

① 参见陈延斌、葛大伟：《中国好家训》，南京：江苏凤凰科学技术出版社 2017 版，第 115 页。
② 参见刘向著，王天海、杨秀岚译注：《说苑》，北京：中华书局 2019 版，第 136 页。

体现在以下几个方面：一是指世界的本原、本体。如"有物混成，先天地生。寂兮寥兮，独立而不改，周行而不殆，可以为天地母。吾不知其名，强字之曰'道'"（《道德经·二十五章》）；二是指法则、规律。如"形而上者谓之道，形而下者谓之器"（《周易·系辞上》）；三是指一种世界观、人生观、价值观。如"道不行，乘桴浮于海"（《论语·公冶长》）、"道不同，不相为谋"（《论语·卫灵公》）、"谁能出不由户，何莫由斯道也"（《论语·雍也》）。一言以蔽之，"道"就是人成为真正的人的道路。不同时代的人对道的术语称呼不同，比如"大学之道""天命""天理""良知"等。

"悟"出自《尚书·周书·顾命第二十四》"今天降疾，殆弗兴弗悟"①。《说文解字》释"悟"为"觉也，从心吾声"②，"悟"是"吾心所想，吾口所说"，重在强调领悟规律性认识，学贵心悟、守旧无功。陈氏先祖们顺应天地，择丘而居，垦荒造田，劳苦耕作，生息繁衍，养家糊口，自给自足。十七世祖陈发福在纯粹的农耕经济中开始探索经商、学医之道；十八世祖陈延鼎在江湖奔波、回乡务农的艰辛岁月里，"悟"出了求知之道和做人之道。他对自身有严格要求，从不参与赌博，不讲迷信，不沾鸦片，他深信"荒年饿不死手艺人"，让他的五个子女学技术、学文化，完成了对子女们生命的一次次唤醒，使子女们告别了"面朝黄土背朝天"的窘境，一个个步入了"新的世界"，走上了施展才华、富家兴国的人生舞台。陈延鼎的"悟"得到的"道"传承至后辈的每一个家庭，而每一个家庭的兴旺也顺应国家发展、社会进步的潮流，为国家和社会培育出越来越多的有用之才。

乐善是为人之基。善，是中国传统文化的重要范畴。《论语·阳货》载，子路记孔子之言曰"亲于其身为不善者，君子不入也"。孔子将善作为君子与小人区别的标志。孔子认为，成人之美是君子所为，而小人则以损害他人为乐事。《孟子·告子章句上》："有天爵者，有人爵者。仁义忠信，乐善不倦，此天爵也。"从家谱资料和口碑流传看，陈氏家族祖上总是以善心对待人、帮助人，为乡里乡亲做好事，从不计回报。十七世祖陈发福在当家期间，他给困难人家借粮食时，满"升子"出，浅"升子"收。在饭点的时候看见谁家没炊烟，就主动上门送粮接济，被乡亲称作"善人爷"。十八世祖陈延鼎时常帮助乡亲们盖房子、修畜圈、积极参与社火，团结乡里乡亲，是位心里总装着他人、乐意为他人干活的热心肠人。《易传·坤文言》曰："积善

---

① 参见顾迁译著：《尚书》，北京：中华书局2016版，第298页。
② 参见许慎：《说文解字》，北京：中华书局2013版，第218页。

之家，必有余庆；积不善之家，必有余殃。"时至今日，陈姓后代还是被乡亲们称为"善人爷的后人"。"善人者，人亦善之。"助人，表面上看是自己"舍"了，实际上是自己"得"了，是帮助自己蓄积了正能量，引导后代助人为乐、向上向善。无论时代如何变化，无论经济社会如何发展，我们都应当积极倡导、大力弘扬"善"，推动人们为家庭谋幸福，为他人送温暖，为社会做贡献。

聚力是成功之要。"聚力"之意，来自《周易·系辞上》"二人同心，其利断金"。"聚力"一词，出自西汉时期著名辞赋家王褒的《圣主得贤臣颂》："明明在朝，穆穆列布，凝神聚力，相得益彰。"聚力，对一个家庭来说尤为重要。刘进宝教授在《家庭、社会与国家》中写道："作者1982年考入临夏州民族学校，'大哥送我去临夏上学，给我买了一条新裤子，二哥为我准备了一件旧的蓝夹克和一件黑条绒上衣。这三件衣服，我一直穿到了毕业'。在当时的经济条件下，大哥、二哥的这种付出，是一种无私的爱和亲情的具体体现，今天的大学生可能无法体味。也正是大的带了好头，为小的做出了榜样，使年少的更加尊敬年长的，年长的也更加关心年少的。正是这样的互相帮衬，才使失去父母的兄弟姊妹能够身心健康地长大成人，而且还养成了互敬互帮的好传统，并一直延续下来。"父亲的葬礼上，骨主（祖母的娘家人）崔庆文对我们的殷切寄语讲得太好了，"你们兄弟姊妹们以后要好好团结，互相关照"。"父慈子孝、兄友弟恭"是中华民族的传统美德，也是陈氏家族一直秉承的家教。"亲人之间，血浓于水""千枝连根，十指连心"，父亲去世三十多年来，我们后辈一直是按照长辈的要求做的。兄弟姊妹五人，五个家庭，有事没事常联系，生活工作互帮助。十八世祖陈延鼎后代都离开了家乡，到外地工作生活，在每年清明时节，集体上坟祭祖，一是表达对先祖养育之恩，弘扬中华传统家庭美德"孝道"；二是教育后代传承先祖留下的家文化，每年确定一个主题，由长辈讲述新时代注重家庭、注重家教、注重家风的核心价值和现代意义，凝聚正能量，相亲相爱，提升修养素质，鼓励后辈们为强国建设、民族复兴大业积极努力贡献力量。2020年3月，陈延鼎女儿身患重病，在兰州住院做了手术。入院之初，只有她的独生女在医院陪护，一个女孩子看着满身插满管子的母亲手足无措，为她翻身都费事。看到此景的表兄妹们都自觉自愿地轮流前来陪护。乡亲们、亲戚们对我们及后辈和睦相处、心凝力聚交口称赞，发自内心地羡慕。聚力，应该是亲人之间最起码的要求，每一个家庭都应心往一处想，劲往一处使，努力为国家、为社会发展添砖加瓦。

健康是立家之根。1952年，毛主席题词"发展体育运动，增强人民体质"，倡导"要事业不忘健康，健康是为了更好地发展事业"。我们这个大家庭，仅从十七世祖辈向下看，三代人大多健康长寿，寿数在七十岁以上，唯有我的父母、大哥英年早逝，这不是他们不知道健康重要，而是为生活所迫，积劳成疾。我饱尝了失去亲人的痛苦！没有母亲的孩子，常常是吃不好、穿不暖……最大的遗憾是缺少母爱。1985 年，家庭情况发生了巨大变化，两位哥哥成家了，姐姐出嫁了，我也参加工作了，家里的日子好过了。从那时起，父亲陈延鼎完全可以在家含饴弄孙，颐养晚年，可是造化弄人，敬爱的父亲又过早地走了。2005 年国庆节后上班，当时我在省上借调，陪领导去甘南考察干部，有一天凌晨一点，西河镇卫生院院长给我打电话说："你大哥突发疾病去世了！"我当时就懵了，不敢相信国庆节放假期间我见到他好好的一个人，怎么会有这样的噩耗！我归心似箭，敲开同事向阳的门，向阳劝我等到天亮再回。我给小舅舅和二哥打电话，瞒着他们说，"我大哥得重病了，你们抓紧去看"，让他们从永靖县城刘家峡连夜赶往将近一百公里的西河兽医站。天快亮了，接到二哥电话，他已是泣不成声，小舅舅哽咽着说，"你大哥走了"。早上七点不到，我从甘南出发往永靖赶。从接到噩耗到跪在大哥灵堂前 10 余小时，我感觉不是什么"度日如年"，而是"度时如年"！每一个家庭、每一个人，不论种地、打工、干政务，都应把健康当作最大的财富，粮、钱、权和健康相比，它们什么也不是。健康是立家之根，这绝不是我们的文字游戏，而是从我们家总结出的沉痛教训。

富强是兴家之梦。中华民族近代以来积贫积弱，被动挨打。20 世纪 70 年代，我们家处于陈家沟最底层，虽然没有挨过打，但天灾人祸不断，门可罗雀。80 年代以后，我们家在父亲的深谋远虑下，顺应时代变化，响应党的富民政策，靠勤劳与智慧，慢慢地由穷变富。虽然物质生活得到了极大的提升，但是父亲陈延鼎还是时常教育子女："现在家里有钱了，吃喝不愁了，娃娃们任何时候还是要记着往自己肚子里装墨水，自己肚子里装的才是真东西，再富也不要忘记乡里乡亲。"富强，是中华民族梦寐以求的美好夙愿，也是每个家庭朝思暮想的不懈追求，既要物质富足，也要精神富有。家庭的前途命运同国家和民族的前途命运紧密相连，只有实现中华民族伟大复兴的中国梦，家庭梦才能成真，只有我们的每一个家庭富强了，一支支磅礴力量汇聚成中国力量，中国梦也就实现了。

三、延鼎家风

《陈家沟延鼎家史》出版后，引起了社会各方面的广泛关注和一致好评，先后收到书评文章近百余篇，这些作者中不乏一些国内研究中华家文化和其他方面的知名专家，仅博士生导师就有 16 名，部分评论文章在《人民日报》《中国社会科学报》《中华读书报》《中国家庭报》《甘肃日报》等报刊发表。《家史》一书被国学网"国学书苑·好书推荐"栏目重点推介；作为"中国好家风"优秀实证作品，入选 2018 年、2019 年甘肃省农家书屋；2018 年，荣获第十二届甘肃省优秀图书奖二等奖。读者朋友们和社会各方面对《家史》的强烈反响与支持肯定，让我们十分感动，也给了我们极大的鼓舞和力量。于是我们将这些书评文章进行归类整理，作为《家史》的姊妹篇，结集为《话说家风》，于 2021 年 12 月由兰州大学出版社出版。在整理出版这些书评的过程中，我们受益匪浅。《家史》中只是记述一些史实，归纳出了家训基本内容，但对家文化没有做全面深入细致的研究、挖掘，尤其是对《家史》中的家风内涵缺乏系统概括和归纳提炼。我们拜读专家学者们的书评文章，大家对《家史》评价的角度各不相同，但大多数都聚焦"家风"这一主题，将《家史》的最大价值归结到优良家风的传承、弘扬上。《家史》出版后，2019 年 10 月 17 日，陈延斌教授在《中国社会科学报》上发表的《老百姓优良家风的范本》一文首次提出"延鼎家风"。他在该文中指出："全书使我们看到了'延鼎家风'的传承：延鼎侍奉双亲无微不至，他的五个子女也无不孝亲敬长；延鼎注重孩子的品德和知识的教育，其孙辈们个个成人成才；延鼎吃苦耐劳，不向命运低头，孩子们也积极向上，在各自的岗位上努力立德立功立言。这就是家风的传承、中华家文化的传承。正是这种以家风为核心的家文化，作为中华文化的重要内容，使得中华民族以五千年文明屹立于世。"[①] 现任故宫博物院院长王旭东在《六百年家族史》中评价"《陈家沟延鼎家史》为理解家国关系提供了重要素材"，"也是极好的家风教育范本"[②]。华东师范大学荀渊教授写道："正是在延鼎公的撑护下，孩子们不但习得了赖以安身立命的手艺，更是在改革开放的年代里，成为承续陈氏家族家风、造福乡邻的新一代楷模。"[③] 近些年我们对传承优良家风文化进行了深入思考，特别是通过对习近平总书记关于注重家庭家教家风建设重要论述的学习，进一步提高对家庭建设重要性的认识。同时我们将专家学者们的书评文章逐篇进行研读，重点对家风方面的内容进行系统梳理，使我们对《家史》有了重新的审视和认知。按照习近平总书记对家庭文化建设的重要论述，结合专家学者们对《家史》中关于"延鼎家风"文化的观点和见解，我们对《家史》中的家风文化内涵作了进一步归纳提炼，将"延鼎家风"概括为：以德为先、温良恭俭，孝亲爱幼、吃苦勤奋，文化自觉、智慧创业，乐观向上、爱国爱家。

---

① 参见陈雪贞、陈功嘉：《话说家风》，兰州：兰州大学出版社 2021 版，第 12 页。
② 同上书，第 9 页。
③ 同上书，第 68 页。

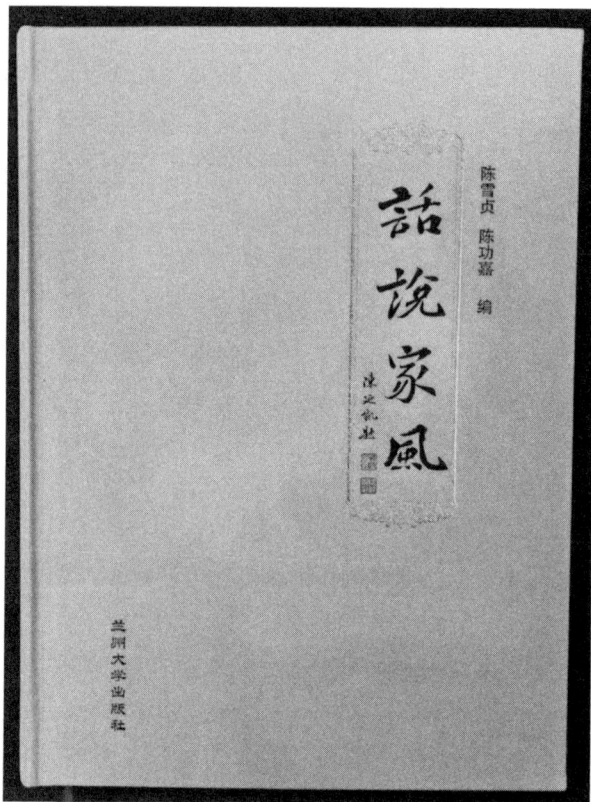

图 3　《话说家风》书影

　　以德为先、温良恭俭。潜心研究陈氏族史二十余年的江西省历史学会陈氏研究专业委员会常务副会长陈月海老师认为："《家史》中的家风，是作者的曾祖父陈得武、祖父陈发福、父亲陈延鼎之祖祖辈辈提倡并身体力行和言传身教的家风，影响着一代又一代人的成长。无论是家处顺境还是逆境，他们始终营造一种文明、和谐、健康、乐观向上的氛围，榜样的力量是无穷的。"① 人民教育出版社吴海涛认为（延鼎）在苦水中浸泡了一生，但他给陈家儿孙们留下了至少三种正能量，一是正直，二是责任，三是希望。② 清华大学孙明君教授说："《家史》中所蕴含的孝道文化深深感染了我。"③ "这本《家史》是当前加强优秀传统文化教育，大力加强'孝'文化与社会主义核心价值观教育的鲜活教材。"④《家史》突出传统文化传承，展现了我们长辈们崇德向善的智慧，温厚待人、诚实守信的原则，厚德载物、自强不息的精神，吃苦耐

---

① 参见陈雪贞、陈功嘉：《话说家风》，兰州：兰州大学出版社 2021 版，第 70 页。
② 同上书，第 60 页。
③ 同上书，第 19 页。
④ 同上。

劳、勤奋朴素的作风，不断激励后辈们读书立身、修身立家、厚德勤业、自强奋斗，家族不断薪火相传、绵绵长长、发扬光大。以德为先，意味着注重道德品质和道德行为的培养，家人被鼓励遵循包括诚实守信、正直无私、感恩报恩和仁爱之心等道德准则，注重将道德价值观内化为行为准则，鼓励树立起正确的行为榜样。温良恭俭，注重强调温和、善良、谦逊和俭朴的生活态度，家人在相处中要体现忠厚、温和的性格特点，保持平和的情绪，以和谐为重，对待他人要尊重、包容。以德为先、温良恭俭的家风内涵，体现着修身、齐家、治国、平天下的思想，体现着社会主义核心价值观。这种家风的内涵在当今社会仍具有重要的价值和意义，对培育家庭成员的德行修养和提升整个社会的道德水平起到积极的作用。历史和实践充分证明，有什么样的家风，往往就有什么样的做人做事态度、为人处世风格。

孝亲爱幼、吃苦勤奋。《家史》中最触及我们灵魂的是 20 世纪 60 年代至 70 年代初发生在十八世祖陈延鼎身边鲜活的几件事。1962 年，陈延鼎在老家分家后，主动扛起了赡养父母的责任。当时在人民公社吃食堂、集体劳动的大背景下，生产队先是安排陈延鼎去兰州西固城捞煤，以解决生产大队生活燃料问题。后来又挑着桶子到城里人的厕所舀大粪，然后做成粪块，晒干后，运回生产队当土地肥料。1967 年年初，当时生产大队的社员经常是吃了上顿没下顿，断粮缺吃时有发生。生产队给我们家安排了供应粮，但家里没有一分买粮钱，陈延鼎找到公社书记去贷款，高兴的是书记竟然批准了。当年的 4 月 1 日贷了 15 元，4 月 28 日又贷了 2 元，当年的 12 月 7 日，共还款 17.46 元。陈延鼎有一个借粮清单，上面详细记录了借糜子、洋芋、玉米的情况。这些借粮到收麦时全用小麦偿还，当年还不清的，下年全部还清。在陈延鼎的辛勤劳作和尽心操持下，全家老小都没有挨饿。1975 年，陈延鼎父亲去世，他想方设法购得松木，找当地最出色的师傅为祖父做棺材。陈延鼎妻子在七八岁的时候，就承担起了娘家的家务，等到其老母亲劳动完回家时，她已经做好了饭菜，并将家里收拾得很整洁。她嫁到陈家后，她为年迈的公婆填炕取暖，操持家务，抚养子女，不论严寒酷暑，白天黑夜，她都劳作不停。中华民族自古以来就是一个重视孝道文化的民族，孝悌是我国传统美德的精髓。孝亲爱幼、吃苦勤奋的家风，强调对父母的孝顺、尊敬和对年幼者的关爱、教育，以及勤俭持家、吃苦耐劳的生活态度。通过长辈们对"孝""德"的践行和阐释，让我们更加深刻地认识到，"初心的根本是孝心""'德'的起点就是'孝'，'孝'的起点就是敬爱双亲，推而广之，即为'爱人'"[①]。孝亲爱幼、

---

① 陈贵辉：《陈家沟延鼎家史》，兰州：兰州大学出版社 2017 年版，第 208 页。

吃苦勤奋的家风强调砥砺奋进的重要性，体现了中国传统文化中的家庭伦理观念和生活态度，尊重和关爱家庭成员，并培养家庭成员的责任感和奋发向上的精神，教育家庭成员勇于面对困难和挑战，并以积极的态度去克服困难，有助于建立和维护一个团结、融洽的家庭关系，对促进社会和谐稳定也有积极作用。这也正是加强公民道德教育、培育社会主义核心价值观的重要切入点和着力点。

文化自觉、智慧创业。《陈家沟延鼎家史》书名题写者、中国社会科学院文学研究所党委书记刘玉宏认为："中国家族文化中十分重视培养良好的家风。家风是一种理想追求，很多家族都把忠孝仁爱奉为立家的圭臬，把诚实守信作为立身的准则，把书香门第作为家庭的理想境界，这在本书中也有生动的体现。读后印象特别深的是关于家族世代对知识的尊重和渴求。"① 浙江大学刘进宝教授 2022 年 5 月 4 日发表于《中华读书报》的书评中写道："正因为作者的父亲陈延鼎见过世面，与长期生活在山沟沟中、没有出过山的农民相比，更具有见识和智慧。他知道'多读书、学技术'是改变命运的唯一渠道，所以就想方设法让大儿子学兽医，让二儿子学画棺材。当'科学的春天'到来后，又省吃俭用，尽最大的力量供三个小的儿女上学读书。"② 《家史》中记载，20 世纪 70 年代初，陈延鼎的三个小的孩子，都陆续上学。陈延鼎通过在家养鸡下蛋卖钱凑学费，到离家 20 公里的西固城的一家印刷厂捡废纸订成作业本。联系西固亲戚让他的大儿子学兽医，让二儿子学画匠。改革开放后，他的两个儿子学成回家，都成了周边三个乡有名的能人，家里的农活全由陈延鼎做，全家人日子过得日益殷实。文化自觉、智慧创业的家风，是文化意识的养成和智慧创造的结果，注重培养后辈学习能力、创新思维和激发潜力，更是持续不断地激发他们对文化认同、文化渴求、文化自觉的兴趣。最好的家风都是由表及里的文化自觉，自觉就是自我觉醒，文化自觉更是一个漫长而艰辛的过程。我们应当更加注重引导家庭成员加强对历史和传统文化的尊重，学习掌握文化知识和技术本领，并从中汲取智慧，通过努力学习文化知识改变命运，为成长成才和服务社会提供积极向上的精神指引。智慧创业是一种睿智的选择，注重培养家庭成员的智慧和创造力，家庭成员被鼓励独立思考、积极学习，加强知识和技能的积累，并在实践中发挥自己的创造力，勇于探索和创新。文化自觉、智慧创业家风文化体现了对传统文化的认同，对于培养家庭成员的综合素养、独立思考和创新精神至关重要，有助于构建具有创造力、适应力的家庭，同时也

---

① 陈雪贞、陈功嘉：《话说家风》，兰州：兰州大学出版社 2021 版，第 16 页。
② 同上书，第 23 页。

对中华优秀传统文化的繁荣和发展起到积极推动作用。

乐观向上，爱国爱家。中国工程院院士朵英贤在《让后辈走出大山的艰苦耕耘者》一文中写道："延鼎先生小我一岁，是祖国西北干旱山区一位地地道道的农民，但他确实是一位智慧的农民。他用勤劳的双手、辛勤的汗水拉儿育女，困苦中度日，艰难中生活，含辛茹苦，为儿女们全然付出，任劳任怨，厚德载物，吃苦耐劳，乐观向上，爱国爱家。"① 南开大学卞利教授在《大时代与小家庭》一文中写道："这些文字无不紧扣时代，并在时代的变迁中记录着陈氏家族命运的跌宕起伏。而正是优秀家风家训的传承，激励着陈家一代一代在耕读传家、忠孝做人、积德行善的人生正途中默默地向前发展着，家国情怀始终成为陈氏家族在陈家沟繁衍生息的理想追求与精神支柱。"② 东北师范大学赵刚教授认为："家国同构，彼此相依，这是古今中外的共识。《陈家沟延鼎家史》让我看到了中华民族家族文化建设的价值，更增加了我推动家庭教育专业化的信心。"③ 从这些评论中，我们进一步认识到，乐观向上、爱国爱家，既强调为人处世积极乐观的心态，也强调对国家、对家庭的热爱。注重培养积极乐观的心态，引导家庭成员面对困难和挫折时保持乐观态度，积极寻找解决问题的办法，使他们在困难面前保持坚强向上的状态。爱国爱家是突出对国家和家庭的责任感，爱国意味着为国家的富强、安定和进步尽自己的努力，每个人都要在国家社会发展中实现自我价值。习近平总书记强调："我们要积极培育和践行社会主义核心价值观，弘扬中华民族传统美德，把爱家和爱国统一起来，把实现个人梦、家庭梦融入国家梦、民族梦之中，用我们四亿多家庭、十三亿多人民的智慧和力量，汇聚起夺取新时代中国特色社会主义伟大胜利、实现中华民族伟大复兴中国梦的磅礴力量。"④ "乐观向上、爱国爱家"的家风，不仅培养了家庭成员的精神状态和社会责任，还为家庭创造良好的生活氛围，促进家庭和睦，促进亲人相亲相爱，促进下一代健康成长，促进老年人老有所养，使千千万万个家庭成为国家发展、民族进步、社会和谐的重要基点，以千千万万家庭的好家风支撑起全社会的好风气。优良家风建设作为培育和践行社会主义核心价值观、坚持社会主义核心价值体系、加强公民道德教育的基本途径，始终发挥着凝气聚魂、强基固本的关键作用，其重要性不言而喻。

---

① 陈雪贞、陈功嘉：《话说家风》，兰州：兰州大学出版社 2021 版，第 5 页。
② 同上书，第 31 页。
③ 同上书，第 29 页。
④ 《习近平关于注重家庭家教家风建设论述摘编》，北京：中央文献出版社 2021 版，第 69 页。

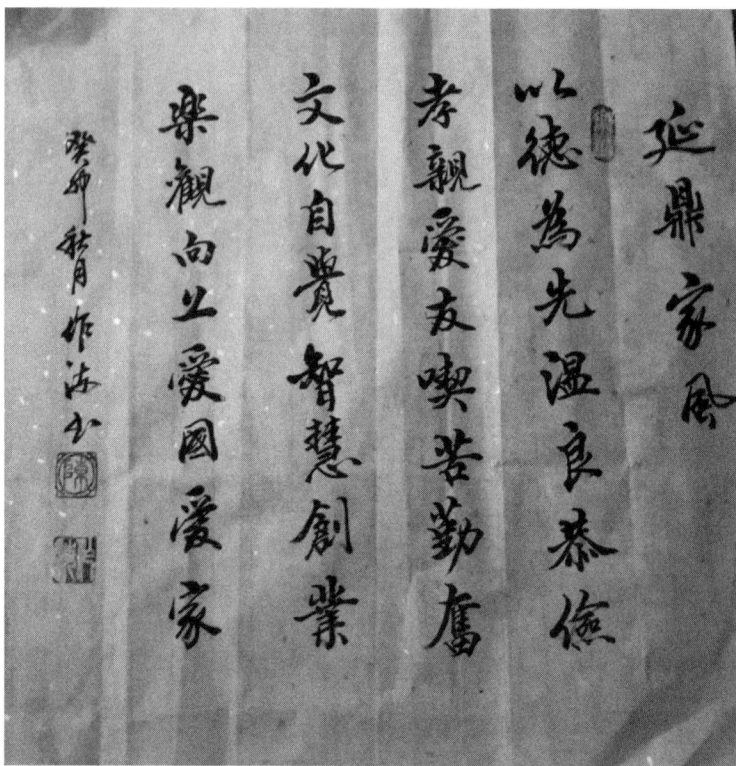

图 4　兰州陈官营陈超第二十一世后裔陈作海书法《延鼎家风》

　　"中国特色社会主义家文化是一种植根于中华民族世代传承的家文化沃土，继承中华文明优秀成果，反映当代中国特色社会主义在家庭文化建设方面本质要求的家文化。这种家文化既是体现我们民族特质和精神风貌的民族文化，也是反映社会主义文化本质属性的文化样态。"① 《陈家沟延鼎家史》为家人、后辈及社会留下了弥足珍贵的精神财富，反映了中国传统文化的基本精神。故宫博物院院长王旭东在书评中认为："《陈家沟延鼎家史》所记录下来的，不再只是他自己的家族史，也是我们国家历史变化的一个缩影，是中华民族不屈不挠、生生不息精神的一面镜子。"② 深入挖掘《家史》中的家文化价值及其深层内涵，对于新时代推动中华优秀传统文化创造性转化、创新性发展具有重要的启示和现实意义。一方面，让我们开阔眼界，启迪智慧，获取知识，提升能力，以优良的家文化熏陶和滋养后人。另一方面，从优秀传统文化中汲取精神动力，通过精神力量为强国建设、民族复兴作出更大贡献。我们深知，建

---

　　① 陈延斌、张琳：《建设中国特色社会主义家文化的若干思考》，《马克思主义研究》2017 年第 8 期，第 59 页。

　　② 陈雪贞、陈功嘉：《话说家风》，兰州：兰州大学出版社 2021 版，第 10 页。

设中国特色社会主义先进文化，必须坚定传统文化自信，传承和弘扬包括家文化在内的优秀传统文化，加强社会主义精神文明建设，助力中华民族的文化复兴，为文化强国建设提供更基本、更深沉、更持久的力量。只有站在中华民族传统文化的基础上，坚定文化自信，根深才能叶茂，才能让中华优秀传统文化展现出永久魅力和时代风采，才能创造出引领时代发展、造福亿万人民群众的社会主义先进文化。

岭南（莞邑）文化研究专题

岭南城市践行铸牢中华民族共同体意识的饮食文化路径

——以东莞的岭南早茶为例

刘　洁[*]

【摘要】饮食文化是铸牢中华民族共同体意识在城市场域推进实施的重要维度与实践向度。岭南早茶文化源远流长，在历史发展进程中，凝聚了自然资源、商业经营、宗族聚合等互动、共享、强化之经济交流理念；生产力、物流货运及贸易等的持续发展、集聚与嬗变，不断促进岭南各民族间的社会交往；与此同时，早茶文化发展中形成的开放心态、内生力量、融聚特性，也不断增进着岭南各民族间的文化交融。早茶文化发展中蕴含的交往、交流、交融逻辑，见证了岭南各民族共同体意识的形成。伴随着早茶文化的传承发展，其在经营方式与制作方法上的创造性转变与创新性发展，深化了岭南各民族的地方实践。岭南早茶文化在发展中努力掘取地方共同理念、凝聚文化共识、拓展公共文化空间的过程，是岭南各民族共创、共享、共荣的地方性知识生产过程，彰显了岭南城市铸牢中华民族共同体意识的现实路径。

【关键词】铸牢中华民族共同体意识　东莞　岭南文化　早茶

---

*【作者简介】刘洁，女，1986年生，陕西安康人，博士，西南林业大学马克思主义学院教师，研究方向：南方民族历史与文化遗产、中华民族共同体研究。

一、选题缘由与研究综述

（一）选题缘由

1. 城市是铸牢中华民族共同体意识的广阔平台

党的十八大以来，新型城镇化发展战略深入推进，城市民族工作在民族工作大局中的牵引作用逐步显现。在 2018 年和 2021 年的调查中，国家民族事务委员会强调了城市在铸牢中华民族共同体意识工作中的重要性，提出"不断提高新时期城市民族工作水平"[①]，"让城市成为铸牢中华民族共同体意识的广阔平台"[②]。民以食为天，不同地域的代表性、典型性饮食民俗历来都是中华优秀传统文化的重要内容，是生活智慧结晶，饮食文化符号反映出各民族在城市中交往交流交融的生动日常，是其不断获得城市认同感与归属感的重要途径。

2. 以东莞为蓝本的必要性

（1）民族成分的多元性。根据住房和城乡建设部发布的《2022 年城市建设统计年鉴》显示，东莞城市总人口高达 1082.44 万，位于全国特大城市榜首。据第七次全国人口普查数据显示，东莞少数民族人口达 95.6 万人，包含 52 个少数民族（仅缺塔塔尔族、鄂伦春族、珞巴族 3 个民族）。其中户籍少数民族人口约 3.7 万人，含有 41 个民族，其城市各民族成份丰富多元。（2）地域的独特性。置于广深腹地的东莞不仅是广深经济走廊的中间带，而且是当前粤港澳大湾区城市群的重要组成，与惠州、佛山等岭南城市共同纳入 1 小时经济生活圈，且与上述城市存在明显异质性：一方面，东莞是全国仅有的五个市镇两级行政设置的地级市之一[③]；另一方面，东莞的本地人口与外来人口占比差与上述其他城市横向对比明显较少，表明其民族融合程度更高、人口融汇更集中，民族交往交流交融的程度也更深入。（3）饮食文化的延展性。东莞全市下辖 35 个镇（街道、园区），美食品类丰富、样式繁多，诸多地道美食种类极好地融入了当地早茶的点心与菜式中，这使得东莞的早茶文化具有强大延展性与饮食文化弹性空间。受本土文化影响，"饮早茶"作为岭南饮食文化不可或缺的文化元素，不仅为原居民所钟爱，而且逐渐为外来人群普遍接受、认同和喜爱。外来群体对早茶

---

① 国家民委办公厅研究室：《铸牢中华民族共同体意识 做好新时代城市民族工作 巴特尔赴河南调研强调》，《中国民族》2018 年第 6 期，第 9 页。

② 国家民委办公厅：《陈小江在广东调研时强调让城市成为铸牢中华民族共同体意识的广阔平台》，《中国民族》2021 年第 5 期，第 7 页。

③ 中国共有五个不设市辖区的地级市，分别是东莞市、中山市、三沙市、儋州市、嘉峪关市。

的喜欢，正是这一群体不断融入东莞这座城市的重要标志。

（二）研究综述

当前学界关于岭南早茶文化的研究成果主要集中于如下两方面：

1. 对早茶文化的应用研究

对早茶的空间载体——茶楼建筑价值的研究。有学者认为茶楼设计在于吸引客流量和关注度；[①] 有学者认为茶楼具有极强的民间性和商业性；[②] 有学者认为早茶作为广府文化的代表元素之一，可应用于当代设计，激发人们的文化传承观念，增强人们的文化自信；[③] 有学者认为随着中部地区经济的快速发展，岭南茶室的餐饮模式顺利导入湖湘地区。[④]

2. 对早茶文化发展嬗变的研究

早茶文化作为广府文化不可或缺的内容，其嬗变凸显了广府本土民俗核心文化价值与广府人原生态生活观的文化形象，反映出广府地域人际交流独特的城市格局，并具有现代商业色彩烙印。[⑤] "饮早茶"又称"饮茶"和"叹早茶"，"叹"在粤语中是"享受"的意思。"饮早茶"早已是广东人生活中不可或缺的重要组成部分，是犹如"文化基因"一般的坚固存在。[⑥] 而创新与坚守，正是岭南早茶的变与不变，是广东地区经济的"快"与生活的"慢"这一看似矛盾现象的和谐存在。[⑦] 而阻碍早茶文化发展的因素则包括有外来餐饮的双重夹击、技术型人才短缺、机械化的过量使用等。[⑧]

总体上，关于岭南早茶文化的相关研究成果相对较少，视角较为单一，对早茶这一颇具岭南城市生活特色的地方文化符号内涵的挖掘、凝练及应用还不够充分，鉴于此，本研究选取东莞这一岭南城市作为分析蓝本，将岭南早茶文化置于城市场域展开论述，并与当前铸牢中华民族共同体意识有效衔接，既可充分挖掘岭南地区优秀地方文化符号并作学理性探讨，又可推动铸牢中华民族共同体意识这一民族工作主线在城市顺利进行。

---

① 参见宋琳：《浅谈岭南建筑与早茶茶楼的结合》，载《2019 年南国博览学术研讨会论文集（一）》。
② 参见余欢：《广州传统茶楼建筑文化研究》，华南理工大学硕士论文，2016 年。
③ 参见曹璐熙：《广府文化元素图案化及其在当代设计中的应用》，《大观》2022 年第 12 期，第 3 页。
④ 参见熊莎：《岭南茶室餐饮模式在湖湘文化社区中的导入设计研究》，中南大学硕士论文，2010 年。
⑤ 参见王思维：《早茶民俗的嬗变与广府文化的传承》，《广州广播电视大学学报》2009 年第 4 期，第 71—75 页。
⑥ 参见朱小萤、梁美琳：《走，一起去叹早茶》，《广东第二课堂（下半月中学生阅读)》2024 年第 Z1 期，第 58 页。
⑦ 参见曾宪天：《广式早茶的变与不变》，《中国食品》2023 年第 7 期，第 147 页。
⑧ 参见陈水科：《关于粤式早茶发展的探讨》，《现代食品》2018 年第 19 期，第 35 页。

二、共有的地方理念：早茶文化发展中的"三交"逻辑

（一）社会土壤滋养：早茶文化所凝聚的地方经济交流理念

东莞自明清以降，生产力持续发展，交通物流水平不断提升，特别是有清一代，形成了莞城、石龙、太平等贸易重镇，为经济的持续性发展提供了必要的社会土壤。反映在早茶文化上：一方面生产力、交通、物流水平的提升促进了区域人群不断地聚集交往，经济交流显著加强，文化交融日益深化；另一方面，早茶食材得以极大丰富，品类逐步完善，从而促使早茶文化产生质的飞跃。

1. 自然资源的互动共享

东莞拥有丘陵、山地、冲积平原、入海口滩涂等多种地形地貌，属亚热带季风气候，日照充足，气候炎热，独特的自然气候和多样的地形地貌孕育了丰饶的物产与丰富的自然资源。早年间，滨海片区疍家人靠海吃海，白天出海打鱼，以鱼虾蟹贝蚝蚬为食，同时东莞西南沿海在清代乾隆之前一直是重要的产盐基地，"古代东莞即珠江口东西两岸的盐业生产为珠三角沿海城镇的兴起集聚了最初的人脉，为其发展提供了人口、商贸流通、文化的基础"①。在水乡片区，遍布桑基鱼塘、果基鱼塘，瓜果满园，稻花飘香，盛产水稻、各种瓜果和淡水鱼；在丘陵片区，客家人迁徙至此开垦荒芜山林，广种荔枝、龙眼等热带水果，圈养鸡鸭鹅猪等家禽家畜，同时还能享用山区的山珍野味。时至今日，东莞这片富饶之地依然盛产各式各样的食料与土特产。在自然资源极大丰富的基础上，加之水网成片，物流兴旺发达，极大地促进了地区自然资源的互动共享，经济往来逐步深化。

2. 商业经营的互动抱团

明清时期，广东商贸日益兴盛。"莞人多种香，祖父之所遗，世享其利。地一亩可种三百余株，为香田之农，甚胜于艺黍稷也。"② 东莞寮步素有香市之称，"当莞香盛时，岁售逾数万金"③，每年的销售收入可达数万金，这对于当时的农业种植生产起到了直接刺激和促进作用。明至清中叶，莞香集散于东莞寮步、大朗、茶山多地，以寮步最为繁荣，形成远近闻名的香市。鼎盛时期，寮步与广州花市、罗浮药市、廉州珠市并称"四大名市"。

---

① 陈萍、邓禅娟：《东莞古代盐业与沿海城镇的兴起》，《盐业史研究》2010 年第 4 期，第 59 页。

② （清）屈大均：《广东新语》，北京：中华书局 1985 年版，第 674 页。

③ 同上书，第 677 页。

此外，东莞还种植蒲葵，用以生产蒲葵扇。《岭南杂记》载："葵扇出东莞，其贩于江浙者，特其粗者耳。其精者有彩画人物极工致，又有柄中镂空，内刻人物，自能运动。其直兼金，大者长三四尺，可为腰扇障日，其葵亦有花。"[1]

商贸的发展带来市镇的崛起，民喜远商，商帮兴起。清代中期以来，东莞石龙镇凭借广、惠、潮三府之间通道要冲，迅速发展为著名商埠，取代寮步等香墟，成为东莞的商贸中心。依托繁盛的商业贸易，莞商兴起，先后设立石龙、太平、莞城等商会。随着商业的发展、对外交流的深入，莞商生活富裕，对生活品质的精致性要求不断提升。

清末民初，随着省城广州茶楼文化的传入，李惠宗等富商开始在东莞开设茶楼。之后，茶楼如雨后春笋一般相继开业，遍布东莞各大重要市镇，石龙有"洪栈""万胜""陆羽亭""皇宫"，莞城有"合利胜""如心""南园""荔香园"，常平有"太平""广园""万芳""合和"。

茶楼成为商人宴请、交流会友的好场所，也成为手工业者歇息的好去处。随着莞商群体务实致用的精神追求与积极经商的实际行动，茶楼点心不断创新，品种逐渐丰富，当地茶楼文化得到极大发展。与此同时，商帮与商会的建立使得莞商在探索商业经营时的相互扶持、抱团意识不断强化，互动抱团经营理念得以彰显。

3. 宗族意识的互动强化

宗族、族群意识是岭南文化的一个重要元素。作为广府民系重要分支，东莞人宗族观念浓厚，宗祠在东莞各大村落星罗棋布。明清以降，莞商兴起后，充分利用家族意识发展企业，涌现了经营航运和保险业务的周永泰家族、经营贸易和地产的方树泉家族、经营酱油等副食品的王仲铭家族等莞商家族。

民国以来，茶楼在东莞逐渐兴旺。面对激烈的市场竞争、战乱，茶楼行业更新迭代较快，家族成员具有稳定性高、凝聚力强等特点，家族经营成为茶楼常见的经营模式，家族成员参与和传承成为茶楼稳健经营和长远发展的重要推动力。

中华人民共和国成立后，茶楼开始实行新的经营模式——公私合营。之后遭遇"文革"冲击，茶楼业受到限制，或被停办。十一届三中全会后，凭借政策春风和家族手艺传承，家族经营茶楼再次兴起。经过几代人的积累和创新，茶楼文化取得新发展。例如，广东老字号邓德记，由东莞厚街桥头村人邓德恩于1929年创办，凭借良好的经营和出品，闻名乡里。1950年代，邓德记茶室被接管，邓德记停办。1984年，邓德恩的儿子邓永福重新接手邓德记，在已有的基础上扩大规模，更名为邓福记，打

---

① （清）吴震方：《岭南杂记》，上海：商务印书馆1936年版，第50页。

造了闻名一时的邓福记茶楼。因市场压力，1994 年，邓永福关闭茶楼，从事鸡蛋卷等糕点食品生产。2012 年，邓德恩之孙邓沛球接棒邓德记，持续进行产品创新，研发出三层蛋卷王，并将手工产品增加至面包、月饼、老婆饼等 10 多个品种，邓德记先后获得最佳老字号产品、广东老字号、中华老字号传承创新单位等荣誉，邓德记鸡蛋卷制作技艺被评为东莞市级非物质文化遗产代表性项目。目前由三代人传承发展的邓德记已成为广东知名的食品品牌。① 因而，莞商在商业经营中的家族意识、宗族意识十分明显，容易形成由小及大、滚雪球式的规模扩张，使其在市场竞争中形成具备一定强度与韧性。

（二）经济发展促进：早茶文化所形成的地方社会交往理念

1. 生产力发展的持续性

明代以来，东莞农耕养殖技术快速进步，社会生产力水平呈现平稳发展态势，为地方社会交往提供良好社会物质条件。

（1）桑基鱼塘等渔耕方式普及。明代以来，受海上丝绸贸易的刺激，东莞地区桑基鱼塘取得长足发展。桑基鱼塘耕作养殖方式十分高效，蚕沙喂鱼，塘泥肥桑，形成桑、蚕、鱼、泥的良性循环，有"十倍禾稼"的经济效益，逐渐成为基塘中的主流模式。根据《珠江三角洲农业志》资料显示，明万历九年（1581），珠江三角洲九县有水池塘面积 159,828 亩，其中东莞县面积为 32,659 亩。② 在整个珠江三角洲中占比近五分之一。此外还有部分地区采用果基鱼塘、杂基鱼塘等耕种养殖模式。

（2）猪养殖业快速发展。随着桑基鱼塘等渔耕方式的推广和甘薯等高产作物的引入，青绿饲料供应充足，桑、蚕、鱼、猪齐养，大幅提升了生产效率，猪养殖取得快速发展。根据《广东省基本工业—特殊工业—农业副业调查报告书》所载，1937 年，珠江三角洲十三个县生猪生产数量 1,488,881 头，其中东莞县为 100,000 头，占比近十分之一。③ 东莞还兴起专供猪买卖的墟市，东莞的老城区——莞城维新路一带原来就叫猪仔墟。

（3）鸭养殖逐步兴旺。东莞河涌纵横交错，各种水生动植物和饲料植物十分丰

---

① 参见东莞市厚街镇文化广播电视服务中心、东莞市作家协会厚街分会编：《追梦人》，世界图书出版公司 2013 年第 1 版，第 48—52 页。

② 参见佛山地区革命委员会《珠江三角洲农业志》组：《珠三角农业志（初稿）》第三册，1976 年版，第 12—13 页。

③ 参见佛山地区革命委员会《珠江三角洲农业志》组：《珠三角农业志（初稿）》第五册，1976 年版，第 100 页。

富，自然环境和养殖条件较好。早在明代，随着火焙法孵鸭和稻田养鸭技术推广，东莞养鸭已较为普遍。明代广州府南海籍官员霍韬在《渭厓文集》中提到，天下之鸭，广南最盛，"以有蟛蜞能食鸭也，亦以有鸭能啖蟛蜞，不能为农稻为害"[①]。因为稻田养鸭，实现了稻鸭共生的良性循环，随着鸭埠制的推行，养鸭逐渐规模化、商品化。虎门白沙就有腌鸭传统，因白沙腊鸭肥而不腻，香而不俗，清朝末年便远销香港、东南亚等地，享誉海内外。

（4）鸡养殖业发展。东莞鸡饲养历史也相当悠久，养殖品种除常鸡外，还有型小、颈短的潮鸡，和多作药用或观赏的翻毛鸡。从明代开始采用将稻谷炒热的桶孵法，对于常鸡饲养规模扩大产生了一定推动作用。及至清代，出现人工孵化技术，以及三黄胡须鸡等优良常鸡品种大量涌现，鸡养殖业得到进一步发展。生产力的持续性发展，为当地早茶食材的丰富与完善打下了坚实的物质基础。

表1　珠江三角洲各县历年鱼塘（池塘）面积表[②]　　　　　单位：亩

年代	县别									
	南海	顺德	中山	新会	番禺	东莞	三水	高明	鹤山	宝安
明洪武十年（1377）	322				有	有				
明万历九年（1581）	48,326	400,88	711	6,588	10,702	32,659	10,250	7,810	8,600	2,698
清乾隆廿二年（1757）	41,608	40,088	711	6,588	10,702	32,659	10,250			2,698
1921年	198,400	34,8800	68,600	36,480						
1935年	240,000	320,000	120,000	110,000	120,000	130,000	124,000			2,000
1949年	103,080	245,000	99,383	35,263	13,036		9,800	23,312		
1964年	107,585	245,197	86,812	32,724	12,314	16,104	8,500	24,494	3,00	
1975年	108,602	249,298	92,726	41,650	13,247		11,870	22,485		

① （明）霍韬：《渭厓文集》，桂林：广西师范大学出版2015年版，第2318页。

② 参见佛山地区革命委员会《珠江三角洲农业志》组：《珠三角农业志（初稿）》第三册，1976年版，第32页。

表2　1937年珠江三角洲各县生猪数和销售地点①

县别	年产数量(头)	销售地点	县别	年产数量(头)	销售地点
南海	50,000	广州、四会	鹤山	46,500	本县
番禺	210,000	本县	高明	57,341	广州、本县
中山	39,340	本县	开平	100,000	本县
顺德	12,700	本县	东莞	100,000	本县
新会	500,000	本县	台山	20,000	本县
宝安	50,000	本县、香港	赤溪	3,000	台山
三水	300,000	广州	合计	1,488,881	

2. 物流货运的集聚性

自明朝起，东莞商品经济快速发展。随着社会生产力的提升，商品性农业和手工业兴起，出现了种植经济作物的产地和专业性的农业区域，例如桑基鱼塘（莞城附城区域）、果木种植（石龙）、水草种植（虎门）、莞香种植（大岭山、寮步、清溪）。依托河网众多的先天优势，在商品贸易的促进之下，东莞水上交通和水路运输迅速发展，逐渐形成以莞城、石龙、太平为重要节点的水运网络。随着水陆联运的交通运输路线不断延伸，墟市、市镇日益发展，商品交换、货物流通更加普遍。在墟市、市镇可以买到谷米、鱼、鸡、鸭、鹅、片糖、白糖、盐、莞席、牙香等各种日用物品，这些都成为茶楼兴起和早茶文化不断发展的重要物质基础。逐步发达的交通、不断畅通的物流，为当地早茶文化的丰富与传播打下厚实的社会基础。

3. 商业贸易的嬗变性

有清一代，东莞商贸繁荣发展，先后形成了莞城、石龙、太平等商贸重镇。在这些商埠市镇，云集了全国各地的商人，随着商业来往和人员交流的增多，商人群体需要一个交往场所，而从茶摊、茶居升级而来的茶楼自然而然地成为商人群体进行商务交流的理想场所。各地商人在运来货物进行经济交易的同时，还带来了不同地域的生活习俗和饮食文化。全国各地的饮食文化在此交流汇聚，极大促进了早茶点心和菜式的融合发展。频繁的商务活动推动形成早茶文化的逐步融合嬗变，并形成独具特色的地域文化。

---

①　参见佛山地区革命委员会《珠江三角洲农业志》组：《珠三角农业志（初稿）》第五册，1976年版，第100页。

（三）文化勃兴带动：早茶文化蕴含的地方文化交融理念

1. 文化的开放性

文化是识别城市特征的核心标识，饮食文化作为城市文化的重要组成部分，地方文化的开放心态是影响其整体发展的关键因素。故而作为"番东之要津"，东莞连接着广州港与更大更远的世界——"凡番舶之赴黄浦者必由于此"。

在海上丝绸之路占据重要位置的东莞，亦是东江史前文明的代表区域。距今已5000多年的蚝岗贝丘遗址，灰坑、墓葬、排水沟、房址等人类定居要素留存完整，是广东目前发现年代最早的人类聚落遗存，考古学家麦英豪誉之为"珠三角第一村"。且新石器时期的蚝岗人，就已能用石斧、石锛等工具制作水上交通工具，这种水上交通工具可以理解为独木舟的雏形。

沿着历史轨迹，探究东莞的"丝路轨迹"——秦汉时期，海上丝绸之路带动东莞商贸发展、商品流通，从东城柏洲边东汉墓出土的舶来品"琉璃耳珰"可推断，两汉时期东莞便已有对外商贸往来；隋唐宋元时期，东莞是岭南沟通海洋的门户，而后继续加深重要中转站定位；明代，东莞南部地区成为东南沿海最重要的贸易区域，被外商称为"贸易岛"；嘉靖年间，东莞鸡栖、屯门、虎门是广州府夷船的主要泊口；清代"一口通商"后，虎门是"广州十三行"中外商船的必经之道，虎门、镇口、石龙成为粤海关重要税口，石龙成为"广东四大镇"之一。

及至清朝，闽粤之人下南洋渐成风潮。据暨南大学历史系刘正刚等学者考证，清乾隆五十一年（1786），就有东莞人前往马来西亚的槟榔屿从事开采锡矿和割橡胶的工作。悠久的对外贸易历史使得东莞饮食文化之开放性与包容性具有厚重的历史底色和厚实的文化基础。

改革开放后，有着"世界工厂"美誉的东莞，早已汇入国际经贸大潮，与世界进行沟通互联。伴随着港澳与内地城市的互动交流逐步深化，港澳对域外文化的开放理念，特别是饮食文化对莞深等岭南城市的早茶文化产生深远影响。香港、澳门作为中西文化融汇的前沿城市，对域外文化持开放、融合心态，依托其自身区位优势和畅通物流，可接触到世界各地的美食，也容易获取来自世界各地的食材。在饮食方面则善于学习，大胆创新，充分采用了域外食材或饮食做法，创造了丝袜奶茶、冻（热）鸳鸯、咸柠七、柠咖、杨枝甘露、车仔面、咖喱鱼蛋、菠萝包、鸡尾包、蛋挞、西多士等一系列中外融合的饮食品种。而在市井饮食文化方面，也涌现出大排档（大牌档）、茶餐厅、茶楼等餐厅类型。

香港、澳门在饮食方面融合与迭新的做法，对岭南的早茶文化产生了极其深远的影响。经过百余年的发展，早茶点心已形成荤蒸、甜点、小笼蒸、大笼蒸、粥品、煎炸品等六大经典类别，可制作点心 4000 种以上。而东莞、广州等岭南城市的早茶文化也在不断融合发展中，注入了全新内涵，获得了全新生命力。东莞则因其得天独厚的区位优势，对港澳饮食文化营养汲取方面反映得十分迅捷。

2. 文化的内生性

东莞地处岭南，元代释洪继在《岭南卫生方》中专门论述了岭南气候、地理对健康的影响，"一日之间，寒燠或屡变，要之，昼多燠，夜多寒"①，湿热之邪易袭人体。身处"燠而多湿"的环境，岭南先民通过漫长的摸索，开始通过喝凉茶、老火汤等方式来减缓外部环境对身体的影响。即：将土产草药煎熬成凉茶饮料，常喝以消除夏季人体内的暑气，或冬日干燥引起的喉咙疼痛等疾患；结合季节变化，选用合适的药材、食材，蒸煮后在用餐前喝上一碗老火汤，以祛除湿热，滋润身体。这种养生膳食在早茶中得以充分体现：（1）注重原汁原味。尽可能保证食材的本来口感。例如经典的白灼系列菜式便是代表。这使得饮食口味总体清淡，反映在早茶方面，则以蒸品点心居多；（2）讲求食材新鲜。因时制宜，结合时令及时更新早茶点心品种。岭南清淡的膳食做法，食材上的讲究注重，从本质上保证了食品的营养。

上述内生性特质，保证了饮食的健康根基。随着社会的高速发展，人们的健康知识不断更新，生活理念逐步深化，健康养生的膳食成为一种时尚与追求，进一步带动了早茶文化的勃兴。

3. 文化的融聚性

"城市公共文化空间是文化记忆的对象，对保存历史文化与建构社会情感、形成文化身份认同、建立集体和个人的意义具有关键作用。"② 茶楼作为早茶文化的空间载体，其文化空间的建构也经历了一个长期的历史过程。

笔者有幸采访到一位改革开放初期经营茶楼的本地朋友，他详细介绍了自己在东莞开茶楼时的经营背景、场所、菜式及发展前景。

> "我开茶楼的时间在改革开放初期，1981 年开始做，是我父母经营的。当时正处于改革开放初期，社会经济环境不是很好，茶楼啊、早餐店啊等服务场所很少，不像现在那么多。

---

① （元）释继洪：《岭南卫生方》，北京：中医古籍出版社 2015 年版，第 57 页。
② 孟耕合：《城市公共文化空间治理的三个维度》，《理论月刊》2022 第 4 期，第 69 页。

当时我们家是租用村里面靠近马路的房子作为茶楼。后来自家新建了房子，就在一楼经营。茶台是四方木台，凳子是四脚长木凳，一张可以坐两个人，一茶台摆四个长凳总共可以坐八个人的。以前用柴火，用大铁锅，碎肉机是手摇的，蒸笼用竹子做的。现在的茶楼环境比以前漂亮多了，工具又齐全，什么微信付款啦，银行结账啦，以前都没有。"

"以前的菜式跟现在比有什么不同吗？"

"以前的话就烧卖、蒸排骨啦，一些炒面、炒粉啦，一些包子、蒸糯米饭啦，都是比较简单的。我父亲认识一位在广州做厨师的朋友，还学会了做一些点心，我们村里其他的茶楼不会做这个。我记得当时连一些生菜、菜心等蔬菜类的菜式都没有。喝的茶都是普通的绿茶，没有什么普洱、铁观音这么高级的茶。一大早就去买肉，起早贪黑都要保证食材新鲜，很辛苦的。"

"当时客人多吗？客源都以什么人为主？"

"我们家做的菜式味道比较好，客人相对来说比较稳定，客源一般都是本村人比较多。以前没有现在人流量大，消费水平也没有现在这么高。一般上茶楼消费的男的比较多，女的呢，很多都是打个包回家吃。有一个跟现在比较相同的就是一般饮早茶的时间都比较长，很多时候大家一起聊天，谈事啦，坐一起都是认识的村里宗亲，不知不觉就过半天了。说起来我们广东有一句老话叫'生仔榕树头，生女上茶楼'，这句话的意思大约是暗喻生儿子的父母会生活比较拮据，只能去榕树头休闲；而生女儿的经济大多宽松，却可以体体面面上茶楼。我个人感觉这个跟我们传统文化也很有关系，生个儿子你要想着为他买房娶媳妇，压力相对来说比养女儿大，当然啦，最主要的还是跟当时的经济水平有很大关系。"

"对我们目前的茶楼发展有什么个人的看法吗？"

"以前我们经营茶楼时茶式都很简单，慢慢的社会发展，与外来文化交流多了，也有很多外来的饮食行业进来，对我们传统的茶楼经营带来一定的挑战，但我们中国文化在吸收和转化应用能力上很强，慢慢吸收提升。你看现在我们东莞的茶楼餐饮行业发展得也是相当好的，包括菜式啦、管理啦、服务质量啦都得到了很大的提升。我对我们的传统文化，传统饮食行业还是很有信心的。"①

如今，东莞的老字号茶楼分布于各大镇街，素以制造业闻名于世的东莞，工业区

---

① 访谈对象：黄先生，年龄49岁；职业：个体户；访谈时间：2022年8月5日。

星罗棋布，人流也相对密集与庞杂。例如，在东莞非常有名的莞香楼，就位于东莞万江区，此地段和市中心区仅隔一条东江，万江桥连接起万江区与东莞的市中心区之一———莞城区两岸。莞香楼因其悠久的经营历史，颇受东莞本地人推崇，每逢周末，生意格外火爆，各镇街的东莞人常会开一个多小时车，专程至莞香楼饮早茶。

万江区还有许多小型加工厂，如印刷、五金、外贸等林林总总的众多大小工厂，无形之中增加了区域内的人气。而今万江区还建有一个城市综合体———"华南mall"，因此人气益发兴旺。莞香楼的茶楼营业时间通常从早上9点一直开到下午3点左右。茶楼汇聚了五湖四海的人们，天南地北的人都可到茶楼去探店，使早茶文化在无形中内化为岭南文化的象征符号之一，成为人们了解岭南文化的一扇窗口。与此同时，五湖四海的人们，也不断带来五湖四海、四面八方的各区域文化元素。例如，如今的早茶菜式就发生了极大转换，从早期的茶点为主，转向点心、小炒、蒸煮等丰富、多元的茶点品类。中西文化、祖国各地区文化元素的融汇碰撞，形塑了文化张力，对早茶文化的发展产生深远影响。

三、共同的地方实践：早茶文化传承中的"两创"路径

（一）经营方式的创造性转化

1. 从大酒楼到大排档层层排布

早茶文化具有强大的生命力。在一百多年的发展历程中，始终贴近民众生活，通过兼收并蓄，融合中外的饮食做法，不断适应变化的民众需求。茶楼从茶摊（二厘馆）、茶居等演化而来，茶摊以平房作店，在上述笔者的访谈中可知早期以木凳木台搭架于路旁，形式简单，价格低廉，仅供应糕点、清茶，主要服务对象是广大的体力劳动者和附近的街坊居民。茶居较茶摊环境有所改善，稍显优越，店有矮楼，颇符合当时有闲群体的喜好。随着商业经济发展，茶楼开始出现，其环境较茶居则更显优越，遂成为众多经商者等生活宽裕群体开展社交、进行商务宴请活动以及大型宴请聚会的重要场所。

不断发展中的早茶逐渐为广大民众所接受和喜爱，促使丰富多样的早茶饮食载体出现，以供各类群体自主选择。其中，根据服务半径划分，有服务本地社区市井民众为主的大排档早茶店、服务更广泛人群（例如商旅客）的大型茶楼。根据服务人群划分，有服务年轻群体的新式茶楼和服务中老年群体的经典茶楼。根据经营方式划分，有推进标准化实现跨城市发展的连锁茶楼和坚守传统、专注本地市场的传统茶楼。

2. 从大城市到乡镇（街）遍地开花

东莞改革开放以来走的是"村村点火、户户冒烟"镇域经济发展路子，因此每个镇街都有自己的特色经济及产业集群，人随产业走，人口主要分布在各个镇街，根据东莞市第七次全国人口普查公报显示，东莞全市常住人口为 10,466,625 人，东莞中心城区（包括东城、南城、万江、莞城四个街道）人口占比不足 15%，超过 85% 的人口分布在非中心城区镇。[①] 在每个镇街，特别是在人口密度较大的工业区周边，分布有老字号茶楼、连锁茶楼、新式茶楼、早茶大排档等各类早茶餐饮店。东莞市民就近就能找到适合自己的饮早茶的地点。对于老年市民来说，早茶店更是日常生活的重要部分。

3. 从早茶到全天候茶市时间半径延展

根据调查，市民热衷于到茶楼吃早茶，因为茶楼是其精神领地和社交场所，因为早茶里藏着市民生活乐趣，是市民体悟时代、体悟生命的重要方式。在快节奏与高强度的现代生活里，市民亟须找到工作与生活之间的平衡点，在财富增长的同时，去进一步拓展精神维度，而早茶文化恰好精准契合这一需要。结合现代生活的节奏和市民需求，早茶已从上午时段，拓展到上午至下午时段，甚至于全天候营业，时间半径极大延展。

（二）制作方法的创新性发展

1. 从"茶话"向"茶点"的创新性发展

广式早茶最早也叫"茶话"，主要是为聊天歇脚的路人提供一处可供喝茶的去处，茶在早期是茶话的主角，而为了打发时间，店家还为茶客配备了广式小吃，久而久之，茶、茶点、休闲歇脚就成了广式茶话消费的三大特征。

1920 年后，随着茶楼日益增多，竞争加剧，客源的获取成了多数茶楼老板思考的重点。为了取得差异化竞争优势，茶楼经营者开始从茶点点心着手，推动了茶楼从茶话模式向以茶点为中心的模式转型。随着西餐、港澳餐等传入，茶点师傅们融入其他非粤菜的食材及技法，比如改良后的蛋挞、曲奇、烧卖、春卷、菠萝包等，其中更是创新推出了燕窝酥皮蛋挞、干蒸烧卖、虾饺等特色茶点产品，并流传至今。

2. 从"茶点"向"早茶"的创新性发展

随着茶楼茶点的口碑向好，一些没有茶话需求的人也愿意进茶楼消费。茶楼的生

---

① 参见东莞市统计局网站：《东莞市第七次全国人口普查公报》2021 年 5 月 22 日，http://tjj. dg. gov. cn/gzdt/sgzdt/content/post_ 3524621. html，2024 年 2 月 20 日。

意逐渐火爆，于是茶话便自然过渡为早茶模式。经过多年发展，至90年代，广式早茶的茶点已演变为六大类别：其一，如凤爪、排骨、猪肚、糯米鸡等荤蒸；其二，如蛋挞、椰丝挞、芙蓉糕、椰丝球等甜点；其三，如虾饺、腐皮干蒸等小笼蒸；其四，如叉烧包、奶黄包、玫瑰豆沙包、莲蓉包等大笼蒸；其五，如鱼生粥、鸡生粥、皮蛋瘦肉粥等粥产品；其六如煎饺、咸水饺、煎马蹄糕、煎菱角糕等煎炸产品。

在早茶文化传承和发展过程中，早茶点心师傅开始提倡点心"洋为中用，古为今用，中西并举，南北结合"的发展路子，随之涌现出了融合北方面食点心的灌汤饺、干蒸烧卖、叉烧包等，还有借鉴西式糕点的咖啡奶糕、蛋挞、菠萝包，融合南洋糕点的马拉糕等。

如今的早茶门店产品极大丰富，类目主要分：小点、中点、大点、特点、顶点、超点，价格从十元以下到三十元以上不等。实现了以粥点为主到各种食材兼具的多样化发展，以清淡为主到各种口味辅之的丰富性发展，以蒸为主到各类烹调方式的多类型发展。

四、共享的地方性知识：早茶文化符号中的"三重"内涵

方李莉认为，中华民族的符号系统呈金字塔结构，金字塔顶端是管理所有民族的国家符号；金字塔的中间层级是所有民族共有的、国家领土范围内的地理符号群；而金字塔最底端则是多元的地域性民族人文符号，其承载的是不同地域和族群的地方性知识，"文化符号越是下沉到基层，到民众的日常生活中，就越是丰富多彩，越是具有多样性"[①]。

早茶这一岭南地区共有的饮食文化基因，是岭南地区各民族人民在历史发展中的智慧结晶，凝聚着人们的理念与共识，并在长期的历史发展中形成了具有一定标识性的公共文化空间，是岭南地区当之无愧的优秀地域文化与传统饮食文化的象征性符号。

（一）共容的地方文化符号

"文化符号和民族形象是各民族在长期历史发展过程中生产创造的物质及精神产品的代表，是本民族思想智慧和精神面貌的高度凝结和表征方式。……各民族共享的

---

① 方李莉：《论铸牢中华民族共同体意识与中华民族文化符号的再建构》，《中华民族共同体研究》2022年第3期，第50页。

中华文化符号和中华民族形象包括各民族共同传承的优秀传统文化"①。早茶文化的历史发展过程以及其中所蕴含的经济交流、社会交往与文化交融逻辑及其因应时代发展而进行的文化重塑与历史传承，深刻揭示出岭南各族人民对于承载着岭南地区地方性知识的文化象征符号的情感认同。

现如今，无论是初来乍到的岭南客，还是身处他省的异乡人，提及早茶，人们都会自然而然地想到广东。久居此地的岭南人，早已将"饮早茶"当作一种生活习惯；而短暂的过客，也会把"饮早茶"当作探访与了解岭南地区的一个文化密码。早茶文化早已不只是广州、东莞、佛山等岭南本地人的饮食习惯，而是岭南各民族共有的饮食方式，共同推崇的生活方式，共同彰显的文化个性。这一切都促使早茶文化内化为岭南地区生活化、接地气的地域文化符号代表。

（二） 共融的地方生活理念

早茶文化的发展历程，其实反映出的是早茶的主体对象，即岭南人的精神风貌。在长期的"三交"过程中，岭南人团结务实，务求致用，不断寻求创新的实干精神得以充分展现。岭南先民能积极主动地把握历史赋予的重要机遇，因此早茶才得以在大浪淘沙般的历史冲击和筛选中得以传承与不断发展。

而今，早茶文化作为岭南地区重要的民俗事项，其功能之一就是将岭南各族人民与这个地域大环境紧密连接，同时，也将身在岭南的每一个生命个体相互链接。我们时常能看到人们在岭南的茶楼里从清早到中午，或从中午到日暮，坐在茶楼里，可将一壶普洱饮上大半天。老人、情侣、小家庭、大家族，呼朋引伴，三两小坐。饮早茶所反映出的是岭南城市慢节奏的一面，在慢饮、慢品的早茶中，我们能够实现对现代化生活节奏的掌控，能够传达出岭南人历来追求务实致用的品质理念，能够感受到岭南地区对家族团聚、宗族凝聚的重视，而这些生活观念、品质理念、宗族意识无一不凝聚着岭南的地方性知识与理念共识，生动诠释着岭南城市各民族文化共融的精神特质与融洽和谐的民族团结画面。

（三） 共荣的城市公共空间

2019 年 11 月 2 日至 3 日，习近平总书记在上海考察时强调："城市历史文化遗存是前人智慧的积淀，是城市内涵、品质、特色的重要标志。要妥善处理好保护和发展的关系，注重延续城市历史文脉，像对待'老人'一样尊重和善待城市中的老建筑，

---

① 乌小花、李安然：《树立和突出各民族共享的中华文化符号和中华民族形象》，《中华民族共同体研究》2022 年第 3 期，第 60 页。

保留城市历史文化记忆，让人们记得住历史、记得住乡愁，坚定文化自信，增强家国情怀。"①

作为早茶文化的空间载体，茶楼是岭南城市里非常重要的公共文化空间标志性建筑。五湖四海的人们，汇聚在茶楼，日常聚会，亲朋相聚，商务洽谈等场景，使得茶楼空间正化身成为一个巨大的城市文化熔炉，将各民族群体纳入其中；同时茶楼的建筑文化也成为早茶文化中延伸的意涵，成为人们接近和亲近的生活符号。

"情感是拉近民族之间心理距离的润滑剂，是增强民族凝聚力、促进民族团结、铸牢共同体由知到行的关键。"② 茶楼空间里，既可听到绵软的粤语，又能听到五湖四海的方言或普通话，人们不再因为不懂粤语而感到尴尬，也不会因为不讲"白话"而产生距离，距离感的消除，必然拉近情感的距离。多语言交流、多民族汇聚、多文化交融的现实生活场景，已成为岭南人习以为常的生活情形，反映出茶楼空间的强大聚合力。

五、结语

明清以来，岭南各族人民在经济、社会、文化方面的交往交流交融史实，既是岭南先民艰苦奋斗的历史剪影，又是岭南各民族共同体意识形成过程的生动诠释。岭南早茶文化在发展嬗变中形成的群体性、共享性、宗族性经营理念，寻求规模化、集中化等社会交往方式，开放、融聚之文化心态，促使其地方文化内驱力日益强大。上述理念是地方文化得以蓬勃发展的重要因素，也是中华优秀传统文化不可或缺的文化特质。岭南早茶文化在发展传承中的地方实践，是一种阶段性的积极调适，其从饮食民俗中提炼出的具有广泛群众基础的鲜活文化符号，丰富了中华民族符号体系内容。早茶文化承载着岭南的地方性知识，凝聚着岭南地方理念与共识，蕴含着的鲜明地域文化内涵，汇聚于茶楼——这一早茶文化之空间载体，并经过长期历史发展，形成了高度聚合、高度包容、高度认同的公共文化场域，成为引导各族人民从民俗和文化集体记忆中铸牢中华民族共同体意识的重要载体。

---

① 张毅、袁新文、张贺、王钰：《保护好中华民族精神生生不息的根脉》，《人民日报》2022 年 3 月 20 日第 1 版。

② 刘吉昌、曾醒：《情感认同是铸牢中华民族共同体意识的核心要素》，《中南民族大学学报（人文社会科学版）》2020 年第 6 期，第 12 页。

论潮玩产业链促进莞邑文化发展[*]

蔡培婷　区章嫦[**]

【摘要】莞邑文化作为广东东莞地区的区域文化体系，融合了古代与现代、东方与西方的文化元素，展现了丰富的历史、文化和经济特点。潮玩产业作为当前蓬勃发展的行业，深受年轻新生代的追捧。通过有机结合潮玩产业，可以充分挖掘莞邑地区传统文化资源与潮玩文化的结合点，创新性地传承莞邑传统文化。文章从莞邑文化的基本内涵和历史发展出发，结合潮玩全产业链发展特点以及三个莞邑文化潮玩 IP 实证案例，论述了潮玩企业、政府、学校、研究机构、社区和非营利组织等各方的合作建议，以推动莞邑文化潮玩 IP 的发展和推广。政府可以提供文化资金和资源，支持相关项目和活动。学校和研究机构可以在莞邑文化教育方面起到人才培养和传承的作用。社区和非营利组织可以组织莞邑文化活动和传统表演，促进莞邑文化的传承和推广。莞邑文化潮玩 IP 与东莞智造同行，共同促进东莞第三产业发展，优化东莞产业结构。莞邑文化随着这股年轻文化浪潮实现年轻新生代对传统文化的传承和创新。这对促进莞邑文化的可持续发展和东莞地区经济文化的健康发展具有重要的指导意义。

【关键词】莞邑文化　潮玩产业链　潮玩 IP　传统文化　创新传承

　*【基金项目】广东科技学院人文社科类科研项目："双万背景下城市超级 IP 对东莞城市营销新维度探索"（GKY-2022KYYBW-24）。

**【作者简介】蔡培婷，女，1991 年生，广东汕尾人，博士研究生，广东科技学院管理学院教师，研究方向：文化产业经济与管理。区章嫦，女，1978 年生，广东东莞人，广东科技学院管理学院副教授，研究方向：文化经济、艺术经济、产业经济。

一、莞邑文化的基本内涵和历史发展

（一）莞邑文化的基本内涵

莞邑文化和东莞城市精神一脉相承，历史悠久，开放包容，务实创新。莞邑文化融合了古代与现代、东方与西方的元素，展现了广东东莞地区为主的沿海地区丰富的历史、文化和经济特点。莞邑地区在文化、经济和社会领域的独特贡献使其成为区域文化多样性的一个重要组成部分。

（二）莞邑文化的历史发展

莞邑文化贯穿五千年漫长历史，大致可划分为五个阶段：夏商西周阶段；先秦—秦汉—六朝阶段；隋唐五代阶段；宋元明清阶段；近代阶段。夏商西周阶段，岭南本土莞邑文化开始出现雏形，该时期人们的衣食住行各方面融入莞邑文化特色。先秦—秦汉—六朝时期，我国南北方之间的经济往来越来越密切，包括东莞在内的南越文化得到提升，岭南地区的礼乐教化、风俗习惯和生产方式等受到中原文化、荆楚文化、吴越文化、巴蜀文化等各类文化的交融影响，产生了重大改变。六朝时期，汉文化在岭南地区的传播达到一个高峰，极大地改变了岭南地区的文化结构和社会习俗；随着古代南北交通状况的改善，唐代广府的农业生产水平逐步接近中原地区，岭南文化也随之得到质的提升。尤其五代时期，因战争引起的移民南迁，对岭南文化的影响更为深远，此阶段莞邑文化愈发趋同于汉文化，愈发丰富化。宋元明清时期逐步形成莞邑文化的多元化体系，在宋元时期莞邑文化形成广府、潮汕和客家三大民间体系。东莞的莞邑文化为隶属于岭南文化及其分支广府文化的子文化。到了明清时期，随着资本主义萌芽和对外联系的发展，岭南文化逐步丰富、充实并定型。明清时期莞邑文化渗透到当时东莞地区的农业、手工业和加工业、墟市（镇）发展、城镇和建筑文化中。到了近代，随着中国半殖民地半封建社会的形成，莞邑文化发生重大变化。莞邑文化的封建内容日趋腐朽没落，而进步文明的部分蓬勃发展。到当代中国的改革开放，全新的改革意识、开放精神促使莞邑文化得到空前的升华，现成为时代先进文化代表。

现在的莞邑文化逐步与新生事物结合发展，以数字化、产品化、场景化、商业化等多种新方式进行传承和传播。笔者对 18—25 岁的 366 名受访者进行问卷调查（见图 1、2），发现 45.36% 的受访者从未接触过莞邑文化 IP，40.98% 的受访者曾经接触过莞邑文化 IP，但甚少了解。仅有 8.2% 的受访者对此有一定了解认识，3.28% 的受访者对此具备一定的了解，2.19% 的受访者十分熟悉莞邑文化 IP。调研数据表明，年轻一代对莞邑文化的认识尚未深入，潮玩企业也甚少开发传统文化类的 IP。

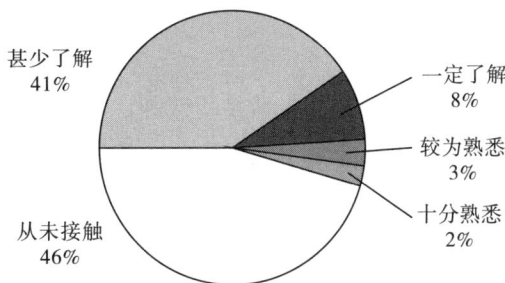

图1　年轻一代对莞邑文化认知程度调研结果

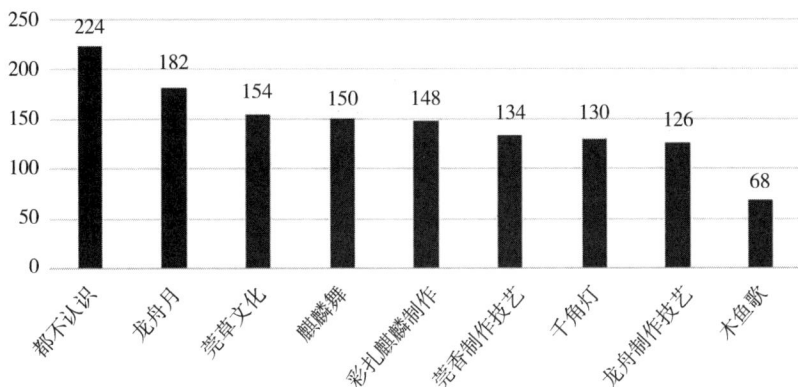

图2　年轻一代对莞邑文化的非物质文化遗产认识情况

二、潮玩全产业链的构成、现状和发展

潮玩背后是深层次的文化内涵和精神寄托，是中华优秀传统文化创造性转化、创新性发展的创新成果。莞邑文化潮玩 IP 用最新颖潮流的语言表达 5000 年的莞邑文化历史。

（一）潮玩全产业链的构成

按照产业价值链的划分，潮玩产业链分为上游、中游和下游三个环节。潮玩产业链是指为实现潮玩产品或者服务价值而连接、营销、回收处理等全过程的跨企业网络组织，涉及从原材料采购、产品研发、生产分销、品牌推广，直至最终消费和回收处理的整个过程，包括所有参与者和生产销售等活动的组织和价值。

（1）潮玩产业链上游：潮玩 IP 原创

潮玩产业链上游主要涉及技术环节，包括产品研发、创意设计、原材料研发、技术培训等等，主要体现在潮玩 IP 的打造和授权。潮玩 IP 是整个潮玩产业链的起点和关键环节。潮玩企业可通过挖掘新锐艺术家或设计师，打造系列原创 IP，实现 0 到 1

的原创突破。此外，潮玩企业也可通过购买成熟 IP 进行"二次创造"，例如进行外观改进、内容优化、联名推广等方式实现"1 到 100"的应用突破。

（2）潮玩产业链中游：IP 产品制造

产业链的中游主要包括生产环节，包括采购管理、系统生产、终端加工、测试质控、物流仓储等分工环节。潮玩企业根据原始 IP 进行产品设计和原型打样后进行正式制造。根据产业价值链的分拆和挤压，部分潮玩企业选择专注于自身擅长的设计环节，选择外包给第三方工厂进行批量生产。东莞基于雄厚的玩具制造基础和一流的制造工艺，从潮玩产业链的中游出发，前后打通上下游，形成相互协同的产业配套，逐步成为今天的"潮玩之都"。

（3）潮玩产业链下游：潮玩 IP 品牌

潮玩产业链的下游涉及潮玩产品的营销、流通和品牌推广。目前大多数潮玩企业联合线上线下资源整合的商业模式。潮玩企业建立"实体店＋线上店铺＋二手交易"的全渠道经销网络，全面触达目标消费者。潮玩企业通过 IP 资源整合，供应链生产体系、全矩阵自主电商渠道和新媒体运营，打造自身的潮玩品牌竞争力。也通过潮玩虚拟社区建立粉丝社群，加强消费者黏性，增加重复购买。

（二）潮玩产业现状和发展政策

（1）全球及中国的潮玩产业现状

潮玩产业作为文化和创意的有机结合体，随着文化和创意产业的蓬勃发展，全球的潮玩产业市场规模、客户数量和消费额空前扩张。在中国潮流玩具持续普及情况下，零售市场规模仍有较大增长空间。全球潮玩产业和中国的潮玩产业市场规模的对比详细数据可参见图 3。该数据由弗若斯特沙利文报告整理得出，2023—2024 年的数据为预测值。

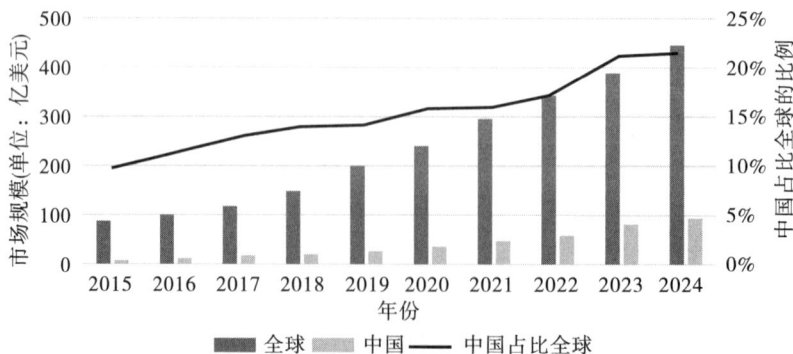

图 3　全球潮玩产业和中国潮玩产业的市场规模

（2）东莞潮玩产业的现状和政策支持

东莞作为"中国潮玩之都"，是中国最大的玩具出口基地之一。东莞具备强大的上下游产业链配套和供应链网络，涵盖了从设计、原料供应、模具加工，到零件制造、装配成型、包装装潢等玩具研发和生产制造的全过程。东莞潮玩产业现状的总结可参看图4。

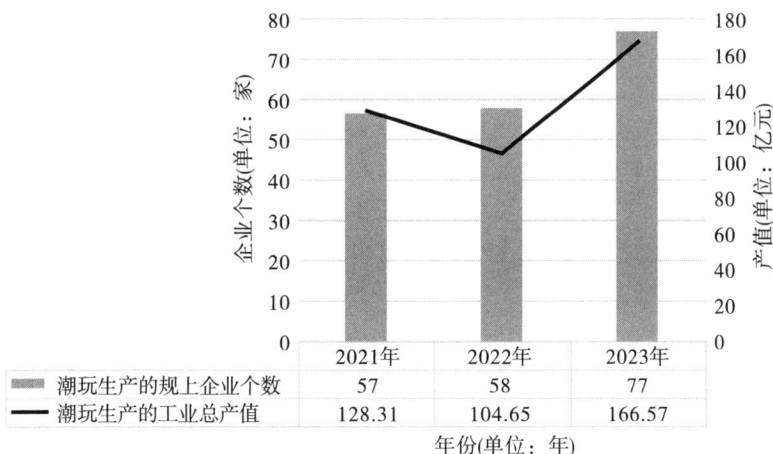

年份(单位：年)	2021年	2022年	2023年
潮玩生产的规上企业个数	57	58	77
潮玩生产的工业总产值	128.31	104.65	166.57

图4　东莞市潮玩产业现状（2021—2023 年）

随着潮玩产业的快速发展，如表1所示，东莞已形成以石排、清溪、凤岗、茶山等镇为中心的潮玩产业集群，该地区产业集聚效应显著，并拥有一批全球领先的玩具企业。现列出该两个具备潮流产业代表性的重点镇区的相关数据。

表1　东莞石排镇和清溪镇的潮玩产业现状与特点

	石排镇	清溪镇
规模以上潮玩企业个数	28 家	16 家
占比全市	约50%	约28%
总产值	38.9 亿元（2022 年）	49.5 亿元（2021 年）
同比增长率	20.7%	20%
潮玩产业特点	东莞潮玩产业产值最大、拥有潮玩企业及自主品牌最多的镇街，已入选2023 省级特色产业集群。	重点发展潮流玩具 IP 开发、版权引入、新产品研发等领域。

为加快潮玩产业集群高质量发展，东莞市政府于 2023 年发布《东莞市加快潮玩产业发展若干措施（试行）》，提出十一条政策措施，包括三大方面：强化品牌培育创新，加大市场开拓力度；打造城市潮玩元素，活跃潮玩文化氛围；加大创新要素支

持，提高企业竞争实力。表2列出了相关政策和具体支持内容。

表2　东莞市潮玩产业集群高质量发展政策总结

类别	要点	负责单位	支持金额（单位：元）	具体支持内容
潮玩品牌与市场	品牌建设	工信局	≤100万	利用新媒体、大流量媒体平台等方式开展品牌营销推广
			≤100万	鼓励潮玩企业通过品牌策划机构，实现品牌价值提升
	销售网络	宣传部、文化广电旅游体育局	省内首店：20万 省外首店：50万	在重要交通枢纽建立零售或品牌形象网点，构建销售网络体系
			/	设立创办东莞潮玩节、消费季等线上线下联动专题活动
	市场推广	文化广电旅游体育、工信局	≤20万	支持潮玩文化创意企业积极参加境外知名文化类展会
			≤50万	支持潮玩企业举办新品发布会、宣传推介会、订货会、经销商大会、展览会等强内需扩市场活动
	公共服务	文化广电旅游体育局	≤100万	择优资助已建成运营的创意设计、品牌授权、人才培训交流、共性技术、文化产品展售、供需对接等公共文化服务平台
潮玩元素与氛围	城市潮玩	宣传部、文化广电旅游体育局	≤100万	在公共设施、公益广告、文体活动、城市宣传、商圈等多方面运用和推广，打造潮玩主题设施或整体场景
	潮玩氛围	宣传部、工信局、文化广电旅游体育局	/	利用中国国际影视动漫版权保护和贸易博览会国家级展会平台，嵌入潮玩专题展区；举办国家级、省级潮玩产业高峰论坛；举办国潮设计大赛
潮玩创新与实力	原创设计	工信局	国家级：≤100万 省级：≤50万 市级：≤30万	支持潮玩企业建立工业设计中心，提升企业原创设计能力
			≤300万元	资助购买用于工业设计的相关专业设备设施、专业软件
	设计评比	工信局	50万	奖励中国优秀工业设计奖金奖、iF设计金奖、红点之星、红点至尊奖的企业或个人
			10万	奖励中国优秀工业设计奖银奖及铜奖、广东省"省长杯"工业设计大赛钻石奖及金奖
			5万	奖励iF设计奖和红点奖、IDEA奖、G-MARK奖、广东省"省长杯"工业设计奖银奖及铜奖

续表

类别	要点	负责单位	支持金额（单位：元）	具体支持内容
潮玩创新与实力	IP开发	宣传部、工信局、文化广电旅游体育局、市场监管局	市级：2 万元省级：4 万元国家级：6 万元	支持优质原创版权作品申报国家级、省级、市级优秀版权作品认定
			境外商标注册：≤5 万元/每件国内证明商标：20 万元/每件集体商标：5 万元/每件	资助企业获得发明专利授权、境内外商标注册
	人才培养	人力资源社会保障局、教育局	/	根据人才对东莞市产业发展、自主创新等方面的贡献给予奖励
			/	支持高校及职业院校开设潮玩类相关专业和潮玩类专班培养
	高质量发展	工信局、发展改革局、财政局、国资委、金融工作局	/	积极对接用好市高质量发展基金

三、潮玩产业促进莞邑文化发展的实证案例

传统文化赋予了潮玩产业的文化内涵，潮玩产业则助力了传统文化传承。两者的结合，以年轻一代的视角展现中国传统文化独有的魅力，是连接传统文化与时尚文化沟通的纽带，既契合了年轻一代对优秀传统文化的内在心理需求，又嵌入了现代社会的生活与消费方式，成为传统文化在新时代发展的可持续发展之路。目前的潮玩产业陆续推出传统文化为主题的潮玩 IP，得到 Z 时代主导的新消费群体的认同和追捧。其中，在以东莞为主的莞邑文化地区，有许多潮玩产业成功促进传统文化传承和发展的案例，如东莞城仕玩具公司的莞香文化潮玩 IP、莞草女孩 IP 和荔枝女孩 IP。

（一）莞香文化潮玩 IP

莞香文化是莞邑文化的代表性内容。莞香文化 IP 构建，是将莞香文化特质与莞邑资源转化为极具商业价值和社会效益的文化资产化的过程。莞香文化源远流长，有着约 1800 年的历史，被誉为东莞的地方特产和城市名片。围绕莞香文化所开发的文学、动漫、影视、游戏等衍生项目及文创周边、主题美食而进行 IP 孵化，终极目标是要传承和活化莞香非物质文化遗产，同时带动东莞相关产业的发展，给当地经济带来新增长。通过上游——莞香文化 IP 的研发创造，中游——跨产业元素组合多样化

产品形态，实现莞香文化内涵向产品进行转移，从而促进下游——周边衍生产品的营销和品牌，实现增值。

潮玩产业和莞香文化的结合点可落地于 IP 形象和风格设计、IP 故事创作、IP 内容运营等。IP 形象和风格设计部分，结合莞香文化核心元素，可通过具体的故事人物典型形象和性格特点进行拟人化 IP。如当地流传的民间传说"女儿香"的故事，设计一系列身上自带莞香香味和不同性格的"莞香姑娘"，既可赋予她们"传统古典型""尊贵高雅型"，也可赋予"新中式型""俏皮活泼型"，甚至破界赋予"潮流时尚型"等多样人格特点。IP 故事创作方面，莞香制作技艺中的工序流程和古法技艺的制度符号提取，也可通过莞香产品的使用场景或莞香文化的典故进行设计。IP 内容运营方面，强调莞香文化的历史内涵可通过内容角色化、产品道具化和场景化、拓宽传播边界等实现。如东莞城仕玩具公司联合广东科技学院、广州美术学院等高校开展产学研合作，通过莞邑文化主题潮玩活动、线下文创空间和文化展览、线上新媒体全矩阵和数字藏品等方式进行文化传播拓展。莞香文化 IP 运营节奏方面，短期内以 IP 曝光为主，快速确定核心关注人群，提高莞香文化 IP 的认知度。中期阶段则通过各类商业活动和联名授权等方式，塑造 IP 形象，开始莞香文化 IP 的商业布局。长期来说，可通过持续的内容建设和传播，逐步沉淀莞香文化 IP 价值，实现长期良性运营，具体见表 3、4。

表 3　莞香文化与潮玩的结合内容

类别	项目	潮玩与莞香传统文化的结合项
IP	核心元素提炼与融合	IP 的主体形象与莞香核心元素
主题	根据莞香文化内容，完善设计理念、角色形象、动作细节	场景（莞香产品的使用场景）
	作为实体产品的包装等环节的设计参考	技艺（莞香制作技艺；国家级非物质文化遗产代表性项目）
		典故（莞香传统文化经典故事）
美术风格	作为定制形象的视觉风格参考	古典风格（唐代宫廷）
		新中式融合风格

表4 莞香文化 IP 的开发和运营

IP 类型及对应的元素	文娱内容	结合莞香传统文化故事进行创作
	商业品牌	结合莞香文化开拓、诚信、奉献、包容和创新的精神内涵
	文旅体育	结合莞香传统文化历史渊源
	个人合作	个人风格设计
	艺术家/设计师	艺术符号开发
文旅体育型IP 开发运营	内容角色化	将莞香文化具象化，将受众带入莞香文化世界观
	产品道具化	将莞香文化产品与受众日常的生活场景结合
	边界拓宽化	将莞香文化的核心要素与受众的审美、消费、娱乐相结合
运营节奏规划	短期曝光	曝光为主，建立 IP 认知度与核心关注人群
	中期商业	通过各种公关、互动、联名、授权开展 IP 商业化
	长期沉淀	持续的内容建设和传播，沉淀莞香文化 IP 价值

（二）莞草女孩 IP

莞草文化是莞邑文化的代表项目之一，现已被评为广东省第二批省级非物质文化遗产。莞草在明朝天顺年间逐步发展成为东莞地区重要的经济作物。在民国时期莞草产业出现了大量闻名海外的商号。抗日战争时期，战争使莞草产业受到冲击。20 世纪90 年代后，莞草产业随着东莞的经济发展和政府的重视才慢慢恢复生机。[①] 但是，现在绝大多数年轻一代对莞草了解甚浅。对此，我们需要让传统工艺和现代文化结合，使得莞草文化重返当代生活的探索。东莞市城仕玩具公司将莞草文化和潮流 IP 结合，创作了"莞草女孩 MIKA"莞草文化潮玩 IP（图5、6），以创新活力的方式让年轻人重启对非遗传统工艺的重视。据企业内部用户分析统计，如图7 所示，莞草文化潮玩IP 的受众群体主要是 35 岁以下的新生代。其中，年龄 18—25 岁的群体占35%，年龄26—30 岁的群体占37%，年龄31—35 岁的群体占28%。

图5 莞草女孩 IP 的产品

---

① 参见陈雪音、卢勇：《莞草栽培、编织技术研究》，《古今农业》2021 年第 4 期，第88—95 页。

托特款编织包　　逛街随行款编织包　　手提电脑款编织包　　通勤款编织包

图 6　莞草女孩 IP 形象设计

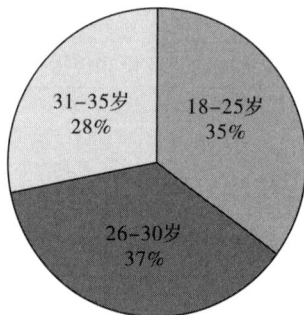

31-35岁 28%
18-25岁 35%
26-30岁 37%

图 7　莞草文化潮玩 IP 的受众群体年龄分布

（三）荔枝女孩 IP

荔枝产业曾是东莞市的著名城市名片之一。但由于第二、三产业的发展，东莞市荔枝产业目前面临着一系列挑战。生产分散、失管较多、抗风险能力低以及受市场冲击明显是面临的主要问题。荔枝果农的种植面积一般较小，规模偏小，导致生产管理难以向商品化、标准化、品牌化方向发展。由于荔枝保鲜难题无法解决，导致荔枝产业链无法延伸，只能在终端销售环节终止，产业链非常脆弱，且仅处于产业链的中低端。

通过打造荔枝 IP，从文化 IP 的角度建设荔枝文化品牌，从而带动整个东莞荔枝产业向品牌高增值端发展。东莞市城仕文化公司将东莞可园"品荔会"与潮流 IP 结合，推出"荔枝女孩 MIKA"潮玩 IP（图 8），实现东莞荔枝地方文化与潮流文化碰撞创新。

以上三个莞邑文化潮玩 IP 案例的受众群体主要是 1995—2009 年出生的 Z 世代消费群体，这类群体刚好也是莞邑文化传承的中坚力量群体。根据第七次人口普查数据，中国 Z 世代的总人数约为 2.6 亿，约占总人口数的 19%。莞邑文化可以融入 Z 世代消费群体关注的潮玩产业，通过产业价值和"注意力经济"的拉动，促进年轻新生代对中国传统文化的传承和创新。

图8　荔枝女孩IP

四、潮玩产业链促进莞邑文化发展的建议

（一）系统构建莞邑文化潮玩IP

目前，莞邑文化的传承主要处于国家政策保护、文化遗产保护、家校熏陶传承、社会活动传播等科普阶段，尚未形成系统的产业基础。为促进莞邑文化历史要素的传承和创新，提出系统构建莞邑文化潮玩IP的方案。莞邑文化潮玩IP可从潮玩产业链创新主体、潮玩IP创新活动和莞邑文化创新要素三大方面系统构建。如图9。

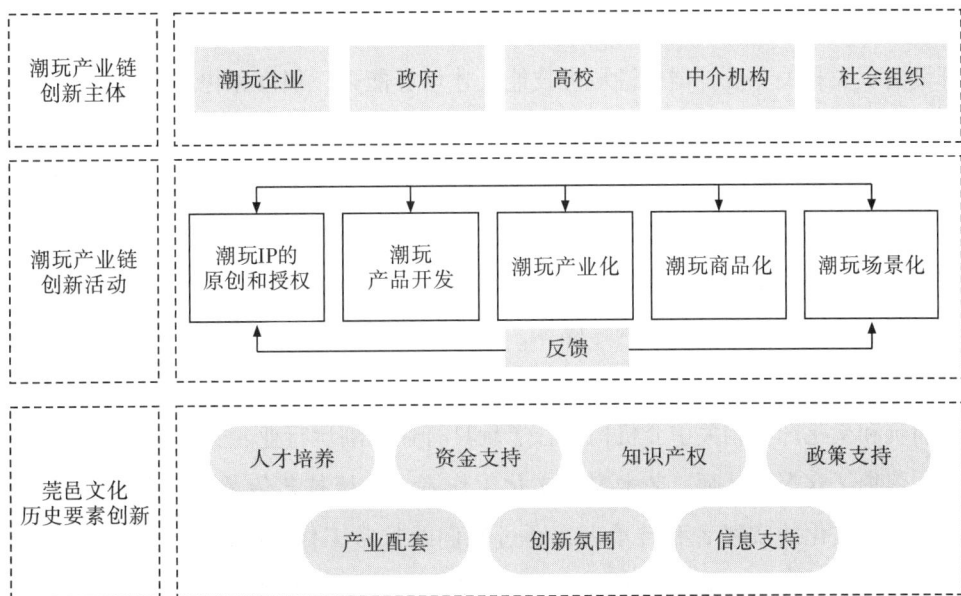

图9　莞邑文化与潮流产业融合创新链

（1）潮玩文化产业链创新主体

莞邑文化的传承和发展涉及多个创新主体，每个创新主体在不同层面和领域发挥各自重要的作用。以下是五个关键潮玩产业链创新主体：潮玩企业、政府机构、教育机构、社会组织、中介机构。

潮玩文化企业为莞邑文化提供了产业配套，赋予实用经济价值。潮玩企业可以为莞邑文化创意产业提供资金和产品支持。企业资本的投入促进莞邑文化 IP 化、产品化和产业化。此外，潮玩企业可赞助莞邑文化项目、合作推广莞邑文化产品，以及在莞邑文化产业中发挥作用。

政府在莞邑文化政策、法规、经济支持和文化保护方面发挥着关键作用。文化部门负责制定文化政策，推动莞邑文化保护和项目传承。政府还可以提供文化资金和资源，以支持相关项目和活动。东莞市政府发布的《东莞市加快潮玩产业发展若干措施（试行）》，提到加大创新要素支持，强调了国潮文化赋能东莞产业升级，但未针对莞邑文化展开针对性鼓励和扶持。莞邑文化作为以东莞地区为主的区域文化，建议东莞政府可针对莞邑文化推行政策鼓励细则。如鼓励在各类潮玩产业展览、潮玩产业高峰论坛和国潮设计大赛中，嵌入"潮玩×莞邑文化"专题展区等。

学校和研究所在莞邑文化教育方面起到人才培养和"传帮带"作用。学校可以为学生提供莞邑文化的相关课程，培养对莞邑文化的兴趣、理解和应用。学者和研究机构在莞邑文化的学术研究、保护和传承方面发挥重要作用。他们的研究有助于深入挖掘莞邑文化，同时也可以为相关政策和项目提供学术指导。鼓励和支持高校及职业院校开设潮玩类相关专业，增强潮玩类技能人才培养能力。积极深化产教融合，支持院校与潮玩企业开展"订单班"培养。

潮玩和文化产业相关社区和非营利组织可以组织莞邑文化活动、庆典、传统表演和工作坊，以促进莞邑文化的传承和推广。博物馆、图书馆、档案馆、文化馆和艺术学校等文化机构可负责保存和展示莞邑文化遗产，提供莞邑文化教育和培训等。电视、广播、报纸、杂志和互联网等媒体，可进行制作莞邑文化节目、报道莞邑文化活动，在线分享莞邑潮流相关内容等活动。

潮玩和文化产业相关中介机构联合了玩具行业、潮玩行业、文化创意行业等各大行业，聚集了众多设计师、艺术家、文化工作者、传统技艺传承人、文化爱好者等。他们是莞邑文化的实践者和传承者，通过他们的日常工作使莞邑文化得以实践和发展。文化爱好者是莞邑文化传承和发展的重要人群，他们可以参加莞邑文化活动、学习传统技艺，进而传播莞邑"海纳百川，开放包容，务实创新"的文化价值观。

（2）莞邑文化潮玩 IP 创新活动

莞邑文化和潮玩产业的结合需要创新活动载体来实践和发展，包括莞邑文化潮玩 IP 的原创和授权、产品化、商业化、产业化、场景化。

莞邑文化潮玩 IP 的原创和授权过程中需要源源不断的进行设计和制造创新。艺术家和设计师在 IP 创作过程中融入莞邑文化，或者在原有 IP 的形象设计上融入莞邑文化元素。潮玩产业与数字化和虚拟现实领域结合，创造虚拟潮玩与莞邑文化体验。这包括以莞邑文化为主题的虚拟现实游戏、AR（增强现实）应用和莞邑文化虚拟社交互动等。

莞邑文化潮玩 IP 的产品化和商品化需要潮玩企业或新文创企业不断尝试新材料、新生产工艺和技术。例如在传统的莞香线香盒子上加入古典优雅的莞香 IP 图案、八角灯，在单一的潮玩盲盒玩具中嵌入莞草、莞香等传统材料。除了实体产品开发，也可积极研发虚拟产品。潮玩产品和游戏利用区块链技术创建数字资产，如以莞邑文化设计元素的加密艺术品和数字收藏品。

从潮玩产业的上游出发，明确莞邑文化潮流 IP 的价值和意义。首先，需要明确潮玩 IP 的独特价值和特点。这包括 IP 的故事情节、角色设计、风格等。授权莞邑潮玩 IP 以将其应用到其他产品和领域。例如，可以与玩具制造商、服装品牌、电影制作公司等合作，扩展莞邑潮玩 IP 的影响范围。在潮玩产业的中游开发多样化产品，推出各种莞邑特色的产品，包括实体商品（玩具、服装、饰品）、数字产品（游戏、应用程序、数字艺术品）和体验式活动。多样化的莞邑潮玩 IP 产品有助于吸引不同类型的受众。其次，在潮玩产业的下游，利用媒体制作来扩展莞邑潮玩 IP 的故事情节，包括制作莞邑文化主题的漫画、动画、电视节目和电影。建立认知度和忠实的粉丝群，包括社交媒体、官方网站、合作伙伴关系等。潮玩产业不仅限于产品营销，还有莞邑文化和潮流文化的教育和传播的现实意义。

另可推进莞邑潮玩 IP 的场景化。建立莞邑文化的年轻社交互动和体验式活动，例如举办莞邑文化潮玩展览、发布莞邑文化潮玩活动和莞邑文化潮玩市集，提供互动和体验式的机会，吸引了潮玩爱好者和莞邑文化爱好者的参与，从而扩大文化影响力，拓展传播渠道。

（3）莞邑历史文化创新要素

一系列历史文化创新要素构成了莞邑文化和潮流产业和谐发展的创新生态。潮玩产业链的潮玩企业创新主体提供产业配套和资本投入，与学校和研究院等教育主体通过产学研联合开发莞邑文化类的知识产权，政府机关主体可为莞邑文化潮玩 IP 提供专项政策支持和资金扶持，社区、非营利机构、媒体、行业协会及中介机构和社会组织主体则形成完整的文化信息交流和社会产业配套。以上各个创新主体互相促进，共同形成一种扎根于本土、根植于产业的创新氛围。这种历史文化创新氛围提供了一种让各类创新要素相互交织的创新生态，共同推动莞邑文化的传承和发展，同时创造创新的潮玩产品和新消费体验，以满足不断变化的社会需求。

（二）莞邑文化与东莞智造同行

（1）莞邑文化与东莞智造共同促进第三产业发展

根据《2022 年东莞市国民经济和社会发展统计公报》，2022 年东莞市三类产业比例为 0.3:58.2:41.5。[①] 其中制造业为主的第二产业仍是东莞市经济增长的主要支柱，但增速逐步放缓，需要关注产业结构调整和升级；第三产业在东莞市经济结构中的比重逐渐上升，有望成为未来经济增长的新引擎。莞邑文化和潮流产业跨界合作带来的文化服务和创意设计，能够带来第三产业的全新增长极，大力推动制造业与文化服务业融合发展，加快形成与先进制造业相配套的现代服务业体系。

（2）莞邑文化与东莞智造协同优化东莞产业结构

根据《东莞市现代产业体系中长期发展规划纲要（2020—2035 年)》，东莞市产业呈现"五大新兴产业，九大现代服务业务，四大未来产业，十大传统产业"的产业布局。其中，莞邑文化与潮流产业融合发展在"九大现代服务业"中的创意设计领域，以及"十大传统产业"的玩具制造业、橡胶和塑料制品业等产业提供源源不断的创新要素，增强传统产业自主研发和创意设计能力。东莞市人民政府在《关于加快推进新型工业化 高质量建设国际科创制造强市的实施意见》政府文件中提及，支持东莞本地潮玩企业开展东莞城市文化艺术装置，促进优秀版权作品融入东莞本地莞邑文化的文旅消费场景。莞邑文化潮玩 IP 的创新主体和创新要素将赋能"潮玩＋"新业态，推动东莞传统玩具制造产业向潮玩文创产业转型。[②]

五、总结

莞邑文化，作为广东东莞地区的区域性文化，融合了古代与现代、东方与西方的

---

① 参见东莞市统计局：《2022 年东莞市国民经济和社会发展统计公报》，2023 年，https://tjj.dg.gov.cn/gkmlpt/content/4/4001/mmpost_ 4001196.html#832，2023 年 5 月 7 日。

② 参见东莞市人民政府：《东莞人民政府关于加快推进新型工业化 高质量建设国际科创制造强市的实施意见》，2024 年 1 月 16 日，http://www.dg.gov.cn/jjdz/tpxw/content/post_ 4143877.html，2024 年 1 月 20 日。

元素，鲜明地展现了东莞地域丰富的历史、文化和经济特点。它所蕴含的开放包容、务实创新与开拓奉献的文化精神，为世人所瞩目。而潮玩产业，作为当今蓬勃发展的新兴产业之一，深受年轻一代的追捧。通过与潮玩产业的有机结合，可以深入挖掘东莞地区传统文化资源与潮玩文化之间的结合点，进一步促进莞邑文化的传承与创新。目前已有许多潮玩产业促进莞邑文化发展的实证案例，包括莞香文化潮玩 IP、莞草女孩潮玩 IP、荔枝女孩潮玩 IP 等。

潮玩产业链促进莞邑文化的发展需要潮玩企业、政府机构、教育机构、社会组织、文化中介机构等创新主体的支持，通过活动载体进行落地，包括莞邑文化潮玩 IP 的原创和授权、产品化、商业化、产业化和场景化。莞邑文化和潮流产业和谐发展的创新生态也需要一系列历史文化创新要素作为根基，包括针对莞邑文化和潮玩产业的人才培养、资金支持、政策支持、产业配套、信息支持、创新氛围和知识产权开发和保护。

在潮玩产业链的上游环节，莞邑文化潮玩 IP 的原创和授权是核心工作。通过发掘和培养新锐艺术家或设计师，结合市场需求和创意理念，可以打造出莞邑文化原创 IP 系列。在潮玩产业链的中游环节，潮玩企业根据莞邑文化的原始 IP 进行产品的设计和制造。这一过程中涉及采购、系统生产、终端加工、测试、质量控制和物流等环节，确保莞邑文化的元素能够完美融入潮玩产品中。在潮玩产业链的下游环节，潮玩企业通过品牌推广、联名合作等方式，将莞邑文化的潮玩产品推向更广阔的市场。尤其是年轻一代对潮流文化的热衷，使得莞邑文化的潮玩产品得以被广泛接受和热捧，从而以商业化的方式推动莞邑文化的传承与创新。

展望未来，为了树立"中国潮玩之都"的城市形象，东莞市正全力实施潮玩产业领航计划。这一计划旨在打造完整的潮玩产业生态链和企业全球化布局，进一步推动"潮流东莞"成为城市文化的新名片。通过将莞邑文化的元素融入潮玩产业中，莞邑文化得以在这股文化潮流中焕发新的生机。这种融合不仅为年轻一代提供了更具创新性的莞邑传统文化传承方式，同时也为莞邑文化的可持续发展注入了新的活力。

域外汉学研究

跨文化传播视域下传统戏曲
文学民族化与世界化刍议

汪一兰[*]

【摘要】 本文从歌德的"世界文学"概念引入中国传统戏曲文学民族化与世界化的命题，分析传统戏曲文学的过去、现在和未来走向。戏曲在海外传播过程中，不应只重视舞台艺术的传播而忽视戏曲文学的传播。文章通过三个典型剧种的经典文学作品即元杂剧《赵氏孤儿》、昆曲《牡丹亭》、京剧《打渔杀家》的海外传播实例，分析戏曲文学作品进行海外传播时的变容与中西美学欣赏之共性，分层面阐释中国传统戏曲文学纳入"世界文学"范围之中的困难与原因。以众多案例说明戏曲文学即便天然带有封建传统思想基因，也是可以与世界文学平等对话、可以做到跨文化传播交流，被世界所接受。最后论述戏曲文学的民族特殊性，回到歌德关于"世界文学"所提出的一个相对复杂的历史阐释空间。谈论戏曲文学世界化，意欲打开另外一个维度，"世界"赋予世界文学复杂甚至矛盾的面貌，而在日后"世界文学"不断被"世界"所捕获、利用和改造的过程中，各种不同面相还会一再地呈现出来，成为世界文学理论研究中的聚集之地，而中国独有的戏曲文学不应远离世界，这样一种文学形式需要平等的对话与传播，并且被接受。

【关键词】 民族化　世界文学　戏曲文学　歌德　文化传播

---

*【作者简介】汪一兰，女，1985 年生，陕西西安人，博士，北京外国语大学国际新闻与传播学院助理研究员，研究方向：中外戏剧跨文化传播比较研究。

一、从歌德谈起

中国传统戏曲文学世界化，是一个宏大的论域。在对世界文学理论的讨论中，学术界通常会把歌德（Johann Wolfgang Goethe，1749—1832）于 1827 年谈到文学发展时，关于"世界文学"（Weltliteratur）的表述作为论述的起点，200 年来一直被不断地研究讨论。学界在引述歌德关于"世界文学"的概念时，出于论题或题材的限制等原因，往往是做偏向"概念化""历史化"或者"目标化"的研究，其实它包含了多个人们未必都清晰地意识到的分支话题：比如中国传统戏曲文学的价值、戏曲文学纳入"世界文学"范畴的可能性、存在何种困难。在对传统戏曲文学"世界化"的讨论中，是否应该进行戏剧学、文学、跨文化传播学等领域交叉学科谱系的追溯，建立理论体系，进而对中国传统戏曲文学的价值进行讨论？

1827 年 1 月 31 日，歌德在魏玛（Weimar，曾是德国文化中心）对他的助手爱克曼说："……世界文学的时代已快来临了。现在每个人都应该出力促使它早日来临。"① 可以看出，歌德提出世界文学首先是一个具体的历史事件。歌德是德国历史上伟大的爱国主义诗人，一生著述颇丰。虽囿于自身成长的德国历史阶段，作为基督信徒的他却并无太多狭隘的民族主义观念。相反，在西方文艺史上，他鲜明地反对西方学术界信奉的"欧洲中心论"，在彼时强大的"后殖民语境"中大力提倡发展民族文学，并且在世界史上第一个从理论上提出了"世界文学"的概念。但实际上他关于世界文学的表述并不系统，散见于晚年的谈话、信件和日记中。

> 中国人在思想、行为和情感方面几乎和我们一样，使我们很快就感到他们是我们的同类人。②
>
> ……但我仍然愿意从我这方面提醒我的朋友们注意，一种世界文学正在形成，我们德国人在其中可以扮演光荣的角色。③

他的文学观由自身处于的德国历史阶段发端，或者说由大法兰西时期德国民族主

---

① ［德］爱克曼辑录，朱光潜译：《歌德谈话录》，载自党圣元主编，丁国旗选编：《全球化与复数的"世界文学"》，北京：中国社会科学出版社 2011 年版，第 48 页。

② 同上书，第 115 页。

③ ［德］歌德著，范大灿等译：《论文学艺术》，载自党圣元主编，丁国旗选编：《全球化与复数的"世界文学"》，北京：中国社会科学出版社 2011 年版，第 49 页。

义的困境之中，找到了一个方法，他的文学观是最早具有全球化视域的总体性的文学观。歌德提出的关于民族文学与世界文学的理论，在200年后的今日依然闪烁着真理的光辉。①

二、"世界文学"与"民族"

自泰戈尔1913年获得诺贝尔文学奖，泛亚太地区以色列作家阿格农（Shmuel Yo-sef Agnon，1888—1970），日本作家川端康成（Kawabata Yasunari，1899—1972）、大江健三郎（Kenzaburo Oe，1935—2023），以及中国作家莫言（Mo Yan，1955—）等陆续获得诺贝尔文学奖，具有浓重东方民族色彩的文学作品在后殖民主义影响的历史进程中逐渐获得世界的认可，纳入世界文学的潮流之中。正如有学者认为德意志文化民族主义来源于启蒙思想一样②，这种超民族、超国界的世界主义精神与启蒙思想有相当程度的契合。法国比较文学之父梵·第根（Paul Van Tieghem）曾谈道："在18世纪……'文艺的共和国'（République des lettres）的观念在大部分的人士之间普遍起来了；知识的超国界说便是这个世纪的支配一切的诸特点之一。"马里奥斯·法朗索瓦·基亚（Marius-Franois Guyard）也说过："'18世纪的欧洲是法国和哲学家的世纪'，并且是一个'世界主义时期'。"③ 反对者则认为考虑到欧洲的政治环境，所谓"世界文学"仅仅是后殖民时期的"殖民化"的民族主义。很多国家和民族在构想"世界文学"时，必须将拉丁美洲、非洲、亚洲文化范围内的民族文学纳入其中，才能成为真正的世界文学，如歌德所说，"每个人都应该为世界文学贡献一份力量"，所以浮现了本文想要讨论的主题——民族化的中国传统戏曲文学是否可以纳入"世界文学"范围之中？

全球化，无论是作为一个概念还是作为一个现实，都不是一个单向度地把世界导向统一的模式化路径。全球化，在提升了整体意识的同时，也由此激发了世界的分化，即多元化的民族主义和本土化的呼声出现。标准化的文学生产与文化输出从来都是濒危活动，即使有成功的可能，也必须通过权力拥有者有意识的计划和强烈的政治意愿才能达到。世界文学在复杂的跨国文学流动中定义，"民族性"主体特有的信念和文化依附感（即原生感情）是全球文化结构的一部分，借用马克思的话说，地方知

---

① 李衍柱：《全球化视域中的民族文学与世界文学——从歌德的总体性文学观谈起》，《江西社会科学》2007第2期，第73—77页。

② 参见邢来顺：《启蒙运动与德国的文化民族主义》，《浙江学刊》2007年第3期，第63—69页。

③ 姚孟泽：《论歌德的"世界"及其世界文学》，《中国比较文学》2016年第1期，第44—56页。

识并不仅仅自身是地方的（local in itself），更重要的是，它是为自身而地方的（local for itself）。依循这个思路，在中国戏曲史上，古代话本小说、拟话本小说、唐传奇、明清传奇等民族特有的文学形式和戏曲有着全面的、密不可分的联系。戏曲剧本依赖小说提供文学素材，从而形成了小说为戏曲提供文学素材，戏曲为小说内容张本传播。小说使戏曲的戏剧文学得到充实，推动其发展，极大地保证了中国传统文学中中华民族文化思想的"纯洁性"。在当今世界，传播全球化固然为各民族文学提供了相互认识、相互交流的机会，但它同时也打破了各民族文学原先所固有的文化疆界，特别是全球传播不平衡的加剧，出现了强势文化对弱势文化的压制和侵蚀。中国戏曲文学作为社会生活的产物，是民族精神的结晶，蕴含着真正意义上中华文化的"基因密码"。

三、中国传统戏曲文学世界化

中国传统戏曲文学世界化的命题是否是一个悖论？戏曲文学要不要进行世界化？还是像印度梵剧、日本能乐一样追求"本源性"与"纯洁性"？国外学者和受众又是怎样看待中国的戏曲文学作品？

（一）传统戏曲文学世界化的命题基础

中国传统戏曲是一种古老而鲜活的艺术，在古代中国是有很辉煌的时期的，具有民族独特性、艺术文学性，在每一个历史时期都可以说是大众的、时尚的。元杂剧、明清剧本天然具备成为世界文学一份子的基因。元杂剧早在 14 世纪就流传甚广，很长一段时间内是作为中国文学在世界范围内的代表存在。而近现代代表中国文学走向世界更多的是小说——例如莫言等文学家的作品。世界化不是西方化，更不是殖民化，世界化的文学必须是能够引发人类共鸣的文学，在这个基础上，西方和东方具备共通的人性光辉，应该是可以平等对话，互通有无的。对传统戏曲文学而言，笔者认为中外学界都是可以认可汤显祖与莎士比亚在几百年前就已经共同属于世界文学的一部分。

（二）传统戏曲文学世界化的现状——与舞台表演相关

传统不可否认，但由于戏曲艺术的民族性、戏曲文学作品语言的非通用性以及后殖民语境的复杂性等各种因素，中国传统戏曲文学在跨文化传播过程中受到一定的限制甚至是压制，世界对于中国传统戏曲文学的接受情况并不乐观。中国官方在戏曲艺术海外交流中，通常选择以突出中国服饰美、武打美、舞蹈美等视觉冲击感较强的层面着力，在一定程度上遮蔽了戏曲文学在域外的传播。在异文化领域，戏曲艺术文化的呈现可能是水袖、变脸，甚至是吐火、舞蹈，而能够体现中国历代社会风貌、领悟中国哲学思想的剧本文学却难以作为传播的重点，可谓是极大的缺失同遗憾，而中国的传统戏曲也因此可能会被误认为是不善于表达文学和思想的。

即使是近代最为轰动的中国戏剧海外传播活动——1930 年代梅兰芳先生极具规模的赴美演出，在中美政界、文化界精英人士的鼎力支持下，在美国获得了极大的反响，而论其舞台表演也几乎是在突出中国优美的舞蹈、华丽的中华服装、玄妙神奇的中国剑术等等。那么问题需要提出来，梅兰芳先生难道是舞蹈表演艺术家或是中国剑术文化专家？他在美国表演的哑剧精妙绝伦，被誉为如同中国古老的瓷器和挂毯一样精美。在苏联表演时，深谙东方美学的梅耶荷德也毫不吝惜其夸赞。但我注意到在可见资料中几乎未有过外国学者或观众赞赏梅兰芳身后是否有伟大的剧作家和剧本，肯定其表演的文学价值，多是赞扬梅先生的表演技巧、人物塑造异常精彩。因此笔者认为有必要明晰中国传统戏曲文学在世界文学史上的地位。戏曲文学世界化应该是一个理论体系，在戏曲文学的跨文化传播中重视"文化他者"对戏曲文学价值的评判。

即便是在国内学者中，也不乏认为中国传统戏曲是舞台表演艺术、很难研究其文学性的观点，所以为什么要从世界文学的角度衡量戏曲文学？国内学界有观点认为戏曲中包括文学的部分不应该是独立文体的一种，而应该是为上演而设的原材料的一种。美国汉学家施高德曾将中国戏曲的剧本文学定义为"舞台说明"（stage direction）。20 世纪上半叶学界大多学者都认为表演是高于剧本的，何谈剧本的文学性。但是仔细分析，实际上这种观点仅仅适用于戏曲史上的某一个阶段，如源自 1790 年代"四大徽班进京"后以京剧为代表的花部戏曲的流行，清中叶至民国鼎盛时期，以"角儿"为代表的传统戏曲舞台表演艺术。某些剧种以幕表戏固定剧本，功夫都在"角儿"身上，表演呈现可以由"大轴儿"本人决定，尽管这种表演实际上很难，对演员的天赋以及综合要求非常高，但从某种意义上看，传统戏曲实际上沦为某种玩物，成为统治阶层道德宣传的工具。而在之前漫长的历史发展进程中，戏曲是有过文学辉煌期的。纵观历史，戏曲的表演艺术性和文学性必须是两翼发展的。不同时代戏曲文学所蕴含的中国文化思想通过舞台上演员们精湛技艺的表现才可谓是优秀的中华传统文化。

另外，相当一部分声音认为中国戏曲文学是封建思想的产物，虽然经历了漫长的中世纪时期，但不可否认优秀的作品是具有永恒价值的，闪现着人性的光辉，能够唤起每一个时代观众的共鸣，唤起各民族各地域观众的共鸣，尤以明清传奇、元杂剧为代表，将其列入世界文学史也是毫不逊色的。即便是清代以京剧为代表的花部戏曲崛起之后，也还是有戏曲剧本可以代表中国传统戏曲文学的世界化。

（三）中国传统戏曲文学世界化典型案例

1. 《赵氏孤儿》

《赵氏孤儿》初见于《春秋》至《左传》，以历史事件转变为初具文学性的文学故事，在历史演变中不断被丰富和发展，赋予其思想与价值，在历史进程中逐渐形成了一条无限延伸的意义和价值系统进阶。而其思想与价值又进一步通过传统戏曲舞台由演员们不断加工表现，以致产生了为后世耳熟能详的南戏《赵氏孤儿记》以及18世纪由西洋传教士翻译并在海外广泛流播的中国戏剧文学以元杂剧《赵氏孤儿报大仇》为代表的第一个高峰期。这个距离现代社会数千年之久的中国悲剧故事，在不断地传播接受中经典化，不断被后世挖掘其文学思想价值。王国维先生从西方美学观念出发审视中国传统小说戏曲，认为中国缺少西方所认定的那种悲剧；但他同时却十分推崇元杂剧《窦娥冤》和《赵氏孤儿》，认为它们"既列之于世界大悲剧中，亦无愧色也"①。尽管中西方悲剧在文化背景、宗教背景、美学特征等方面有着巨大差异，但这部作品应该说与法国古典主义文学作品中所表现出的博爱胸怀、坚定意志、神圣目标、豁达的献身精神有某种契合之处，符合当时欧洲启蒙主义的宣传。法国著名哲学家、文学家伏尔泰以其锐利的思想和横溢的才华将其改编成五幕悲剧《中国孤儿》并搬上巴黎舞台而为西方观众所熟悉和接受。它是中国古典戏剧文学中最重要的剧目之一，也是无可争议的在西方最具影响力的中国古典戏剧文学。当然，相比中国后世相继出现的剧本《八义图》《搜孤救孤》等，伏尔泰的改动是大刀阔斧的，甚至可以说是颠覆性改动，轰动欧洲，在当时推动了西方的中国文化热。

在英国汉学史上，剧作家维廉·哈切特（William Hatchett）和亚瑟·墨菲（Arthur Murphy）也纷纷以《中国孤儿》进行文学剧本的改编；在德国，歌德改编的未完成著作《埃尔泊若》也着意模仿纪君祥的《赵氏孤儿》。另有德国佚名作者同样以《赵氏孤儿》为蓝本改编作品《中国公正命运》。欧洲文学界的广泛关注，不断对其进行文学改编、重译、评论，究其内在原因不外乎《赵氏孤儿》的文学剧本既具有启蒙思想又具有普世性，虽然在艺术审美与旨趣上无可避免地具有民族性差别，但其文学性的思想根基能够引起各国人民的普遍共鸣。

---

① 王国维：《宋元戏曲史》，北京：团结出版社2006年版，第122页。

2. 《牡丹亭》与青春版《牡丹亭》

明清传奇是继元杂剧之后中国传统戏曲文学的第二个高峰期。在封建理学意识形态社会中，明代伟大文学家、剧作家汤显祖完成了他至情至性、追求思想解放的《牡丹亭》这一史诗巨著。《牡丹亭》于明万历四十五年（1617）刊行之后，明代学者沈德符曾言："汤义仍《牡丹亭梦》一出，家传户诵，几令《西厢》减价。"① 同时的戏曲家吕天成推崇汤显祖为"绝代奇才"。可见，《牡丹亭》的成功基础首先是作为文学作品的成功。

鉴于古代传播技术和戏班演员流动的限制，中国传统戏曲的舞台传播在广泛性和多样性方面远逊于戏曲文学传播。《牡丹亭》凭借其出色的文学性和艺术性迅速风靡全国，传播至世界。《牡丹亭》的英译本始于1939年，英国著名史学家、作家哈罗德·阿克顿（H. Acton）第一次翻译节选折子戏《春香闹学》，至60年代美国取代英国成为《牡丹亭》的研究中心。这部戏剧文学作品也是唯一一部入选由哈佛大学、耶鲁大学、斯坦福大学、宾夕法尼亚大学等九所大学的世界一流文学专家教授对世界范围内长篇小说进行综合评价研究进而评选出的一百部优秀作品《The Drama 100》（《戏剧100》）的中国文学作品。《牡丹亭》的文学剧本很早就实现了海外传播并为人们所接受，它映射出的中国先进的哲学思想和广泛的文化感召力，奠定了其在早期实现跨文化传播的基础，随后作为经典作品在世界汉学研究中逐渐成为显学，很重要的原因在于它世界化的文学性。英国著名汉学家西利尔·白之（Cyril Brich）先生于1980年出版的《牡丹亭》全译本从一定程度上引发了美国汉学家的戏剧翻译热以及试图通过戏剧深入了解中国社会文化，成为专业学者和大众读者的首选版本。而青春版《牡丹亭》21世纪初在海外的上演，这一版本由著名华裔文学家白先勇先生在原本基础上做了一定的改动，更为注重年轻一代的美学欣赏，受到年轻观众的追捧。而在这一版"白牡丹"中，来自香港中文大学的汤学专家，白之先生高徒华玮教授作为剧本整理者之一，继续传承着对牡丹亭的海外传播。当然有剧评家认为《青春版》比经典《牡丹亭》看起来现代化了，包括表演、唱腔、剧本的删减和改动等，但不可否认，任何一版《牡丹亭》都不应因其表演性束缚世界对其文学性价值的认可。大部分受众都较为容易接受一种追求美好爱情的普世价值观，在人类普世的爱情观中汤显祖是可以骄傲地与莎士比亚并立和交融于世界文坛的。

---

① 郑传寅：《中国戏曲文化概论》，北京：北京大学出版社2012年版，第251页。

3.《打渔杀家》

近现代以来京剧作为世界级非物质文化遗产，有着极高的文化价值，成为向海外介绍、传播中国传统艺术文化的重要媒介，被誉为国粹。其中优秀剧目《打渔杀家》（又名《庆顶珠》《讨鱼税》），19 世纪中叶演出后备受域外观众喜爱，也是在海外流传很广的京戏文本。故事是我国旧戏中少有的悲剧，讲述萧恩和他的女儿受到封建压迫，愤而反抗杀了渔霸的内容。笔者认为首先由于该剧反抗与复仇的母题与西方文学内核达到了某种契合之处，加之 19 世纪 30 年代梅兰芳先生赴美演出成功的影响，因此 1937 年该剧翻译本传播至美国，很受欢迎。事实上在不同的历史时期，该剧有四位不同国籍及文化背景的译者做过不同版本的翻译。笔者在下文中利用的版本是民国时期著名的学术与文化英文期刊《天下月刊》（T'ien Hsia Monthly）主编之一姚莘农先生的版本，因其翻译大致是秉承该期刊"向世界阐释中国，促进中西之间的文化理解"之宗旨，目的不是为舞台表演服务，而是在保留中文原型的基础上更加注重从文化理解的角度对戏曲剧本加以改动。原文叙述萧桂英劝萧恩不要杀人的时候，萧恩说道"你小孩子家晓得什么，取为父的衣帽和戒刀过来"，后翻译者加了一段："你小孩子晓得什么！（他眼神坚定而放光，似乎要一眼看到天边）他们剥夺了我拒绝非法鱼税的权利！他们不允许我有权力享受公正！（呐喊）他们不允许我有权力像一个人那样生活！（痛苦的）但是我还剩下一个权力，（声音中含着愤怒的火焰）杀人的权力！"① 作品的英文名也译为 The right to kill（《杀人的权力》）。

由于京剧剧本本身不重辞藻华丽，文学性相对难以达到昆曲的高度，因此不难看出姚莘农老师在这样的剧本文学改动中，为将中国传统戏曲文学世界化而进行了更为话剧式的调整，尽全力进行文学性更为丰富的人物描写、心理刻画，使之与西方文化思想价值观达到某种契合。

（四）中国戏曲文学的跨文化传播——民族性基因与世界化

在世界戏剧文化丛林中，中国戏曲具有极强的民族性。国剧写意，西剧写实；国剧乃"以歌舞演故事"，西剧可分为话剧与歌剧……中国戏曲的民族性与西方戏剧何以在历史的长河中产生了如此迥异的面貌、品格？除了以上表面可循的答案之外，更需要探求中国传统戏曲先天的血缘与基因。

目前学界主流中国戏曲史基本是以上古宗教、歌舞娱神的祭拜祈求仪式为起点，

---

① 江棘：《近代中外戏曲翻译者的对话——阿灵敦、艾克敦和姚莘农笔下的〈打渔杀家〉与〈奇双会〉》，《戏曲研究》（第 87 辑）2013 年第 4 期，第 112—134 页。

又经过几千年的封建社会统治，因此有一种观点认为中国传统戏曲是封建基因的产物。那么中国的戏曲文学带有何种封建思想基因？"温良恭俭让""二女嫁一夫"等等中国封建礼教思想存在于戏曲文学的各个角落。戏曲文学世界化实际上一个很重要的内涵是戏曲文学的跨文化传播。从跨文化传播的诉求来看，可以分三个层面来讨论。

1. 接受诉求

每个民族都想要了解不同的文化，了解未知的新鲜的文学。京昆艺术走出去，与近年来国家大力推广的"文化走出去"政策不谋而合。当然因为语言文化差异，走出去的剧团总是热衷于上演武戏（Chinese KongFu）、三国戏等，精彩热闹，似乎不用介绍我们的剧本就可以达到令外国观众喝彩的目的。这是传播初始阶段的诉求，时至今日，亦有其展示推介的价值，但从传播的深层意义上看似乎丢失了中国戏曲文学的本体去迎合文化他者。当然，这个阶段不能说没有价值，至少让世界认识了中国戏曲，但又具有局限性，似乎不应该是戏曲文学跨文化传播的目标，或者说不应该仅仅只有这样一个相对简单的表层传播。

2. 获得诉求

这个目标相对困难。因为中国戏曲乃至东方戏剧在对文学剧本的呈现与形式层面存在特殊的美学特征，即虚拟表演形式与呈现，是意向化的，这对于崇尚写实的西方戏剧相对陌生。笔者认为戏曲的虚拟性不仅仅是一种文学艺术的表现形式，也是一种独特的文学样式，存在民族文学的逻辑性和合理性。戏曲文学和小说、散文文体不一样。王国维在《宋元戏曲史》中定义"戏曲者，谓以歌舞演故事也"[1]，很长一个时期内，故事实际上是被弱化的。他提到几个早期戏曲作品《踏摇娘》《兰陵王》，被学界普遍认为是中国戏曲发端之一"顾其事至简，与其谓之戏，不若谓之舞为当也"[2]。故事很简单——妇女被家暴很痛苦，到邻居处诉苦，一起唱"踏摇娘苦来踏摇娘苦"，如果是今天的剧本文学一句话就可以叙述完，但我们可以想象当时肯定是有不同的舞步，来丰富这样一个简单的文学作品。可以看出，戏曲作为中国传统文化自发生成的一种文化艺术，在中国戏曲文学史上，发端之时，以歌舞演故事重点是歌舞而非故事。

明清之后由于昆曲逐渐文士化，知识分子做了大量的案头工作，但是似乎没有太

---

① 黄仕忠：《中国戏曲史研究》，广州：中山大学出版社 1997 年版，第 2 页。
② 同上书，第 3 页。

大的剧场表演服务价值，具有纯美学趋向。可以说这一时期的剧作家，他们故意要创作错综复杂、佶屈聱牙的文本。值得注意的是，他们中的相当一部分人和戏剧之间，存在某种艰难的、紧张的、有时甚至是敌对的关系，这就成了笔者观察这一时期的视角。有时候，这种关系意味着在创作文本时，利用、书写戏剧，把戏剧收编进小说；有时候，它意味着写一些他们本就不会让其上演的戏剧；今日可考的幕表戏、赋子戏，存在开戏师傅，演员根据赋子演，如"高厅赋子""街坊赋子""公堂赋子""茶坊赋子""花园赋子"……我认为大概可以称之为剧本的最初部分，但大约仅是作为指导当时文化水平并不高的民间演员而产生的。当然清末民国时期随着京戏的崛起，不乏色艺双绝的明星演员，几乎让观众可以忽略文学的部分。戏曲存在文学性和虚拟性，如何解决这个特性来与世界文学对话可能是很艰难的，通过表演将文学性表现出来也是很难的。迎合还是坚持，跨文化传播实践中的变容都还需要审慎地斟酌与考量。

3. 影响诉求

站在东西方文化感情交流的层面，人类具有共同情感。所谓"各美其美，美人之美，美美与共，天下大同"。如上文提到传统戏曲文学诞生于封建时代，封建社会是传统戏曲诞生的土壤，农耕时代诞生必然带有封建基因。戏曲文学的价值观有高下之分。等而下之，赤裸裸的封建礼教宣传工具——如明初邵灿《香囊记》、丘浚《五伦全备记》，带有浓厚的封建王朝统治者对民众进行伦理教化的意味，将忠孝节义等社会期待的美好品德生搬硬套在一个文学作品里面表述，当然有它的时代背景，今天称之为道学气，其中情节大多硬套伦理，完全不近乎人情。像"私定终身后花园""落难公子中状元"等情节，传统戏曲中以昆曲居多，这些情节虽然俗套但不是完全没有价值。王国维认为，关汉卿的《感天动地窦娥冤》"即列之于世界大悲剧中，亦无愧色也"。即便是被认为命题化、保守化、套路化创作呈现的现代戏曲剧本，同样不乏优秀的文学作品。例如陈彦的秦腔三部曲（《迟开的玫瑰》《大树西迁》《西京故事》）、王仁杰的《董生与李氏》《节妇吟》等现代戏曲文学的代表作，即便是西北、农村题材，同样可以融入人类永恒的感情关怀和文学思想，具有较高的文学价值。可以说戏曲剧本一直在进步，其文学立意、合理性、对文学的把控逐渐更为完善，当然目前看还难以有作品与《牡丹亭》《梁祝》这样几百年某个剧种出一部的经典文学作品相比较。所以戏曲剧本作为具有封建思想基因的戏曲文学作品，无论是过去还是今天，完全有资格和世界其他地区的文学在一个层面上对话。

当然文学价值的提高不等于艺术价值的提高，戏曲文学的特质，放在小说、散文、纪实文学的范畴体系是行不通的。如果把文学和表演剥离出来，也是行不通的，这种研究带有片面性，会走向误区。戏曲的剧本文学性主要体现在唱词上，是让现代世界观众认识传统戏曲文学，还是把戏曲文学现代化让观众接受是值得思考的问题。一些戏曲，几乎把重心都放在实践上，放在表演、舞台机关布景设计上，外加一点戏剧文学。在中国语境中，有点像戏剧加文学，而笔者认为真正的戏剧是一种文学和表演深度相融的实践，是一个极其有趣且有意义的实践。

四、结语

回到歌德"世界文学"的提出，也许歌德对"世界文学"的理解是基于 18 世纪下半叶到 19 世纪的德意志状况，这个文学概念需要一个相对复杂的历史阐释空间。我们不应忽视民族文学思想中的伟大之处，挖掘这种民族文学艺术形式感情中的深沉，挖掘民族文化思想中的坚定不移和始终如一，戏曲文学充满民族特性，并且由于内在的禀赋让我们感到它有能力既以过去也对现在产生世界范围内的共鸣。"世界文学"的发展，与各民族文学的相互交往、对话，相互切磋、讨论、争鸣是分不开的。"歌德认为：'科学如同一切具有纯真基础的事物一样，与其说通过一致，不如说通过争论反而常常获得更多的收益。但是争论同样是一种交往，而不是孤独，于是我们在这里甚至通过矛盾而被引上一条正确的道路。'歌德特别感谢书籍印刷和印刷自由给各民族文学交流带来的方便和不可估量的利益，通过交流、对话，相互学习、吸取，大大促进了各民族文学的发展，进而为正在形成的'世界文学'增添了具有不同民族特色的艺术珍品。"①

但另外一方面在戏曲文学世界化的过程中，后殖民主义和地理批评的理论将文化的多样性阐释为一种不可或缺的多重聚焦，它意味着交叉的视角和去中心化。我们称其为越界性，即持续跨越边界的特性——跨越边界在此指从一种心态跨入另一种心态，从一种精神跨入另一种精神，始终保持动态，与停滞、静止相反。正如《地理批评》一书中所写的："越界性之所以能够长期存在，是因为在这个充满侵入、岔离、增殖、扩散和异质性的大环境中，只有动态才是唯一持久的。"②

戏曲文学的民族化与世界化这个视角正是目前世界文学研究中相对缺失的。"世

---

① 李衍柱：《全球化视域中的民族文学与世界文学——从歌德的总体性文学观谈起》，《江西社会科学》2007 年第 2 期，73—77 页。

② ［法］贝尔唐·韦斯特法尔：《地理批评与世界文学——2018 年的一次讲演》，《复旦学报》（社会科学版）2020 第 2 期，第 66—73 页。

界文学"应该面向全世界开放，然而仅仅如此还不够：什么是世界文学的开端？世界文学的世界又是什么？如果世界文学是形成一个更高意义的"我们"的关键，那么以上提出的就是文化的核心问题。文学作品在民族国家之间常有比较，当世界文学被视为多国文学的容器时，它所关注的是来源：强势国家政治性的文化输出、卓尔不凡的地理条件、屈指可数的语言种类、才华出众的人物形象和相对指定的受众群体等等。传统戏曲文学经过漫长的中国历史阶段，是具备这样的条件的。我们的任务之一就是在当代艺术与文学、文化、传播学的交叉点建立学科合作。倘若文学解读终究难免于语言、知识和文化背景的限制，那么相比之下，舞台表演艺术文学的优势就是显而易见的。从全球化视角来看，传统戏曲文学拥有卓越的优势，因为它可以冲破语言的壁垒，将不同文化背景的人们拉入同一交流平台，这对世界文学必将起到积极的现实促进作用。

以文资史——以欧阳詹为例*

［美］倪豪士** 著；刘城、刘桂兰*** 译

【摘要】通过比较四种载叙唐代文人欧阳詹生平的文献可知，唐代的三种文学文献即韩愈的《欧阳生哀辞》与《题哀辞后》、孟简《咏欧阳行周事》的诗序以及李贻孙的《欧阳行周文集序》，是宋代官修《新唐书》"欧阳詹传"这一历史文献的重要源文本。以里法特尔（Micheal Riffaterre）的传记"三体系"理论观之，唐代的三种文学文献分别侧重于投射作者的自我关怀（道德体系）、呈现传主的常人本性（人性化体系）与赋予传主以卓越之能（主角塑造体系），而官方正史"欧阳詹传"则遮蔽了源文献的观点和叙事偏重。同时，三种文学文本通过"他者"之声所呈现的历史情境，与欧阳詹本人作品所折射的历史片段，相互应和而拼接出欧阳詹的生平图景，显

---

* 这篇论文于 1989 年 4 月在华盛顿举行的亚洲研究学会（Association of Asian Studies Meeting）年会上首次发表，几位同事阅读了该文并给予评论。特别感谢郑再发、何谷理（Robert E. Hegel）、罗郁正（Ivring Lo）、梅维恒（Victor H. Mair）、杨宿珍（Yang Suh-jen）和《中国文学》（Chinese Literature：Essays，Articles，Reviews）的两位匿名审稿人。篇首题词出自 David Wang（王德威），"Fitional History/Historical Fiction"，Studies in Languages and Literature 1 Taipei，1985，pp. 65-66.

【基金项目】广西民族大学 2023 年度校级引进人才科研启动项目（人文社科类）"文明互鉴视域下的倪豪士中国古典文学论著译介与研究"（2023SKQD35）。

** 【作者简介】倪豪士（William H. Nienhauser, Jr.），男，1943 年生，美国印第安纳大学博士，美国威斯康星大学麦迪逊分校东亚语言文学系霍尔斯特·斯科姆荣休讲座教授（Halls-Bascom Professor Emeritus of Chinese Literature），研究方向：中国古典文学与《史记》翻译。

*** 【译者简介】刘城，男，壮族，1980 年生，广西钦州人，博士，广西民族大学文学院副教授，研究方向：中国古代散文史与欧美汉学。刘桂兰，女，1970 年生，湖北咸宁人，博士，湖北大学外国语学院教授，研究方向：翻译理论与实践和英汉语言对比。

示出文学文本作为作家生平传记源文献的重要性。所以，新批评理论中将文学文献与历史文献加以区分的做法值得进一步商榷。

【关键词】 欧阳詹　文学文献　历史文献　传记

　　历史写作可能是所谓的"功能"，并非关乎过去事件的真实性，更精确地说是过去事件的叙事方式……历史写作不仅是经验的组织方式和形成方式，而且是形式赋予的过程，这一过程注定要实现意识形态功能，或者甚至是元政治功能。

——王德威，1985

一、引言

　　我仍然记得那个秋天的早上给我的思想带来的冲击：那是 20 世纪 60 年代中期我还是学生的时候，那天上午我先上了英国文学课，然后步行五十码，去上柳无忌（Liu Wu-chi）教授的"中国文学史"课；英国文学课上，在阅读维多利亚诗人选集时教授要求我们撇开那些诗人的生平介绍而进行纯文本赏析，而在柳教授的"中国文学史"课上，我则听到柳教授称赏阿瑟·韦利（Arthur Waley）所写的白居易生平传记，韦利对白居易的研究主要建构于白居易的诗歌和文章之上。[①] 英国文学课与中国文学课的授课差异形成了研究理念上的冲突：一方面，我们许多人受新批评价值观（或者我们受教于这样的价值观）的滋养，认为作品与作者生平传记应分而视之；另一方面，我们又认为，在中国文学领域，作家的作品是该作家传记的主要文献来源。[②] 这种观念的冲突至今仍然让我们困惑不已。然而，这一悖论由来已久，因为中国古代学者在使用传记材料上也有诸如此类的争论。

---

　　① 注：该文原发表于 *Chinese Literature*：*Essays*，*Articles*，*Reviews*，1990 年第 12 期，第 1—14 页。感谢倪豪士教授授权翻译此文。

　　译者注：Arthur Waley，20 世纪英国伟大的翻译家和汉学家。他的中文姓氏译法较多，陈寅恪译为魏莱，徐志摩译为魏雷，萧乾译为魏礼，薛永年译为亚瑟·卫利，程章灿与杨联陞译为魏理。本文依照学界惯例译为阿瑟·韦利。

　　② 最能阐发这种观念的论述之一是宇文所安（Stephen Owen）的"Self's Perfect Mirror：Poetry as Autobiography"一文，见 Shuen-fu Lin and Stephen Owen，eds. *The Vitality of the Lyric Voice*，Princeton：Princeton University Press，1986，pp. 71-74.

下文围绕欧阳詹的个案展开讨论。① 据唐宋史官记载，欧阳詹（约 758—801）是古代闽地（今福建）的第一个进士，闻名于世。欧阳詹的个案表明，正如史官们所诟病的文学文本按照一定的体系和惯例构建的一样，他们所写的传记也同样如此。

唐朝有三处文献较早记载了欧阳詹的生平：（1）韩愈作于公元 801 年的《欧阳生哀辞》（后文简称"哀辞"）和《题哀辞后》（后文简称"题后"）；②（2）孟简（公元 823 年卒③）于公元 801 年写有《咏欧阳行周事》一诗，诗序短文（后文简称"诗序"）记载了欧阳詹晚年的事迹，黄璞（公元 891 年左右在世）在其撰写的欧阳詹传记中予以采纳；④（3）李贻孙（公元 825—850 年在世）为欧阳詹集（编于公元 852 年）所作的序（后文简称"文集序"）。⑤ 根据这些唐代文献，宋朝的宋祁（998—1061）、欧阳修（1007—1072）及其同僚⑥在编撰《新唐书》时明确地为欧阳詹立传（后文简称"传记"）⑦。《旧唐书》未有欧阳詹传。

下文的诠释将参考里法特尔（Micheal Riffaterre）最近提出的传记"三体系"理论：（1）主角塑造体系，赋予传主以卓越之能；（2）人性化体系，呈现传主的常人本性；（3）道德体系，投射作者的自我关怀。⑧

---

① 现代学界对欧阳詹生平的研究，可参看以下著述：（1）冀勤：《关于欧阳詹的生卒年》，载《中国古典文学丛考》，复旦大学出版社 1985 年版，第 196—199 页；（2）钱基博：《韩愈志》，龙门书店 1969 年版，第 61—64 页；（3）廖渊泉等：《欧阳詹》，载福州大学历史系《福建历代名人传略》编辑组编《福建历代名人传略》，福建人民出版社 1987 年，第 7—10 页；（4）罗联添：《欧阳詹》，载《韩愈研究》，台湾学生书局 1977 年版，第 140—145 页。

② 参看童第德编：《韩愈文选》，人民文学出版社 1980 年版，第 57—64 页，关于此文的写作时间也参考该书第 64 页。另外，此文的版本也可参看马其昶：《韩昌黎文集校注》（四部丛刊本），汉京文化事业有限公司 1983 年版，第 176—178 页。

③ 通常认为孟简卒于公元 823 年，但因为他逝世于长庆三年农历十二月（《全唐诗》，第 13 册，卷 163，第 4258 页），故其应卒于公元 824 年 1 月 5 日至 824 年 2 月 3 日之间。

④ 此文见于以下文献：（1）彭定求等：《全唐诗》（明伦出版社 1971 年版），第 7 册，卷 473，第 5369 页；（2）黄璞（公元 891 年左右在世）所编《闽川名人传》中的《欧阳行周传》一文，黄璞之文还被《太平广记》（文史哲出版社 1981 年版，第 3 册，卷 274，第 2161—2162 页）所收录；（3）董诰等：《全唐文》（文友书店 1972 年版），第 17 册，卷 817，第 10843—10844 页。

⑤ 李贻孙：《欧阳行周文集序》，载《欧阳行周文集》，四部丛刊本，页 1a—3b。

⑥ 虽然通常认为欧阳修在《新唐书》的编写过程中并非主要参与者（可参看黄永年：《〈旧唐书〉与〈新唐书〉》，人民出版社 1985 年版，第 1985 页），但我们仍遵循惯例，视宋祁和欧阳修同为《新唐书》的主编。

⑦ 欧阳修、宋祁等：《新唐书》，中华书局 1975 年版，第 18 册，卷 203，第 5786—5787 页。

⑧ 参看 Michael Riffaterre, "On the Sign Systems of Biography," in Clayton Koelb and Susan Noakes, eds. The Comparative Perspective on Literature, Approaches to Theory and Practice, Ithaca and London: Cornell University Press, 1988, pp. 356-65。里法特尔把这三个体系视为与叙事、描写和语法分别关联的符号化表征。虽然他的总体分类相互关联，但我认为这种复杂的子结构比较牵强，故于此暂不予参考。

二、关于欧阳詹生平的四个叙述文本

针对这四个文本，我想把研究顺序调换一下，换言之，以"传记"为基础文本，然后从"诗序""哀辞"和"文集序"三个文本中取材对"传记"加以评述。

"传记"以常规程式化表达开篇：

> 欧阳詹，字行周，泉州晋江（倪注：今福建省东南部）人。

此"传记"从两个层次开篇。第一层次是依照惯例行文，由此强化欧阳詹的常人本性，如同《新唐书》和其他官方史书所载的千千万万的传主一般。第二层次是欧阳詹传置于《文艺列传》之中，从而将欧阳詹认定为具有非凡才艺之人。① 然而，正如《文艺列传》的序言所证实的那样，这种科目分类并非是完全褒赞之辞：

> 然尝言之，夫子之门以文学为下科②，何哉？盖天之付与，于君子小人无常分，惟能者得之，故号一艺。自中智以还，恃以取败者有之，朋奸饰伪者有之，怨望讪国者有之。若君子则不然，自能以功业行实光明于时，亦不一于立言而垂不腐。③

我们在分析"传记"的时候记住这些警示之语提醒我们，"诗序"中的第一句话与"传记"的首句相似，增强了"传记"叙述的真实性。"文集序"中还提到了欧阳詹的身世：

> 欧阳君生于闽之里。

这里的文风类似于墓志铭的书写方式，人们在墓志铭中可以找到诸如"某年，某月，

---

① 这三卷（卷201—203）共载八十九位文人。《新唐书》不但收录了《旧唐书》相应章节中的文人传记，还新增了很多中晚唐文人的传记，参看 Hans H. Frankel, "T'ang Literati: A Composite Biography," in Arthur F. Wright and Denis Twitchett, eds. *Confucian Personalities*, Stanford: Stanford University Press, 1962, pp. 65—83 and 33.

② 所谓的儒学四科（参见《论语》第十一章第三节；James Legge, *The Chinese Classics*, Taipei: Southern Materials Center, 1983, v. I, pp. 237—238.），"文学"位列第四。

③ 欧阳修、宋祁等：《新唐书》，中华书局1975年版，第18册，第201卷，第5726页。

某日"的公式化描述，许多墓志铭中的确切日期是在实际雕刻碑文时填写的。李贻孙可能忽略了欧阳詹的确切出生地，因为他误认为，欧阳詹的家人随后可能会补全，这也预示着李贻孙试图把欧阳詹描绘成闽地一位超凡的文人①。

"传记"接着介绍了他的先祖②：

> 其先皆为本州州佐、县令。

韩愈的"哀辞"所记内容相似：

> 欧阳詹世居闽越，自詹以上，皆为闽越官，至州佐、县令者，累累有焉。

通过对比这些文本可以清楚地看到，"哀辞"是欧阳詹"传记"的主要文献来源。③有趣的是，"至州佐、县令者，累累有焉"，这句话描述欧阳詹的家世既不精确也略显夸饰，韩愈可能是听到欧阳詹本人口述，而"传记"则将其改变为"其先皆为本州州佐、县令"。可能是"传记"的编撰者们觉得有必要将欧阳詹的先祖写得比韩愈的"哀辞"所述更显赫。

"传记"的第三部分提及了闽籍士子不愿去长安参加科考：

> 闽、越地肥衍，有山泉禽鱼，虽能通文书吏事，不肯北宦。

这段"传记"记载几乎逐字逐句地复述着"哀辞"之词，"哀辞"云：

> 闽越地肥衍，有山泉禽鱼之乐。虽有长材秀民通文书吏事与上国齿者，未尝肯出仕。

---

① 李贻孙称赞欧阳詹是最早蜚声全国的闽籍学者之一，无疑也彰显出自己作为欧阳詹远亲（其在文集序的末尾写道"故予冲幼之岁，即拜君于外家之门"）与南方同乡的自豪感。

② 许多学者对这些传记的传统、规范结构进行了研究。霍布理（Peter Oibricht）认为传记由九部分构成，此颇具启发性。霍布理认为，官方史传通常由九部分组成：（1）传主姓名，（2）传主籍贯，（3）传主先祖，（4）传主所受教育，（5）传主事迹和言谈，（6）传主致仕，（7）传主谥号，（8）传主子女的姓名，（9）作者的评论。参看 Peter Oibricht, "Biographie in China," *Saeculum*, vol. 8, 1957, p. 224-35.

③ 李翱（774—836）对当时官方传记多采墓志铭颇有微词，见王溥：《唐会要》，世界书局1982年版，第2册，卷64，第1108页。

有趣的是，"哀辞"暗示了闽地文士虽地处偏郡，但可与京城的士子相媲美。韩愈在这篇本该旨在颂扬的"哀辞"中反而间接地贬低了这种文体的写作对象。但是，韩愈从这里开始以及后文关注的正是里法特尔所说的第三体系，即他在描述传记主角的生平中表达自己的道德观。事实上，这一部分很容易被理解为是韩愈试图（尽管带有傲慢的意味）掩盖北方人对闽地士人由来已久的偏见。

上文"传记"与"哀辞"中这两段相似的文字与"文集序"中对年少时的欧阳詹的详细描述形成鲜明对比，"文集序"载：

> 幼为儿孩时，即不与众童亲狎，行止多自处。年十许岁，里中无爱者。
>
> 每见河滨、山畔有片景可采，心独娱之。常执卷一编，忘归于其间。逮风月清晖，或暮而尚留，宵不能释，不自知所由，盖其性所多也。
>
> 未甚识文字，随人而问章句，忽有一言契于心，移日自得，长吟高啸，不知其所止也。

"文集序"中的这三段文字指向一个敏感而不切实际的年轻人，他不善交际也无社会担当——这些往往是儒家苛责文人的负面品行，前文叙及《文艺列传》时也曾提到。李贻孙通过陈述"年十许岁，里中无爱者"为欧阳詹日后出走闽地而去往北方埋下伏笔。李贻孙还强调欧阳詹个性独特，异于大多数闽地士子，因而他能够跳脱出闽地迷人山水的羁绊。以主角塑造体系观之，李贻孙笔下的欧阳詹是一个生性敏感但却被动的年轻人，介绍欧阳詹文学作品的文献也给我们带来这样的感受。

"诗序"的中段有一段文字与之紧密相关：

> 生于单贫以徇名，故心专勤俭，不识声色。

这很好地印证了上文（"文集序"）所叙的人物个性。

"文集序"继续讲述他的父母不理解他的孤僻，但是村民们却安慰他们①。接着讲述他如何"伏圣人之教"以及儒家的其他各种准则。（译者注："父母不识其志，每尝谓里人曰：'此男子未知其指何如，要恐不为汩没之饥氓也。未知其为吉凶邪？'乡人有览事多而熟于闻见者，皆贺之曰：'此若家之宝也。'"）

---

① 译者注：原文为"乡人有览事多而熟于闻见者，皆贺之"。

这样的叙述实际上预示了欧阳詹后来的成功，"传记"接下来描述了一位北方官员是如何发现他的：

> 及常衮罢宰相为观察使，始择县乡秀民能文辞者，与为宾主钧礼，观游飨集必与，里人矜耀，故其俗稍相劝仕。

我认为，常衮（729—783）于此代表着开明的官员，他能让欧阳詹这样的"里人"出人头地，在仕途上走向成功。韩愈"哀辞"关于这部分内容的表述再次与"传记"有异曲同工之处，通过在该段最后一行"时未几，皆化翕然"中使用动词"化"，以暗指教化之功。韩愈再一次在他的文本中体现出个人的道德观和关注点。

"文集序"在讲述欧阳詹文学才能的上下文中，字里行间体现出常衮对欧阳詹的知遇之恩：

> 建中、贞元时，文词崛兴，遂大振耀，瓯闽之乡①不知有他人也。会故相常衮来为福之观察使，有文章高名，又性颇嗜诱进后生，推拔于寒素中，惟恐不及。
>
> 至之日，比君为芝英，每有一作，屡加赏进。游娱燕飨，必召同席。君加以谦德，动不逾节，常公之知日又加深矣。
>
> 君之声渐腾于江淮，且达于京师矣。时人谓常公能识真。

这里隐含着几层历史语境。第一是文学语境，建中、贞元年间，是韩愈及其他古文家逐渐崛起并开始影响文坛的标志时期。当时文坛的许多大事欧阳詹都有所参与。第二是政治语境，常衮（或者是李贻孙，如果这个比喻确实出自李贻孙的"文集序"）将公元780年早期的欧阳詹比作芝英，可能是在美化德宗皇帝（公元780—805年在位）试图重振皇权，因为"芝英"这种植物让人联想到皇室美德：

> 芝英者，王者亲近耆老，养有道，则生。②

---

① 瓯江河口在浙江温州，闽江河口则在福建福州。
② 参看沈约：《宋书》"符瑞"下，中华书局1974年版，第3册，卷29，第867页。

"诗序"并未提到常衮，只是言及"闽越之英，惟欧阳生"。

然而在这个叙事节点上，"传记"则回叙了常衮未来之前欧阳詹致力于学的经历：

> 初，詹与罗山甫同隐潘湖①，往见衮，衮奇之。辞归，泛舟饮饯。

虽然韩愈的"哀辞"也有相似陈述：

> 詹于时独秀出，衮加敬爱，诸生皆推服。

但是韩愈强调的是同辈士子对欧阳詹的推服。

崭露头角的欧阳詹启程进京。他在京城待了 6 年②，终于在 792 年考中进士。"传记"载：

> 举进士，与韩愈、李观、李绛、崔群、王涯、冯宿、庾承宣联第，皆天下选，时称"龙虎榜"。

"传记"列举当年同榜登科的士子，是为了再次强调欧阳詹非凡的文学才能。事实上，欧阳詹在这些人当中名列第三。③ 不过欧阳詹的仕途并不顺利，因为新科进士中的李绛（764—830）、崔群（772—832）、王涯（835 年卒）都曾担任过宰相。但可以看出（至少是对于过去的读者而言），作者一并列出这些进士同年是为了巧妙地衬托出欧阳詹的出类拔萃。

韩愈的"哀辞"——可能是出于谦逊——并未列出这些进士同年。"诗序"也仅说欧阳詹"以能文擢第"而已。

李贽孙能够敏感地察觉出"传记"此类记载的语义模糊性，故在"文集序"中只提到了韩愈和李观，两人都以文学成就而非政治成功闻名于世：

---

① 我一直无法确定罗山甫为何人。从欧阳詹的诗来看，罗山甫隐居于寺院之中。罗山甫是"罗山的老者"。罗山指罗浮山，是传统的隐居之地，罗浮山把今天广东的广州与循州隔开来。

② 参看《有所恨二章》的诗序，《全唐诗》，明伦出版社 1971 年版，第 6 册，卷 349，第 3899 页。

③ 李观（766—794）名列第五，冯宿（767—836）名列第六，王涯名列第七，穆赞名列第十三，庾承宣名列第十七，崔群名列第二十（参看徐松：《登科记考》，中华书局 1984 年版，第 2 册，第 13 卷，第 463—468 页）。

寻而陆相赞知贡举，搜罗天下文章，得士之盛，前无伦比，故君名在榜中。常与君同道而相上下者，有韩侍郎愈①、李校书观。洎君并数百岁杰出，人到于今伏之。

这一段记载中的陆贽（754—805）和许多考官一样，正在搜罗与自己志同道合的青年才俊，但李贻孙此处似是在美化考官的积极作用。

"传记"最后对欧阳詹的仕宦生涯做了总结：

闽人第进士，自詹始。

这一论断出自"哀辞"：

闽越之人举进士，繇詹始。

经进一步的考证证实，这一说法并不正确②。李贻孙是闽人，他知道欧阳詹并非闽地第一位考中进士的同乡，所以他并未下此断语。

"传记"按时间先后顺序完整叙述了欧阳詹的生平，然后用一句话概括欧阳詹的文学才华，也许是以此解释欧阳詹为何能与其他文人成为同榜进士：

其文章切深，回复明辩。

这段话出自"哀辞"：

其文章切深喜往复。

---

① 韩愈生前所任最后一职为吏部侍郎，卒后不久之后被世人称为韩吏部，此处的"侍部"应是"侍郎"之误。

② 陈寿祺（1771—1834）编《福建通志》（华文出版社1968年，卷146，第2557页）列出了欧阳詹之前的进士（登科时间）名录：薛令之（公元706年）、陈珦（公元731年）、廖广（公元748年）、林藻（公元791年）。包括王应麟（1223—1296）在内的一些学者也都对"欧阳詹为闽地第一位进士"的错误论断进行了评述。

此句也是韩愈的文学天赋与为文精妙的写照，在"哀辞"后文中描写当时欧阳詹离开闽地父母前往长安以赴仕进之途时的复杂情感，韩愈的这种技巧得到了充分展示：

> 詹闽越人也，父母老矣。……其心将以有得于是，而归为父母荣也。虽其父母之心亦皆然：詹在侧，虽无离忧，其志不乐也；詹在京师，虽有离忧，其志乐也。若詹者所谓以志养志者欤！

"詹在侧，虽无离忧，其志不乐也；詹在京师，虽有离忧，其志乐也"这两句最能体现"回复"手法（两种可能情况的"回复"，引入下一句的说明——"若詹者，所谓以志养志者欤"）。

本文一直引用的"文集序"，关注着欧阳詹的文学才华，在全面概述欧阳詹文风的上下文中对"回复"有着更为详尽的阐释：

> 君之文新无所袭，才未尝困。精于理，故言多周详；切于情，故叙事重复。宜其司当代文柄。

李贻孙认为欧阳詹的人生目标和他在那个时代的声誉都是建立在文学之上的。

接下来，"传记"记载的另一件事，凸显出欧阳詹对朋友的忠义：

> 与愈友善。詹先为国子监四门助教，率其徒伏阙下，举愈博士。

欧阳詹的这一品质也为韩愈所推重。因此，韩愈在"哀辞"中对"传记"所载之事叙述甚详：

> 十五年冬，余以徐州从事朝正于京师，詹为国子监四门助教，将率其徒伏阙下举余为博士，会监有狱，不果上。观其心，有益于余，将忘其身之贱而为之也。

另一件涉及当时太学的事件，应该是与阳城（公元805年卒）被朝廷外放有关，当时阳城与陆贽以及太子李诵（761—806，805年继位为顺宗皇帝）为同盟，而阳城因为支持一个太学生而遭贬谪以致引发太学生们的集体抗议①。

对于同一事件的叙述，孟简"诗序"则突出了欧阳詹作为国子助教的积极作为：

> 爰始一命，食太学之禄，助成均之教，有庸绩矣。我唐贞元年己卯岁，曾献书相府②论大事，风韵清雅，词旨切直。

欧阳詹虽然时至不惑之年，但他于公元799年在京城为官，也许他会前途无量。但是，正如"传记"所载，他突然离世：

> 卒，年四十余。

韩愈沉痛难言，只能述以寥寥数语：

> 呜呼！詹今其死矣！

"文集序"只说：

> 一命而卒，天其绝邪？

关于欧阳詹去世情形的叙述，还得回到孟简以此为叙述中心的"诗序"。在提到欧阳詹致信宰相郑庆余（公元799年）之后，"诗序"写道：

> 会东方军兴，府县未暇慰荐。久之，倦游太原，还来帝京，卒官灵台。悲夫！

欧阳詹的太原之旅，或者他任职灵台之事，只在"诗序"中提及而未见于其他文本。

---

① 参看柳宗元（773—819）《与太学生喜诣阙留阳城司业书》的描述，见吴文治：《柳宗元集》（四册），中华书局1979年版，第3册，卷34，第867—870页。亦可参看 David McMullen, *State and Scholars in T'ang China*, Cambridge：Cambridge University Press, 1988, p. 54。

② 欧阳詹曾致信郑余庆（746—820），详述考试和选拔官员的相关问题，参看董诰等：《全唐文》，文友书店1972年版，第13册，第596卷，第7652—7654页。

"东方军"无疑是公元 799 年农历九月在河南叛乱的吴少成军队。

"诗序"继续写道：

> 初抵太原，居大将军宴席上，有妓北方之尤者，屡目于生，生感悦之。留赏累月，以为燕婉①之乐尽在是矣。

文中的将军应该指的是李说（公元 800 年逝世），他在公元 795—800 年间担任河东（驻地在太原）节度使。②

> 既而南辕，妓请同行。生曰："十目所视，不可不畏。"辞焉。请待至都而来迎，许之，乃去。
>
> 生竟以蹇连不克如约③。过期，命甲遣乘密往迎妓。妓因积望成疾，不可为也。先死之夕，剪其云髻，谓侍儿曰："所欢应访我，当以髻为贶。"
>
> 甲至得之，以乘空归，授髻于生。生为之恸怨，涉旬而生亦殁。
>
> 则韩退之作《何蕃④书》所谓欧阳詹生者也。河南穆玄道访予，常叹息其事。呜呼！钟爱于男女，素其效死，夫亦不蔽也。
>
> 大凡以断割不为丽色所汩，岂若是乎！古乐府诗有《华山畿》⑤，《玉台新咏》有《庐江小吏》⑥，更相死，或类于此。暇日偶作诗以继之云……

"诗序"是四则文献中唯一关注欧阳詹死因的，它试图呈现出一个真人真事而非虚构

---

① "燕婉"一词表明与婚恋有关，也暗示着偏离正道常则，如《诗经》中的《新台》（毛诗 43）就是抨击卫宣公的淫荡，因为他霸占了自己的儿媳妇。然而，将"燕婉"一词的使用视为对欧阳詹和年轻歌妓关系的间接批评可能有些牵强。

② 参看郁贤皓：《唐刺史考》，江苏古籍出版社 1987 年版，第 3 册，第 1141—1142 页。

③ 这是否与他于公元 799 年致宰相的信有关？他为何"蹇连"和最终任职于灵台（职务变化由"蹇连"引起？）？本文所考察的四则文献并未给出答案。

④ 何蕃在太学求学多年，他曾劝说同学不要参加公元 783—784 年叛变的朱泚军队。参看韩愈《太学生何蕃传》，见童第德：《韩愈文选》，人民出版社 1980 年版，第 14—15 页。韩愈在欧阳詹任职太学期间为何蕃辩护，而欧阳詹的评论肯定是对韩愈言论的回应。

⑤ 这是一首乐府诗题［郭茂倩编：《乐府诗集》（四册），中华书局 1979 年版，第 2 册，第 46 卷，第 669 页］，该诗讲述了公元五世纪早期一个年轻士子的故事，士子经过华山畿旁的一个客舍时见到了一位美丽的女子并爱上了她，回家后染了心疾。他在病床上嘱咐其母，日后将她埋葬时要载着棺材经过华山畿旁的客舍。母亲照办，当载着男子棺材的车子行到女子客舍前，拉车的牛再也不肯前进。女子精心打扮后一边唱着歌一边从客舍走出，棺材也应声而开。女子跳入棺材中，与男子一起合葬。

⑥ 即《孔雀东南飞》。

的人事。欧阳詹于此被视为"心专勤俭，不识声色"之人。孟简将欧阳詹与历史上诸如庐江小吏等苦命恋人相提并论。

由此可见，"诗序"文本所塑造的欧阳詹是一个普通人，这与"文集序"或"传记"截然不同：李贻孙的"文集序"将欧阳詹描绘成一位非凡的作家，"传记"则将欧阳詹描绘成出自闽地的卓越（第一位）学者。

另一方面，韩愈的"哀辞"所关注的既不是作为普通人的欧阳詹，也不是作为卓越学者作家的欧阳詹，而是有德行的欧阳詹。这篇"哀辞"可以看作是对欧阳詹在太原与妓女交往之举的辩护，特别是考虑到韩愈《题哀辞后》和《欧阳生哀辞》中的诗篇，尤其如此。我们先来看看《题哀辞后》：

> 愈性不喜书。自为此文，惟自书两通：其一通遗清河崔群。群与余皆欧阳生之友也。哀生之不得位而死，哭之过时而悲；其一通今书以遗彭城刘君伉。君喜古文，以吾所为合于古，诣吾庐而来请者八九至，而其色不怨，志益坚。凡愈之为此文，盖哀欧阳生之不显荣于前，又惧其泯灭于后也。今刘君之请，未必知欧阳生，其志在古文耳。虽然，愈之为古文，岂独取其句读不类于今者耶！思古人而不得见，学古道，则欲兼通其辞。通其辞者，本志乎古道者也。古之道，不苟誉毁于人，刘君好其辞，则其知欧阳生也无惑焉。

与《哀辞》相似，《题哀辞后》既是假借指导刘伉学习"古道"以阐释韩愈的道德观念，也是对欧阳詹去世的哀悼。此外，《题哀辞后》在结尾处的这句话"古之道，不苟誉毁于人"实际上是暗示了欧阳詹的太原之事。难道韩愈心里还有其他所"毁"之事？

《哀辞》篇末诗云：

> 朋友视疾兮，药物甚良。饮食孔时兮，所欲无妨。

这句话谈论疾病良药，却似暗指欧阳詹的风流韵事。

通过这四个叙述来源文本，我们以其文本内部的时间先后为基础，串联出欧阳詹的人生轨迹。现在我们来考查其文本外部的时间顺序，即四个文本的先后写作时间。欧阳詹卒于公元800年或801年初。而孟简的《咏欧阳行周事》（包括"诗序"和诗歌）所传写的欧阳詹与妓女之间的爱情故事在当时轰动一时且引发了许多流言蜚语，这件事肯定在当时的京城学者之间流传，而孟简自然关注此事并有所载录，故而孟简之作应是四个文本中最早面世的。

接下来第二个面世的文本是韩愈所作的"哀辞"。"哀辞"结尾处指出，该文是对李翱（772—842）所写欧阳詹传（今已亡佚）的回应①。此前的孟简之作意在呈现出京城年轻士子的狎妓行径损毁身心，而韩愈之作则依自己的道德观念来叙写欧阳詹的行为举止合乎情理。由此可见，韩愈之作不仅是为欧阳詹的行事辩护，也是为自己与欧阳詹的过往而辩护。

第三个面世的文本是李贻孙的"文集序"。作为比欧阳詹晚一辈的远亲，正在闽地为官的李贻孙，编撰了欧阳詹文集并写下序言。欧阳詹在公元 792 年的进士科考试中取得了比韩愈更高的名次，显示出使其名留青史的卓越文才，遗憾的是韩愈和孟简都并未对此进行颂扬。除了推崇欧阳詹的文才外，李贻孙的序言也显示出一种地方自豪感。

第四个文本是《新唐书》中的"传记"。《新唐书》的主编们（欧阳修与宋祁）也许是出于某些类似的动机，为欧阳詹撰写了传记并收入《新唐书》之中。② 也就是说，编者对于闽籍学者是否能为宋朝知识界所接纳还是有些担忧。尽管在他们看来，欧阳詹通过科举考试足以证明其有资格载入史传，但《新唐书》的编撰者仍然为其他未载入《旧唐书》的韩愈同道撰写传记，以示对韩愈、其作及其追随者的推崇。

三、结论

让我们再来回顾与欧阳詹相关的这四则传记性叙事文本。比较上述四个文本可见，超文本体系主导着这些文本，这个超文本体系结构排列如下：

---

① 相对于"诗序"，"哀辞"更可信，这已有大量文献论及。那些指责"诗序"（和黄璞或孟简）的人更支持韩愈，实际上是出于情感信任而非理智。陈振孙于《直斋书录解题》[武英殿聚珍版丛书本，第16 卷，页 20b—21a（百部丛书集成，第 27 部）] 可谓代表："詹之为人，有《哀辞》可信矣，黄璞何人斯，乃有太原函髻之谤。好事者传之，不信愈而信璞，异哉！"

② 本文前注有提到了这两部史书的一些差异。中国古代以及西方的评论家都对这两部作品的不同之处作了详尽论述。然而，没有人提及在《新唐书》中出现的 558 篇传记，并未收录在《旧唐书》中；也没有人提及《新唐书》编纂者删去了《旧唐书》的 334 篇传记（数字统计基于张万起：《旧唐书人名索引》，上海古籍出版社 1986 年版）。有趣的是，《新唐书》有四十二篇传记的传主以欧阳为姓氏，六十九篇传记的传主以宋为姓氏，而"欧阳"和"宋"恰好是《新唐书》主编欧阳修与宋祁的姓氏，且这些传主均未见于《旧唐书》。相反，在《旧唐书》的专传中，只有一篇的传主姓欧阳，两篇的传主姓宋。为什么《新唐书》新增那么多的传记，又删去《旧唐书》原有的诸多传记，这个问题不易回答。此外，这一问题过于庞大，本文篇幅有限不予置评。

	传记（Biography）	文集序（Preface）	哀辞（Lamentation）	诗序（Prologue）
写作时间	公元 1050 年	公元 801 年	公元 801 年	公元 854 年
生命跨度	完整一生	完整一生	完整一生	公元 800 年
主题类型	彰卓越文才	彰卓越文才	寓道德评判	显常人本性

我们不必仅从里法特尔的传记"三体系"理论话语来考量这四个文本。例如可以说：一方面，"传记"载录了（《旧唐书》未载）欧阳詹在进士考试中开创闽人及第先例的相关叙述以强调欧阳詹的文才；另一方面，在文学被视为"下科"的情况下，"传记"又把欧阳詹排除在文学之士的行列，以此达成不偏不倚的叙述立场。或者可以说："文集序"自然是突出所叙对象的卓越文才；"哀辞"是对欧阳詹后来不合礼法行为（狎妓）的申辩，也是韩愈对自己与欧阳詹友情的维护；最后，"诗序"以同为学者的角度把欧阳詹塑造成一个普通人，认同他的情感，同情他的遭遇。

此外，还可以从上文已考察过的文本得出另外两个结论。第一个结论，通过揭示这些文本中所体现的三种传记体系，我们更加质疑将文学文献与历史文献加以区分是否有意义。二者都包含所叙人物主体的相关信息，这些信息可以通过识别文本所采用的诸多写作手法得到最好的解读。第二个结论涉及这些来源文献作为传记的性质。有趣的是，上述提及的早期三种文本都可以套用里法特尔的传记三模式来分析，就好像每一文本都需要有欧阳詹完整的生平记载。然而，这也意味着其中任何一种文本既不是更标准的也不是更可靠的来源文献。因此，官方正史中的"传记"（《新唐书》中的欧阳詹传）可以看作是对现实生活真人的写照，遮蔽了源文献的观点和叙事偏重。此外，由于这样的编纂，人们无法依据惯例来辨别作者和文类。

由此可见，《新唐书》未载录欧阳詹的太原情事，是有意引导读者忽略了重要的文献来源和史实，即"诗序"对欧阳詹晚年生活的记载和对京城文士多投靠地方大员以求荫护的叙述。

回到本文开头提及的我从英语课转到中国文学课时，也从纯文本的赏析转到以作品来研究作者生平的这种路径，并回到韦利所写的白居易传：

> 我对白居易生平的叙述主要依据他的作品，包括文章和诗歌，以及作品的"题"和"序"。"题"不仅仅是一个简单的标题，还交代诗歌或文章的写作背景，"序"则更详细地阐释这些写作背景，因此从作者的诗歌作品中通常能获得

可靠的传记材料，这些材料有时比同时期的官方史书所载更为可靠……。①

的确，在欧阳詹的八十多首诗歌中，有许多作品提供了历史细节。《有所恨》的序说明此诗是因老朋友马绅去世而作，提及欧阳詹为待考而在长安待过六年。《玩月》之序讲的是公元796年，好友陈可枫从福建来，欧阳詹和其他友人以及闽地同乡为其接风并共赏秋月的情景。

其他的诗歌，如写给韦皋之弟的诗、游历淮河流域和长江下游各地之诗、逗留太原期间写的诗以及写给其他朋友的诗，亦是如此。简言之，即便不考虑欧阳詹的文章，这些诗歌也足以勾勒出欧阳詹的生平轮廓。此外我们可以看到，欧阳詹的作品所反映的历史点滴，与"文集序""哀辞"和"诗序"这些文献通过他者之声所呈现的历史情境，相互应和而拼接出欧阳詹的生平图景。

因此，最后以欧阳詹的这首《寓兴》来收束本文，它可看作是欧阳詹在那个乱世中对于自己命运的临终哀叹：

> 桃李有奇质，樗栎无妙姿。皆承庆云沃，一种春风吹。
> 美恶苟同归，喧嚣徒尔为。相将任玄造，聊醉手中卮。

---

① Arthur Waley, *Po Chui-i*, London: George Allen And Unwin, 1951, pp. 5—6.

传统文化教育及普及推广研究

基于 OBE 理念的中华优秀传统文化
课程 12345 教学模式构建[*]

姜云霞^{**}

【摘要】成果导向教育（OBE）理念有助于深入探索中华优秀传统文化课程教学模式创新与实践。通过数智赋能，构建"12345"教学模式："1"指 OBE 理念强调的一个中心，即学生中心，"2"指课程思政与创新创业两项融入，"3"指知识、能力、素养三维目标，"4"指四元教学方法，即项目教学、案例教学、互动教学和实践教学，"5"指说、读、写、析、创五种能力。"12345"教学模式立足于教学理念、教学目标、教学内容、教学方法和教学评价五个维度的整合与重构，是基于对 OBE 理念的五个内涵、课程教学的五项问题、优化创新的五条路径，以数智赋能的五种逻辑进行深入剖析而构建，旨在系统提升学生对中华优秀传统文化的认知、理解和应用能力，实现课程教学的四个"有助于"，即有助于培养学生的道德品质和人文素养、有助于传承和弘扬民族文化、有助于促进学生的全面发展、有助于培养学生的文化自信。

【关键词】OBE 理念　数智赋能　中华优秀传统文化　教学模式　学习效果

＊【基金项目】广东科技学院博士科研启动基金项目（GKY－2024BSQDW－8）
＊＊【作者简介】姜云霞，女，1979 年生，黑龙江齐齐哈尔人，博士，广东科技学院通识教育学院教授。研究方向：中国古代文学与文化、课程与教学。

一、OBE 理念的内涵

OBE（Outcome-based Education）理念，也称为成果导向教育、能力导向教育、目标导向教育或需求导向教育，其内涵主要体现在以下几个方面：

一是以学生为中心。OBE 理念将学生置于教育的中心位置，所有的教学活动、课程设计以及评价标准都围绕学生的最终学习成果进行。它强调教育者应明确学生需要学习的知识、技能和能力，并确保学生能够达到这些目标。

二是成果导向。OBE 理念的核心在于关注学生的学习成果，这些成果不仅包括学生掌握的知识和技能，更重要的是他们将这些知识和技能应用于实际问题的能力，以及可能涉及的价值观或其他情感因素。成果并非学习的暂时表现，而是学生内化到其心灵深处的过程历程[①]。

三是个性化评定与弹性教学。OBE 理念强调根据每个学生的个体差异进行个性化评定，制定个性化的教学计划和教学方法。该理念认为学校和教师不应以同样的方式在同一时间给所有学生提供相同的学习机会，而应以更加弹性的方式来配合学生的个性化要求，让学生有机会证明自己所学，展示学习成果[②]。

四是反向设计。OBE 理念提倡以学生的最终学习成果为起点，反向进行课程设计，开展教学活动[③]。这意味着教育者首先明确期望学生达到的学习成果，然后据此设计课程、教学方法以及评价策略。

五是强调能力与绩效责任。OBE 理念不仅要求学生掌握知识和技能，更强调他们具备适应未来生活的能力。同时，该理念认为学校比学生更应该为学习成效负责，需要提出具体的评价及改进的依据[④]。这种教育理念有助于提升学生的学习效果，促进他们的全面发展。

二、中华优秀传统文化课程教学的重要性及现状与问题

中华优秀传统文化课程是教育体系中的重要组成部分，是培养学生全面素质、传

---

① 参见李志义等：《用成果导向教育理念引导高等工程教育教学改革》，《高等工程教育研究》2014年第 2 期，第 29 页。

② 参见李志义：《对我国工程教育专业认证十年的回顾与反思之一：我们应该坚持和强化什么》，《中国大学教学》2016 年第 11 期，第 13 页。

③ 参见刘柏阳、魏莹：《基于 OBE 理念的在线开放课程建设与实践研究——以快递运营管理课程为例》，《职业教育》2022 年第 15 期，第 16 页。

④ 参见李志义等：《用成果导向教育理念引导高等工程教育教学改革》，《高等工程教育研究》2014年第 2 期，第 29 页。

承民族文化、弘扬民族精神的关键环节。中华优秀传统文化课程在培养学生道德品质、传承民族文化、促进学生全面发展和培养文化自信等方面都发挥着不可替代的作用。因此，应高度重视并加强中华优秀传统文化课程的建设和实施，正确审视传统文化课程教学的现状及问题。

（一）课程教学的重要性

1. 有助于培养学生道德品质和人文素养

学生通过学习中华优秀传统文化，可以接触到丰富的道德观念、价值观念和人文精神，从而引导他们在成长过程中树立正确的世界观、人生观和价值观。这些品质的培养对于学生未来的成长和发展具有重要意义，有助于他们成为具有高尚品德和深厚文化底蕴的优秀人才。

2. 有助于传承和弘扬民族文化

中华文化源远流长、博大精深，其中蕴含着丰富的历史信息、文化基因和精神内核。通过学习中华优秀传统文化课程，学生更加深入地了解和认识自己的民族文化，增强文化认同感和民族自豪感[①]。这对于维护国家文化安全、推动文化繁荣发展具有重要意义。

3. 有助于促进学生的全面发展

在课程内容上，中华优秀传统文化课程注重综合性、实践性和创新性，旨在培养学生的综合素质和实践能力。通过参与课程学习，学生可以锻炼自己的思维能力、创新能力和团队协作能力，提升自己的综合素质和竞争力。

4. 有助于培养学生的文化自信

在全球化的背景下，文化多样性和文化交流日益频繁，学生需要具备坚定的文化自信，才能在全球舞台上展现出自己的风采。通过学习中华优秀传统文化，学生可以深刻理解中国传统文化的独特性和优越性，增强对传统文化的认同感和自豪感[②]，从而培养起坚定的文化自信。

（二）课程教学的现状与问题

1. 教学内容缺乏系统性和整体性

教学内容缺乏系统性和连贯性。当前的一些课程往往只是零散地介绍传统文化的

---

① 参见王元亨：《音乐教育中的民族音乐元素运用探析》，《大观（论坛）》2023 年第 12 期，第 152 页。
② 同上。

各个方面，没有形成一个完整、系统的体系，这导致学生难以将各个知识点串联起来，形成对传统文化的整体认知。

教学内容与现实生活的脱节也是一个重要问题。传统文化虽然蕴含着丰富的智慧和价值，但如果只是简单地传授给学生，而不与现实生活相联系，那么学生很难真正理解和应用这些知识。因此，教学内容需要更多地关注传统文化的现代价值和应用场景，将其与现实生活相结合。教学内容过于注重知识传授，而忽视了对学生情感态度和价值观的培养。中华优秀传统文化不仅仅是一种知识体系，更是一种精神传承和价值观念。课程教学应该更加注重培养学生对传统文化的热爱和尊重，引导他们形成正确的价值观念。

2. 教学方式单一且缺乏趣味性

一是教学方式单一且传统。许多教师仍然采用传统的讲授式教学，这种方式往往只注重知识的灌输，而忽视了学生的主体性和参与性。这样的教学方式很难激发学生的学习兴趣和积极性，导致学生对传统文化的理解和认同度不高。

二是教学缺乏实践性和体验性。传统文化的学习不仅仅是对知识的掌握，更重要的是对文化的体验和感悟。然而，当前的教学方式往往缺乏实践环节，学生很难通过亲身体验来感受传统文化的魅力和价值。

三是与现代教学手段结合不足。随着科技的发展，现代教学手段如多媒体教学、网络教学等已经广泛应用于各个学科。然而，在传统文化课程中，这些现代教学手段的应用并不普遍，导致教学方式相对滞后，难以吸引学生的兴趣。

四是缺乏跨学科的融合与创新。传统文化课程往往与其他学科相割裂，缺乏跨学科的教学内容和方式。这限制了学生对传统文化的全面理解和应用，也影响了传统文化的传承和发展。

3. 评价标准与评价主体单一且与目标契合度不高

一是评价标准单一。传统的评价方式往往过分依赖考试成绩或单一的作业评分，而忽略了学生在课堂上的表现、参与度、创新思维等多方面的能力。这种单一的评价方式无法全面反映学生的学习情况和综合素质，也容易导致学生过于追求分数而忽视对传统文化的深入理解和体验。

二是评价主体单一，缺乏多元化。通常，教师是主要的评价者，学生的自评和互评往往得不到足够的重视。这种单一的评价主体可能导致评价结果的片面性，无法全面反映学生的真实情况①。同时，缺乏学生、家长和其他利益相关者的参与，也可能影响评价的公正性和客观性。此外，评价结果与课程目标的契合度不高。有时评价内容与课程目标并不完全吻合，导致评价结果无法真实反映学生的学习成果和课程目标的达成情况。这会影响到教学的针对性和有效性，也会影响到学生对传统文化的理解和应用。

4. 学生对传统文化的兴趣不高

随着信息时代的到来，学生更倾向于接触和学习新鲜的事物，对传统文化的接受和理解程度较低。他们往往缺乏对传统文化重要性的认识，更愿意追求时尚和流行文化。社会环境的变化和教育理念的转变也导致学生对传统文化的兴趣下降。传统文化在社会中的地位逐渐被边缘化，而学校更注重培养学生的综合素质和创新精神，传统文化教育在学校教学中的地位相对降低。

5. 教材和教学资源不完善

教材内容缺乏系统性和深度。当前的教材往往只是简单地罗列了传统文化的知识点，没有形成一个完整、系统的体系，缺乏对传统文化深层次内涵的挖掘和解读。这导致学生在学习过程中难以形成对传统文化的全面、深刻的理解。

教学资源单一且缺乏互动性。现有的教学资源主要局限于传统的纸质教材和课堂讲解，缺乏多样化、生动化的教学资源，如视频、音频、互动软件等。这使得学生在学习过程中容易感到枯燥和乏味，难以激发学习兴趣和积极性。

教材和教学资源与现实生活的脱节也是一大问题。传统文化虽然有着悠久的历史和深厚的底蕴，但也需要与现代生活相结合，才能更好地发挥其价值和意义。然而，目前的教材和教学资源往往忽视了这一点，缺乏与现实生活紧密联系的案例和实践活动，导致学生难以将所学知识与实际生活相结合。

最后，教材和教学资源的地域性和特色性不足。中华优秀传统文化具有丰富多样的地域特色和民族特色，但当前的教材和教学资源往往忽视了这一点，缺乏对不同地区、不同民族传统文化的深入挖掘和展示。这使得学生在学习过程中难以感受到传统文化的多样性和丰富性。

三、中华优秀传统文化课程教学优化创新路径

中华优秀传统文化课程教学优化创新，旨在提升中华优秀传统文化课程教学的质

---

① 参见李晓霞、许丹荔：《高校思想政治教育质量监督体系研究》，《兵团教育学院学报》2024 年第 1 期，第 26 页。

量和效果，培养学生对传统文化的兴趣和热爱，促进传统文化的传承与发展。这是一项系统工程，须全面发力，久久为功。

（一）丰富教学内容

1. 拓展教学资源

一是收集经典文献，从《诗经》《论语》等经典文献中选取具有代表性的篇目，作为课程学习的重要内容。这些文献不仅包含了丰富的文化内涵，还体现了古人的智慧和思想。二是利用影音资料，引入与传统文化相关的纪录片、讲座视频等影音资料，使学生能够直观地感受传统文化的魅力。这些影音资料能够生动地展示传统文化的各个方面，激发学生的学习兴趣。三是挖掘地方文化资源，结合所在地区的文化特色，挖掘当地的传统艺术、民俗风情等地方文化资源，将其纳入教学内容中。这有助于学生了解和认识传统文化的地域性和多样性。

2. 拓展文化领域

注重跨学科的文化融合。引入跨学科内容。将传统文化与其他学科如历史、艺术、哲学等进行跨学科融合，使学生能够从多个角度理解和欣赏传统文化。这不仅能够丰富教学内容，还能培养学生的综合素质和创新能力。同时，传统文化课程不应仅仅局限于文科领域，还可以与理科、艺术、体育等学科进行交叉融合。例如，在课上讲解古代的科技成就时，可以引入物理、化学等相关知识；在音乐课上欣赏古代音乐时，可以结合舞蹈、戏剧等艺术形式进行表演。这种跨学科的教学方式有助于学生形成对传统文化的全面理解，并培养跨学科的综合素养。

3. 深入挖掘内涵

一要有哲学视角，深入揭示文化背后的哲学意蕴。中华文化的系统观是其鲜明特征和突出优势，强调天地万物是一个相互联系、相互作用的整体。因此，可以通过研究中华文化的整体观、动态观等哲学思想，来理解传统文化的核心价值和精神内涵。

二要有时代视角，根据时代特点和要求揭示传统文化的价值。传统文化在不同的历史时期和社会背景下，都有其独特的价值和意义。因此，需要结合当今时代的需求和特点，重新审视和解读传统文化的价值，发掘其对于现代社会和个人的启示和指导意义。

三要有人类文明视角，揭示传统文化在哪些方面、多大程度上为人类文明作出独特贡献。中华优秀传统文化蕴含着丰富的人文精神、道德规范和思想智慧，对于人类文明的进步和发展具有重要意义。因此，可以通过比较和研究不同文明之间的差异和共通之处，来认识和理解中华优秀传统文化的独特价值和贡献。

（二）创新教学方式

1. 融合现代科技手段

现代科技手段为传统文化的传播和教学提供了广阔的空间。在教学过程中，可以充分利用多媒体、互联网、人工智能等技术，将传统文化知识以图像、音频、视频等形式呈现，使学生能够更加直观地了解传统文化的内涵和魅力。例如，利用 VR 技术模拟古代场景，让学生身临其境地感受传统文化的氛围；通过大数据分析学生的学习习惯和兴趣点，为学生提供个性化的学习资源和路径。

2. 设计互动式教学模式

互动式教学模式能够激发学生的学习兴趣和主动性。教师可以通过课堂讨论、角色扮演、小组合作等方式，引导学生积极参与教学活动，形成师生互动、生生互动的学习氛围。同时，教师还可以利用线上平台，如社交媒体、学习管理系统等，与学生进行实时互动，及时解答学生的疑问，提高教学效果。

3. 拓展线上学习资源

随着互联网的发展，线上学习资源日益丰富。教师可以引导学生利用线上平台获取传统文化的学习资源，如在线课程、专题讲座、文化论坛等。同时，教师还可以利用线上平台建立学习社区，鼓励学生之间的交流和分享，形成良好的学习氛围。

4. 创设文化体验环境

利用校园空间进行文化布置。在校园的各个角落，如走廊、教室、图书馆等地方，可以悬挂传统文化相关的图片、书法作品、传统绘画等，展示中华文化的艺术魅力。同时，也可以在校园内设置传统文化展示区，定期展示传统工艺品、传统服饰等，让学生近距离感受传统文化的独特魅力。

组织丰富多彩的文化活动。学校可以定期举办传统文化节、书法比赛、诗词朗诵等活动，让学生在参与中体验传统文化的韵味。此外，还可以邀请传统文化传承人进校园，进行现场表演和教学，让学生亲身感受传统文化的魅力和内涵。

（三）提升师资水平

1. 加强专业培训

一是设立专门培训课程，针对中华优秀传统文化课程的特点和需求，设计专门的培训课程，涵盖传统文化知识、教学方法、教材解读等方面。二是邀请专家授课。邀请在中华优秀传统文化领域具有丰富经验和深厚造诣的专家学者，为教师进行授课和讲座，传授专业知识和教学心得。三是定期考核与评估：建立教师考核机制，定期对教师的专业知识、教学能力进行评估，确保教师具备教授中华优秀传统文化课程的基本素质。

2. 促进学术交流与合作

一是组织学术研讨会，定期举办中华优秀传统文化学术研讨会，为教师提供交流平台，分享教学经验和研究成果。二是鼓励教师参与研究项目，鼓励教师积极参与传统文化相关的研究项目，提高研究水平和能力，促进理论与实践相结合。三是加强校际合作，与其他学校建立合作关系，共同开展中华优秀传统文化课程的教学和研究，共享资源和经验。

3. 提供教学资源和支持

一是丰富教学资源库，建立中华优秀传统文化教学资源库，为教师提供丰富的教学资料、教案、课件等，方便教师备课和教学。二是提供技术支持，鼓励教师利用现代科技手段辅助教学，提供技术支持和培训，帮助教师掌握和运用新媒体技术。三是设立教学奖励机制，对在中华优秀传统文化课程教学中表现突出的教师进行表彰和奖励，激励教师积极投入教学工作。

4. 加强师德师风建设

一是加强师德教育，加强教师的师德教育，引导教师树立正确的教育观念和职业道德，以身作则，为学生树立良好的榜样。二是注重教师个人修养，鼓励教师注重个人修养和文化素质的提升，通过阅读经典文献、参加文化活动等方式，不断提高自己的文化素养和审美能力。三是建立良好师生关系，倡导教师关心学生、尊重学生、理解学生，建立良好的师生关系，为学生营造良好的学习氛围和成长环境。

5. 引进专业人才

积极引进具有传统文化教育背景和专业素养的人才，充实教师队伍。专业人才具有深厚的学术背景和专业知识，他们能够深入研究和挖掘中华优秀传统文化的内涵和精髓。他们能够准确把握传统文化的核心价值，理解传统文化的思想体系和精神实质，从而为学生提供准确、全面的教学内容。专业人才通常具备丰富的教学经验和教学方法，能够灵活运用各种教学手段和技巧，提高教学效果。他们能够设计富有创新性和启发性的教学活动，激发学生的学习兴趣和积极性，帮助他们更好地理解和传承传统文化。专业人才还能够为课程的改革和创新提供重要的思路和方向。他们能够根据时代的发展和社会的需求，对传统文化课程进行不断的优化和改进，使其更加符合现代教育的理念和要求。同时，他们还能够与其他学科的专家进行合作和交流，推动跨学科的教学融合，丰富传统文化课程的内容和形式。专业人才还能够为学校与传统文化相关的活动提供有力的支持和指导。他们可以参与组织文化讲座、展览、演出等活动，提供专业的意见和建议，确保活动的质量和效果。同时，他们还可以与校外的文化机构、传承人等进行合作，拓展学校的文化资源和活动平台，为学生创造更多的文化体验机会。

（四）加强实践体验

1. 组织文化体验活动

安排学生参观博物馆、文化遗产地等场所，进行实地考察和学习。这些活动能够让学生亲身感受传统文化的魅力和价值。

2. 开展文化创作活动

鼓励学生参与书法、绘画、剪纸等传统文化艺术形式的创作实践。通过亲身创作，学生能够更深入地理解和体验传统文化的精髓。

3. 举办文化讲座和展览

邀请专家学者进行文化讲座，或举办传统文化主题的展览活动，为学生提供更多的学习和交流机会。

（五）完善评价体系

1. 建立多元化评价体系

综合考虑学生的知识掌握、情感态度、实践能力、创新思维和文化传承等情况，全面评价学生的学习成果。鼓励创新实践，对在传统文化学习中有创新表现的学生给予肯定和鼓励，激发学生的创造力和探索精神。

2. 注重过程性评价与反馈

过程性评价能够更真实地反映学生的学习状态和问题，有助于及时调整教学策略。同时教师应及时给予学生反馈，指出他们的优点和不足，提出改进建议，帮助学生更好地掌握中华优秀传统文化。

3. 加强师资培训与评价能力提升

教师是评价体系的执行者，他们的评价能力和水平直接影响评价体系的实施效果。因此，应加强对教师的培训，提升他们的专业素养和评价能力，使他们能够更好地理解和执行评价体系。

4. 建立激励与约束机制

为了鼓励教师和学生积极参与评价体系，可以建立相应的激励机制，如设立奖学金、优秀教师评选等。同时，也应建立约束机制，对评价结果不合格的学生和教师进行一定的督促和帮助，确保评价体系的有效实施。

四、数智赋能中华优秀传统文化课程建设的基本逻辑

数智赋能指的是利用数字化知识和信息技术，使企业在摆脱单一供给的同时，深度挖掘用户需求，探索多元的业务场景。在教育领域，数智赋能同样具有重要意义，它可以帮助我们更加高效、精准地传播和弘扬中华优秀传统文化。数智赋能课程建设的基本逻辑主要体现在以下几个方面：

（一）以需求为导向的课程设计

在数智赋能的课程建设中，首先要进行深入的需求分析。这包括对行业发展趋势、企业用人需求、学生个性化学习需求等多方面的调研与分析。通过大数据技术，可以精准地把握市场脉动和学生需求，为课程设计提供有力的数据支撑。

基于需求分析，课程设计应围绕培养学生的核心素养和综合能力展开。通过引入数字技术和智能技术，构建跨学科、综合性的课程体系，使学生掌握扎实的专业知识，同时具备良好的创新能力、团队协作能力和实践操作能力。

中华优秀传统文化课程建设的目标与需求，旨在提高学生对中华优秀传统文化的认知、理解和欣赏能力，培养学生的文化自信和民族自豪感。同时，结合学生的年龄、学段和身心特点，以及社会对人才的需求，确定课程的具体内容和形式。

（二）技术驱动的课程内容优化

数智赋能课程建设的关键在于利用数字技术和智能技术优化课程内容。通过引入人工智能、大数据、云计算等先进技术，丰富教学资源，提高教学效果[1]。

例如，利用虚拟现实（VR）和增强现实（AR）技术，可以创建沉浸式的学习环境，让学生身临其境地感受课程内容[2]；实现资源整合与共享，利用数字化平台，将分散的中华优秀传统文化资源进行整合，形成系统化的课程资源库。同时，通过共享机制，让更多的学校、教师和学生能够便捷地获取和使用这些资源。

---

[1] 参见邓飞虎等：《高职院校汽车制造类专业理实一体化教学模式研究》，《汽车测试报告》2024年第3期，第121页。

[2] 参见林明华：《高职院校实施中华优秀传统文化课程的创新路径》，载山西省中大教育研究院《第七届创新教育学术会议论文集》，北京：社会科学文献出版社2023年版，第39页。

（三）技术驱动的教学方式优化

1. 个性化学习支持

借助大数据和人工智能技术，分析学生的学习行为和需求，为每个学生提供个性化的学习路径和推荐资源①。这有助于激发学生的学习兴趣，提高学习效果。

2. 互动式学习体验

利用虚拟现实、增强现实等技术，为学生创造沉浸式学习体验。通过模拟古代场景、重现历史事件等方式，让学生更加直观地感受中华优秀传统文化的魅力。

3. 跨界融合与创新

将中华优秀传统文化与现代科技、艺术等领域进行跨界融合，创造出具有时代特色的新课程形式。这不仅可以拓宽学生的学习视野，还能促进传统文化的创新发展。

（四）成果导向的教学评价

数智赋能课程建设强调成果导向的教学评价。这意味着评价不再仅仅关注学生的学习成绩，而是更注重学生的实际应用能力、创新能力以及解决问题的能力。

通过构建多元化的评价体系，包括课堂表现、作业完成情况、项目实践成果等多方面内容，可以全面评估学生的学习成果。同时，利用数字技术和智能技术，可以实现对学生学习过程的实时监控和反馈，为教师和学生提供及时、准确的教学信息。

通过定期评估课程实施效果，收集学生和教师的反馈意见，不断优化和完善课程体系和教学方法②。同时，建立激励机制，鼓励更多的教育工作者参与到数智赋能中华优秀传统文化课程建设的实践中来。

（五）持续的课程迭代与更新

数智赋能课程建设是一个持续迭代和更新的过程。随着技术的不断发展和市场的不断变化，课程内容和教学方式也需要不断进行调整和优化。

通过定期收集和分析教学反馈数据，可以及时发现课程中存在的问题和不足，并制定相应的改进措施③。同时，关注行业发展趋势和新技术应用，及时将最新的知识和技术引入课程中，保持课程的时效性和前瞻性。

---

① 参见邓飞虎等：《高职院校汽车制造类专业理实一体化教学模式研究》，《汽车测试报告》2024 第 3 期，第 120 页。

② 参见马清：《"1＋X"证书制度下高职院校课程结构的优化策略》，《中国多媒体与网络教学学报（中旬刊）》2024 第 3 期，第 145 页。

③ 参见冯震：《乡村旅游产品创新与品牌建设研究》，《农村经济与科技》第 2023 年第 15 期，第 113 页。

五、数智赋能 12345 课程教学模式的构建与实践

数智赋能中华优秀传统文化课程建设的基本逻辑是以需求为导向进行课程设计，通过技术驱动优化课程内容与教学方式，采用成果导向的教学评价，以及持续的课程迭代与更新。这一逻辑有助于构建符合时代需求、具有创新性和实用性的课程体系，提升课程建设的效率和质量，实现传统文化的有效传承与创新发展，培养适应未来社会发展的高素质人才。

（一）12345 课程教学模式的内涵解读

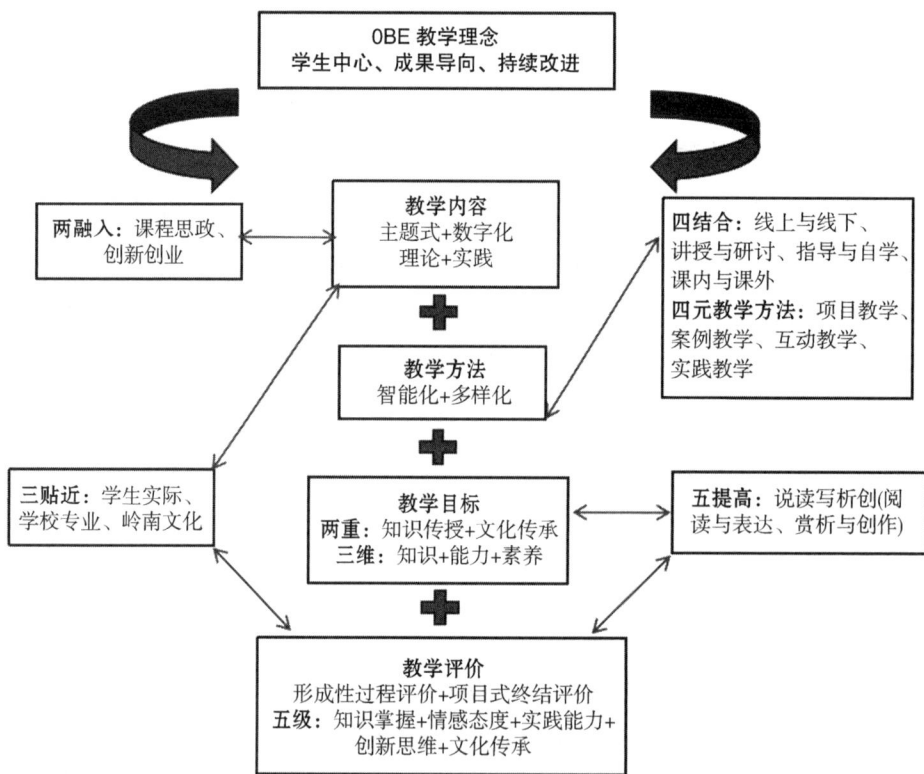

OBE 教学理念
学生中心、成果导向、持续改进

两融入：课程思政、创新创业

教学内容
主题式+数字化
理论+实践

四结合：线上与线下、讲授与研讨、指导与自学、课内与课外
四元教学方法：项目教学、案例教学、互动教学、实践教学

教学方法
智能化+多样化

三贴近：学生实际、学校专业、岭南文化

教学目标
两重：知识传授+文化传承
三维：知识+能力+素养

五提高：说读写析创(阅读与表达、赏析与创作)

教学评价
形成性过程评价+项目式终结评价
五级：知识掌握+情感态度+实践能力+创新思维+文化传承

图 1　中华优秀传统文化课程 12345 教学模式

"1"代表一个核心理念，即 OBE 理念，强调以学生为中心，以学习成果为导向，优化课程设计，提升教学质量。"2"代表通过"两融入"实现双重教学目标，即课程思政与创新创业双融，知识传授与文化传承并重，既注重学生对传统文化知识的掌握与创造性融入，又强调对传统文化精神内涵的领悟与传承。"3"指遵循"三贴近"原则设计三维教学目标和三维教学内容，三贴近，即学生实际、学校专业、地方文化（如岭南文化），三维教学目标即知识目标、能力目标和素养目标，三维教学内容即传

统文化知识、历史背景及现代价值，通过多维度内容呈现，帮助学生全面理解传统文化的丰富内涵和时代价值。"4"指采用"四结合"实践四元教学方法，四结合，即线上与线下、讲授与研讨、指导与自学、课内与课外，四元教学方法包括项目教学、案例教学、互动教学和实践教学，旨在激发学生的学习兴趣，提高学习效果。"5"是通过五级评价体系提高五种能力，即从知识掌握、情感态度、实践能力、创新思维和文化传承五个方面全面评价学生的学习成果，提高"说读写析创"（阅读与表达，赏析与创作），确保教育目标的实现。

（二）12345 课程教学模式的实践探索

1. 主题式的教学内容设计

中华优秀传统文化课程主题设计应当紧密围绕传统文化的核心价值和精髓，同时结合现代教育的理念和方法，以激发学生的学习兴趣和主动性，促进他们对传统文化的深入理解和传承。建议的主题设计：

（1）经典传承与智慧启迪。这一主题旨在通过深入学习和理解经典文献，引导学生体会古代智慧的精髓，培养他们的人文素养和思维能力。课程内容可以包括《诗经》《论语》等经典著作的选读，以及对其中的思想、价值观进行深入剖析和讨论。

（2）传统艺术与审美体验。这一主题通过介绍和体验传统艺术形式，如书法、绘画、音乐、戏曲等，培养学生的审美能力和创造力。可以组织学生进行书法练习、绘画创作、音乐欣赏等活动，让他们亲身感受传统艺术的魅力。

（3）传统节日与民俗文化。这一主题旨在通过介绍和体验传统节日和民俗文化，让学生了解和传承中华民族的传统文化。可以组织学生学习春节、中秋节等传统节日的起源、习俗和意义，以及参与相关的庆祝活动，让他们在实践中感受传统文化的氛围和价值。此主题突出地域文化，即岭南文化的学习和感悟。

（4）传统道德与伦理教育。这一主题通过挖掘和传承传统道德和伦理观念，培养学生的道德品质和社会责任感。可以选取《弟子规》《孝经》等经典中的道德故事和格言，引导学生进行讨论和思考，让他们理解并践行传统道德观念。

（5）跨文化交流与理解。这一主题旨在通过比较和分析中西方文化的异同，培养学生的跨文化交流能力和全球视野。可以组织学生进行文化对比研究、国际文化交流等活动，让他们了解不同文化背景下的价值观和行为规范，增强对多元文化的理解和尊重。

主题设计可以根据学生的兴趣和认知水平进行适当调整和拓展，以确保课程的针对性和实效性。围绕这些主题进行课程思政设计、创新创业项目设计（示例见表 1），同时，建设数字化的教学资源库，包括慕课、学习强国等优质教学视频、B 站、CCTV

等平台的传统文化类优质视频，多媒体课件集、案例集、习题集、试题集等。此外，还应注重课程的实践性和互动性，通过组织丰富多样的教学活动和实践项目，让学生在亲身体验中感受传统文化的魅力和价值。

2. 智能化的教学方式设计

课程优化创新路径在创新教学方式中主要通过四种方式实现，即融合现代科技手段、设计互动式教学模式、拓展线上学习资源和创设文化体验环境。教学实践中进一步细化深入，采用"四结合"实践四元教学方法，旨在激发学生的学习兴趣，提高学习效果。以主题传统节日与民俗文化——春节与中国传统文化为例，设计如下。

表 1　中华优秀传统文化课程教学设计示例

教学主题	传统节日与民俗文化
教学目标 （分类描述）	第一章　春节与中国传统文化 知识目标：了解春节的由来，掌握春节的民俗活动。 能力目标：探究春节的起源和演变过程，了解其在不同历史时期的特点和变化。分析春节对于个人、家庭和社会的意义，认识其对于民族团结和文化传承的重要作用。 素养目标：激发学生对春节和传统文化的热爱之情，培养他们的民族自豪感和文化自信心。
教学内容 （知识点、技能点、实践项目、课程思政元素等）	知识点：掌握春节历史起源、发展历程以及在中国传统节日中的重要地位。熟悉春节期间的传统习俗，如贴春联、放鞭炮、吃年夜饭、拜年等，并理解这些习俗背后的文化内涵。 技能点：探讨春节习俗的传承方式和现状，思考如何在现代社会中保持和发展这些习俗。分析春节习俗的现代意义，引导学生认识其对于增强民族凝聚力、促进社会和谐等方面的积极作用。 实践项目： 1. 介绍春节期间各地独特的文化活动和特色食品。 2. 春节诗词赏析。 3. 自己动手写春联、制作年货。 课程思政：引导学生感悟春节所体现的团圆、和谐、吉祥等传统文化价值观，理解这些价值观在中华民族精神中的重要地位。通过分析春节习俗中的道德规范和礼仪要求，培养学生的道德情操和文明素养。
教学方式	线上线下混合式 线上资源：1. 站在时光的角度，我才突然明白什么是春节（B 站） 　　　　　2. 公开课：北京语言大学《走进中国传统文化》——春节
教学方法	课前：项目教学 课中：互动教学、案例教学 课后：实践教学
创新创业	鼓励学生发挥创意，结合现代元素对春节习俗进行创新和发展，形成具有时代特色的新传统。
预期学习成果	1. 制作分享视频 2. 撰写赏析文并制作 ppt 3. 春联等实物作品 4. 春节习俗创新发展论文

3. 多元化的教学评价设计

一要强调过程性评价。这种评价方式注重学生在学习过程中的表现，包括课堂参与度、小组合作能力、问题解决能力等。通过观察学生在课堂上的表现，教师可以及时了解学生的学习状态，给予及时的反馈和指导。

二要结合结果性评价。传统的闭卷考试或作业检查可以评估学生对知识点的掌握情况，但这种评价方式较为单一，难以全面反映学生的综合素质。因此，在结果性评价中，可以加入开放性问题、案例分析等题型，鼓励学生进行深层次的思考和表达。

三要注重表现性评价。例如，可以组织学生进行传统文化主题的演讲、表演、创作等活动，通过学生的表现来评估他们对传统文化的理解和应用能力。这种评价方式不仅可以激发学生的学习兴趣，还能培养他们的实践能力和创新精神。

四要引入学生自评和互评。学生自评可以让他们反思自己的学习过程和成果，明确自己的优点和不足；学生互评则可以让他们相互学习、相互借鉴，促进共同进步。这两种评价方式有助于培养学生的自我认知能力和团队合作精神。

五要利用现代技术手段。利用电子学习平台记录学生的学习轨迹、参与情况、作业提交等数据，进行大数据分析，从而更全面地了解学生的学习状况。

综上，课程考核方案设计示例如表 2：

表 2　中华优秀传统文化课程考核方案

考核项目及权重（总分 100）			
形成性评价 60%			综合性考核 40%
阶段性学习成果考核 1	阶段性学习成果考核 2	阶段性学习成果考核 3	
学习过程表现 20%	相关活动表现 15%（自评 30% ＋互评 30% ＋师评 40%）	期中测验 20%	简答题 1 个（20 分）赏析题 1 个（30 分）论述题 1 个（50 分）
课堂参与 5% 学习通视频观看 5% 学习通专题讨论 5% 作业提交 5%	主题演讲 5% 文化表演 5% 文化创作 10%	线上测试 学习通开放式测试（100 题）	简答题 1 个（20 分） 赏析题 1 个（30 分） 论述题 1 个（50 分）
20 分	20 分	20 分	40 分
注：1. 迟到、早退 −2 分/次，缺勤 −5 分/次，旷课 −10 分/次； 　　2. 获学院、校、市、省级、国家级奖项分别 ＋2、3、5、10、15 分/次，加满为止。			

在中华优秀传统文化课程中，进行多元化的教学评价设计需要综合考虑多种评价方式，注重过程与结果、表现与反思的结合，同时利用现代技术手段提高评价的效率

和准确性。这样的评价设计能够更好地促进学生的全面发展，传承和弘扬中华优秀传统文化。

六、结论

中华优秀传统文化是中华民族的瑰宝，它承载着数千年的历史积淀，展现出独特而深厚的文化底蕴。中华文化的独特魅力，为中华民族的繁荣与发展提供了不竭的动力。本研究基于 OBE 理念内涵的五点解读，阐述中华优秀传统文化课程的四个有助于原则，指出中华优秀传统文化课程教学的五个问题，提出课程优化创新的五条路径，剖析数智赋能课程建设的五个基本逻辑，进而提出"12345"教学模式的构建框架，并提供了实践案例。通过实施"12345"教学模式，有效提升了中华优秀传统文化课程的教学效果，为学生的全面发展奠定了坚实基础。同时，也为高校传统文化课程的改革与创新提供了有益借鉴。

学者访谈

讲学论道传承文化，渔樵耕读播撒乡情

——访中国人民大学哲学院教授、陕西豳风书院院长肖群忠先生

杜华伟　肖群忠[*]

【摘要】古代书院作为儒家文化的主要传承基地，通过教育引导、环境浸润、榜样感染以及制度约束，将道德教育寓于日常人伦生活之中，在生徒的人格养成方面发生了重要影响。在新时代，通过传播与弘扬书院文化，在全社会形成尊重知识、爱护人才的良好氛围，是传承弘扬中华优秀传统文化、增强民族文化自信自强、助力实现中华民族伟大复兴的现实举措。建立在"后稷生地、公刘故里"彬州的豳风书院，既是中华优秀传统文化与地方历史研究传承中心，也是彬州文学艺术培育中心，更是农耕文化观摩地以及传统文化教育体验中心。书院突出思想价值引领，坚持公益普及原则，通过开展丰富多彩的文化讲座、农耕教育、陶艺体验、儿童游学、志愿活动，以及与人们日常生活息息相关的成人礼、开笔礼等传统礼节礼仪教育，使文化以生动活泼的样态走进每个人的日常生活，从而激发大家学习传统文化的兴趣与热情，以特有的方式参与了中国式现代化建设，提升了全社会道德水准。

---

*【作者简介】杜华伟，女，1975年生，甘肃庆阳人，博士，兰州交通大学副教授，兼任中国书院学会理事、安溪凤山书院文化建设学术顾问、《中华优秀传统文化研究》集刊编委，研究方向：书院文化与思想。肖群忠，男，1960年生，陕西彬州市人，博士，中国人民大学哲学院二级教授、博士生导师，兼任国际儒学联合会理事，研究方向：伦理学与中国传统伦理研究。

【关键词】 豳风书院　传统文化　讲学论道　耕读文化　儒家伦理　社会实践

图1　肖群忠先生近照

受访者肖群忠，哲学博士，中国人民大学哲学院二级教授、博士生导师，国际儒学联合会理事，韩国圣山孝大学孝学名誉博士。主要从事伦理学与中国传统伦理研究。"全国优秀博士学位论文奖"获得者；"教育部新世纪优秀人才培养计划"入选者；中国人民大学"十大教学标兵"称号获得者。曾在《哲学研究》《北京大学学报》等杂志发表学术论文200余篇，已出版学术著作10余部。代表作主要是：《孝与中国文化》（人民出版社2001年版）、《传统道德与中华人文精神》（中国人民大学出版社2019年版）。由于对传统孝道的开拓性精深研究，被媒体称为"中国弘孝第一人"。《传统道德与中华人文精神》2019年获得"中国好书"奖；中国大学视频公开课《儒家道德八讲》获"教育部第八批精品视频课"荣誉，在线广受好评。讲学足迹遍布国内各地，高校如北京大学、北京师范大学，国家部委如文化和旅游部、人力资源和社会保障部，社会文化机构如国家图书馆，京、津、广州、武汉、杭州图书馆，媒体如中央电视台、凤凰台，企业如中国移动通信集团公司、中国海洋石油集团有限公司，地方东到黑龙江、西到新疆，也曾赴美国、日本、韩国、马来西亚，我国台湾、香港等地进行学术交流。

"中华优秀传统文化是中华民族的精神命脉，是涵养社会主义核心价值观的重要源泉，也是我们在世界文化激荡中站稳脚跟的坚实根基。"① 党的十八大以来，习近平总书记多次强调中华优秀传统文化的历史影响和重要意义，赋予其新的时代内涵。近年来，我国经济、社会发展取得重大成就，国家和人民的历史自信、文化自信不断增强，民族精神不断凝聚。在传统文化热中，各地古代书院得以恢复，当代书院也呈不断增长之势。笔者有幸于2023年7月28日专访中国人民大学哲学院教授、陕西豳风书院院长肖群忠先生。在谈到豳风书院的发展现状与未来愿景时，肖院长强调，"传承豳风，弘扬文化"始终是书院的发展宗旨。

以下是访谈实录。

杜华伟（以下简称杜）：肖院长，您好，首先感谢您接受访谈！您作为伦理学专家和传统文化研究者，如今又成为当代书院创办者与实践者，对于当代书院发展与传统文化教育一定有自己深刻而独到的见解。今天想请您谈谈相关问题。

肖群忠（以下简称肖）：好的，感谢您的访谈。希望我们能共同探讨并推动当代书院发展，也希望我在创办书院中的一些体会和经验能够为同道提供参考与借鉴。

杜：咱们的书院取名为豳风书院，是否有将中华优秀传统文化与地域文化相结合的用意？走进书院，首先映入眼帘的为何是一只硕大的倒流壶雕塑？

肖："凤栖于豳，鸣于岐，翔于雍。"豳风书院，坐落在"中国最美乡村"拜家河（陕西省彬州市境内），自古以来，彬州人就以"后稷生地、公刘故里"而倍感自豪与骄傲，一直拥有农本和人本的优良传统。本着植根沃土、薪火相传、遵史求真、守正创新的理念，以弘扬古豳与先周文化，促进彬州文化发展为职志，为此我们创办了这所书院。

书院突出思想价值引领，坚持公益普及原则，既是中华优秀传统文化与地方历史研究传承中心，也是彬州文学艺术培育中心，更是农耕文化观摩地以及传统文化教育体验中心。起初有人提议将书院取名为"豳州书院"，但我认为这个名字不足以表达书院的内涵。因为豳州仅能指代一个地方，而豳风则是《诗经》十五国风之一，是一个文化符号，代表着我们中国的农耕文明和礼乐文明，具有特殊意义。古豳是周人先祖之地，是我国农业文明的发祥地，也是《诗经》"豳风"文化所在地，在我们这块有深厚文脉的土地上创建旨在传承中华优秀传统文化与豳州文化的书院，可谓恰逢其时。文化复兴是实现中华民族伟大复兴的动力和支撑，传承弘扬中华优秀传统文化应

---

① 习近平：《在文艺工作座谈会上的讲话》，《人民日报》2015年10月15日，第2版。

是国人的责任担当，豳风书院希望能够为延续彬州文脉、提高民众素质、促进地方全面发展做出自己的贡献。

豳风书院有一处标志性建筑——倒流壶。倒流壶的造型非常别致，壶盖和壶身连为一体，还雕刻着三朵盛开的牡丹。壶把是一只昂首的凤鸟，壶的出水处是一个张口大开的狮子，下面还有一个小狮子正在吃奶。由于凤凰为百鸟之王，狮子为百兽之王，而牡丹又为花中之王，所以民间又称倒流壶为"三王壶"。彬州出土的五代耀州窑青釉刻花提梁倒流壶的纹样、题材来源于生活，具有很强的写实性。如母狮给幼狮哺乳的情景，完全是对自然界真实活动的生动写照。两狮的神态刻画细致入微、形神兼备。母狮的舐犊之情、幼狮的安详宁静之感无不从工匠的手下流泻出来，具有强烈的艺术感染力，也表现出人民对美好生活的憧憬。今天的豳风书院正是在原彬州太峪陶艺馆的基础上扩建的，而陶艺馆则是在原彬州窑烧制遗址上修建的。因此，我们选择以具有鲜明地方文化特色的倒流壶作为书院的标志性建筑。

杜：我注意到豳风书院有一些特色活动，例如农耕教育和陶艺体验等，请问你们当时是如何想到要设置这些活动？设置这些活动有何目的？

肖：耕读传家、诗书继世、勤劳勇敢、质朴善良是中华民族一以贯之的文化传统。从古至今，中华儿女就在农耕劳动中不断探索。在漫长的历史发展中，我们祖先留下了丰富的农耕遗存。《豳风·七月》等篇章就是对这种农耕生活传统的生动记载，在以传统耕作为载体的农耕文明中，蕴含着我们不可割舍的文化力量，牢记并传承历史荣光，才能在历史长河中越走越远。随着社会经济发展，人们的生活水平不断提高，然而生活在城市中的孩子对于农村的面貌是模糊的，对农村和农耕生活的真实情况几乎没有了解，甚至分不清农作物，不知道植物的生长规律。一些家长、学校也只重视孩子的学习成绩，忽视了动手能力、农耕文化等方面的教育。

习近平总书记强调："要开展以劳动创造幸福为主题的宣传教育，把劳动教育纳入人才培养全过程。"[①] 劳动教育不仅是对学生生存技能的培养，更是素质教育的重要组成部分。豳风书院坚持以劳动教育为抓手，实现德智体美劳五育并举，将劳动教育与知识学习、实践操作相结合，让劳动教育为孩子们成长赋能。因此，我们在书院内设置了陶艺展厅和陶艺体验制作区、家庭农场和劳动实践基地。陶艺馆内展有百余件陶制工艺品，以传承中国陶艺、弘扬民族文化为使命，让青少年在亲身体验过程中了

---

① 习近平：《在全国劳动模范和先进工作者表彰大会上的讲话》，《人民日报》2020 年 11 月 25 日，第 2 版。

解陶艺制作的历史文化，不仅能够提升青少年的感知力、创造力和观察力，更能快速提高他们的动手能力。

我们的农场占地约 100 亩，以家庭为单位将土地规划成块，让孩子们在种植蔬菜的实践中得到锻炼、收获快乐，同时家庭成员之间也能增进了解和信任。儿童的品德与社会性发展源于他们对生活的体验和感悟。书画、陶艺、古建、农耕等文化活动，能够直观地将博大精深的中华优秀传统文化展现在孩子们眼前，使文化以生动活泼的样态走进每个人的日常生活，从而激发大家学习传统文化的兴趣与热情。农耕文化是中华优秀传统文化的重要组成部分，不仅不能丢，还要不断发扬光大。习近平总书记指出："乡村文明是中华民族文明史的主体，村庄是这种文明的载体，耕读文明是我们的软实力。"① 如今，耕读文明所依赖的经济社会基础已经大为不同，但这些思想理念仍有重要的时代价值。让孩子们通过体验活动而知农爱农，提高劳动素养，培养劳动精神，是我们设置这一系列特色活动的价值旨趣。

杜：资金和学田是书院发展的物质基础和重要保证，请问豳风书院是如何解决这一问题的？

图 2　部分豳州文化学者在书院集会

---

① 中共中央党史和文献研究院：《习近平关于"三农"工作论述摘编》，北京：中央文献出版社 2019 年版，第 121 页。

肖：您提到的其实就是书院如何提升造血功能的问题。虽然现在国家十分重视中华优秀传统文化的传承与创新，党的二十大报告中特别强调要将马克思主义基本原理同中华优秀传统文化相结合。然而，目前一些地方仍然存在重 GDP 轻文化建设的现象，还没有认识到文化的重要性，这也导致书院发展面临一定困境。

我认为，书院发展需要官学商三方互动，共同做出努力。首先，书院作为一种文化与办学机构，最重要的就是要得到学界人士支持，因为他们是文化主体。豳风书院的创建最初是由我们五位 78 级的同学倡议发起的，我们作为彬州走出来的文化人，希望在退休后能够造福桑梓，于是萌生了创建书院的想法。其次，在一个经济工商社会，企业家作为社会的中坚力量也应该有责任担当，助力文化建设。一方面，我们积极争取了市领导的支持；另一方面，我们也联系到了彬籍先贤、清初名儒王吉相进士的后人、现任彬州市德隆商贸有限公司总经理王小宁先生，他出于一种文化责任感和对于传统文化的兴趣，也对书院建设予以大力支持。我前面提到书院的陶艺体验、家庭农场、采摘园等项目，目前来讲是有一定微利回收的。为了支撑这个公益性文化团体持续运行下去，我们也在不断加大宣传力度，逐渐扩大书院的知名度和美誉度，希望能够吸引更多有识之士助力书院建设。尽管有困难，但是，有意义的事情，值得我们坚持往前走。

杜：每所书院都有自己的特色与个性，有的进行成人国学教育，有的进行青少年才艺培训，还有一些进行全日制儿童读经教育。那么，您认为当代书院的使命和责任是什么？

肖：古代书院是士人求学论道、游学修身的场所。而当代书院是在传统文化复兴的背景下，为了适应现代人的文化需要、补充体制教育的不足产生的。目前学校教育多为应试教育，家长更关注孩子能否考上一所好大学、找到一份好工作，却忽视了孩子情商、德商的提高和人格的历练。我们现在创办书院，就是因为体制教育中有一些缺失，希望可以通过书院教育来化解。"做人"的教育远比知识教育重要，书院是塑造人格、培养品德的地方，而不是灌输知识和培训技能的地方。从文化的角度来说，书院是儒家的道场，就是要弘扬崇德向善、立德树人的儒家精神，这是书院教育的核心。

体制教育更多提供的是知识和技能，而传统文化中蕴含着民族悠久的思想道德智慧。近 40 年来，传统文化受到了来自西方文化、应试教育等方面的冲击，其传承与发展受到一定影响。然而传统文化复兴是一个长期过程，知识分子应当有责任感、使命感，为传统文化复兴贡献自己的力量。此外，书院还担负着对家长教育理念和教育态度进行纠偏的责任，所以我们豳风书院计划开设家长学习班。因为只有家长转变态度，他们才会将孩子送到书院来接受熏陶和教育。如果家长都不热爱读书，不认同传统文化，孩子也很难对传统文化产生兴趣。一个有学习意识、重视传统文化的家长，本身就是一个好老师。许多家长考虑到将来就业等因素，很难下定决心将孩子送进全日制书院。因此，我们的想法是在尊重现今教育体制的基础上，可以利用双休日、寒暑假举办一些传统文化活动，从而补充学校教育的不足。最终目的还是将孩子培养成为德才兼备、德智双修的人。

杜：豳风书院是否开展一些大众化的礼仪教育活动？例如成人礼、开笔礼等。

肖：成人礼、开笔礼等传统礼节礼仪，已经有了很多成功经验，我们也将此移植了过来，这也就是礼仪教育。仪式化的东西是要有的，青少年的敬畏之心就是从这些细微之处进行培养的。举个例子来说，现在的学校教育中，许多老师为了节省时间，已经简化甚至取消了课前起立行礼的环节。而在书院教育中，学生要向孔子行四拜礼，代表对天、地、君父、先师才有的大礼。要向老师行三拜礼，以示尊重和敬畏。所以，我们在书院开展成人礼、开笔礼、释菜礼等活动非常有必要。另外，我们还计划在九九重阳节筹办敬茶礼，向青少年传递尊老、敬老、爱老、助老的传统美德。

子曰："学而时习之，不亦说乎。"学和习是要统一起来的。我们的学校教育只有学，只是一个认知的概念，缺少实践教育。只有在做中学，才能体会到事物发展的真谛，所以书院教育必须要实践，正如我前面所提到的劳动教育，这也是实践的一部分。马克思主义基本原理与中华优秀传统文化之所以能够相结合，就是因为二者之间具有高度的契合性，在我看来最大的契合性就是实践性。

杜：说到实践这一话题，我又想到能否将高校"三下乡"活动与书院教育结合起来，让假期返乡的大学生来到书院给孩子们授课。

肖：您的这个想法非常好，给我提供了一个很好的思路。返乡大学生来到书院授课，既能够锻炼他们的策划、执行能力，也是他们报效桑梓、服务社会的体现，还能够进一步增强他们对家乡的情感。志愿活动是提高青少年心性修养的一个重要途径，不仅仅在书院，在社会上都应该有这样的活动。现在的应试教育将孩子们都关在课堂里，导致他们大多缺乏实践能力。我在日本时了解到，日本学生有一个春假是专门用来游学的。"游学"就是要让孩子离开自己熟悉的环境，到另一个全新的环境里进行学习和游玩。"游学"既不是单纯的旅游，也不是简单的学习，而是在体验当中学习。现在一些书院通过了相关机构资质认定，能够作为游学基地，也是为了培养和锻炼青少年的实践能力，豳风书院将来也要把这一块活动做起来。

杜：游学是古代书院教育的一个很好的传统，您在寒暑假也会带领学生进行游学，请问您认为这对于学生的知识学习和品行培养有什么样的作用？

肖：游学是一个"读万卷书，行万里路"的过程，游学精神溯源于孔子，孔子周游列国治学精神是现代的游学始源。今年7月，我带领中国人民大学哲学院六位研究生前往甘南藏族自治州进行了为期三日的游学活动。

游学团在临夏安多牧场走进生产一线观摩，学生真正体会到了产品生产的不易，认识到了民族经济在实现民族共同富裕中的重要作用。在拉卜楞寺了解到大瓦金殿和闻思学院中诸多佛像的渊源和特色，对藏传佛教文化有了初步的认识和理解。我们还有幸参与了当地的篝火晚会，亲身体验了草原牧区的民俗文化。最后，我们参观了迭部茨日那毛主席旧居和腊子口战役纪念碑。通过重走红军长征路，大家真正理解了"长征是宣言书，长征是宣传队，长征是播种机"的深刻含义。通过本次以游促学的游学活动，我相信学生们都能够真真切切地体验和感悟中华民族文化的"前世今生"，在实践生活中深入学习中华优秀传统文化，领会铸牢中华民族共同体意识对中华民族伟大复兴的重要意义。让学生在体验中潜移默化地学习和修身，我认为这就是我们游学的意义所在。

杜：伦理学是研究人与人之间关系的学科，作为一位伦理学专家，请问您认为伦理学和古代书院教育有什么共通之处？伦理学对当代书院发展有哪些启示？

肖：今天这个时代，科技进步、经济发达、物质丰富、信息通畅，但人们烦恼越来越重，生活压力也越来越大。维护社会的和谐与安定，就一定要重视中华优秀传统文化中的道德教育，尤其是最基本的日常生活伦理教育。儒家传统伦理在当代社会仍然具有重要价值。首先，儒家伦理是中华优秀传统文化的核心与灵魂，是中华民族文化发展的精神纽带与不竭动力。其次，儒家伦理是具有鲜活生命力的文化传统，也是现代中国社会最具意义的道德文化资源。最后，我们坚信，儒家伦理传统在当代社会仍然会发挥持久的影响作用。而书院是儒家文化的主要传承基地，古代书院通过教育引导、环境浸润、榜样感染以及制度约束，使社会普遍价值观念和行为规范具体化、生活化、生动化和形象化，将道德教育寓于日常人伦生活之中，对生徒的成长与人格养成产生了重要影响。

书院历史源远流长，其精神内涵在不同时期不同地域虽表现出不同特点，但因其区别于传统封建官学的办学性质、"成人之教"的教育理想和知识创新的价值追求的书院精神核心是永恒不变的。因此，当代书院建设也不能背离这些精神。第一，德育为先的人文精神。不论是精神层面的引导，还是行为层面的约束，书院的办学宗旨都离不开"德行"二字，这正是伦理学对人的基本要求。第二，独立自主的治学精神。书院的独立精神既体现在书院治理的自主性，又体现在书院教育的独立性。第三，实事求是的求真精神。这是不同时期书院所共同追求的教育理念，为社会培养了一大批实用人才，对社会发展起到了积极的促进作用。第四，勇担道义的爱国精神。道义是儒家学说乃至中国传统文化的核心命题。因此，书院一直以来坚决维护国家和民族的统一，不断丰富着儒家伦理精神内涵。

杜：我关注到您在指导学生的过程中十分重视艺教，除了带领研究生研读《论语》等经典外，还创有"博雅箫社"，师生定期共同学箫、吹箫，请您谈一谈艺教对个人修身的帮助。

肖：中华优秀传统文化中一直非常重视礼乐。礼乐的内容包括礼仪、音乐等。"礼"就是指各种礼节规范，"乐"则包括音乐和舞蹈。礼乐文化在中华文明史上创造了人类的辉煌，然而现代工商业科技文明过分重视物质利益，使得传统礼乐文化受到商业世俗文化的冲击，已失去古典纯朴的本质精神。

我们的读书会除了研读经典之外，还包括吹箫、唱歌、诗朗诵等各种各样的才艺活动。我之所以对学生提出这一要求，是因为礼乐作为中华优秀传统文化的重要组成部分，具有深远的现实意义。第一，礼乐教化人们尊重同事、敬爱长辈、友好相处，培养了一种尊敬他人、自我约束的品德。第二，礼乐通过正式化的礼仪和音乐，能够提高学生的审美水平，从而促进人格的完善。第三，礼乐中的音乐、诗歌等艺术形式，具有极高的美学价值，能够激发学生的情感，培养高雅情操，从而提升生活品质。第四，礼乐作为一种公共文化形式，可以促进师生之间、同学之间的交流和互动，增强沟通和理解。

杜：请问您如何理解"传统文化要对接现代人的需求"这句话？

肖：我是认同这一观点的，但传统文化又不能过于迁就现代人的需求。既要有坚持，又要有创新。书院复兴，重在挖掘精华，贵在转化创新。在新时代，让书院在现代文化中发挥重要作用，并通过传播与弘扬书院文化，在全社会形成尊重知识、爱护人才的良好氛围，是传承弘扬中华优秀传统文化、增强民族文化自信自强、助力实现中华民族伟大复兴的现实举措。今后，豳风书院还将推出更多活动，持续打造具有影响力的文化品牌，发挥连通传统与现代的独特价值。

杜：感谢肖院长接受访谈！期待豳风书院这座年轻的当代书院能够不断完善，取得更好的成绩，更有效地服务社会！

肖：谢谢杜老师！我们会秉承"传承豳风，弘扬文化"的宗旨继续走下去。也希望有更多人能参与到书院的实践和研究中来，共同推动中华优秀传统文化的传承和复兴。

2023 年 7 月 28 日访谈记录

2023 年 8 月 1 日整理完稿

图 3　作者与肖群忠先生合影

著作评论

"生生"视域下宋儒生命伦理思想的本土化建构

——初读张舜清教授新著《宋代儒家生命伦理思想研究》

黄敦兵[*]

【摘要】 由于建构和发展中国生命伦理学与处理跨文化生命伦理冲突的现实需要，儒家生命伦理学日益成为学界研究的一大重镇。对宋代儒家生命伦理思想研究的全面展开，正是儒家生命伦理学逐渐走向深化的表现。张舜清教授长期关注儒家生命伦理思想的研究，他的新著《宋代儒家生命伦理思想研究》不仅是出于对中国生命伦理学和儒学发展的理论与现实问题的关切，更多的则是以分析传统哲学思想为基础，对当下人类面临的重大"生生"问题的严重关切与反思，为推进中国生命伦理学本土化建构提供了一条值得格外重视的研讨进路。

【关键词】 张舜清　《宋代儒家生命伦理思想研究》　宋代儒学　生生　生命伦理　本土化

当代儒家生命伦理学（Confucian Bioethics）是中国当代生命伦理学研究中的一个重要研究领域。这一研究领域由于切合了建构和发展中国生命伦理学与处理跨文化生命伦理冲突之现实需要而日益受到学界重视。

---

* **【作者简介】** 黄敦兵，1975年生，河南桐柏人，博士，湖北经济学院马克思主义学院教授、中国古典学与文明互鉴研究中心主任，湖北省高等学校人文社会科学重点研究基地"大学生思想政治教育评价中心"研究员，研究方向：中国语言哲学与中国古典学。

迄今为止，儒家生命伦理学研究已经取得长足进展，并在推进中国生命伦理学本土化建设中发挥着重要意义。宋明时期，被称为是"中国历史上哲学家、思想家出现最多、思想水平最高的时代"①。宋明儒学，学界多称宋明理学，共持续发展了七百余年。在当代新儒家的"儒学发展三期说"当中，宋明儒学被定位为"儒学发展第二期"②。对宋代儒家生命伦理思想的研究，可以说，正是这一研究领域逐渐走向深化的表现。从其价值和意义来看，这一研究不仅切合了中国生命伦理学学科建设的客观需要，也是实现以儒学为主干的中华优秀传统文化在当代的创造性转换和创新性发展的重要途径，在推进中外生命伦理交流和实现中华民族伟大复兴的历史进程中，都有重要的价值和意义。

张舜清教授长期关注儒家生命伦理的研究，他曾出版了原始儒学生命伦理研究的专著③。现在，他的新著《宋代儒家生命伦理思想研究》作为国家社科基金项目的最终成果出版了，该著作成为其持续深耕在这一研究领域的最新力作。可以说，他已经将儒学发展最重要的前两期对生命伦理思想的思考，进行了综合性清理，作出了奠基性工作。初读该著作，可知他对于宋代大儒，诸如周敦颐、张载、二程、朱熹、陆九渊、胡宏及张栻等，都有专章深论。从研究内容和思想主题来看，该书对当下人类面临的重大"生生"问题进行关切与反思，为推进中国生命伦理学本土化建构提供了一条值得格外重视的研讨进路。

一、直面现实："生生"危机与中国生命伦理学的"出场"

在现代社会，人类遭遇了空前的"生生"危机，不得不面对各种生存悖论。一方面，人类的进步离不开科学技术的进步，离不开生产力的发展；另一方面，也许人类从来没有像当下这样，在享受科技迅猛发展带来的各种便捷的同时，也对科技的发展前景产生了巨大的忧虑。生命伦理学作为一个独立的学科进入人们的视野并被学界广泛关注，其实也主要是由于这一学科把关注的焦点集中在现当代生命技术的迅猛发展而引发的一系列重大伦理问题所致。时下生命伦理学关心的问题不仅包括基因工程、器官移植、生殖技术、人工智能等这些最新的生命技术引发的问题，甚至生态环境与老龄化社会问题也被纳入其中。

---

① 陈来：《宋代理学话语的形成》，《河北学刊》2008 年第 1 期，第 32 页。

② 比如，牟宗三和杜维明将孔、孟原始儒学作为儒学发展第一期，宋明理学为第二期，现代新儒学为第三期。

③ 如张舜清：《儒家生命伦理思想研究——以原始儒家为中心》，北京：人民出版社 2008 年版。

这些问题引发了巨大的伦理问题，它们不仅对于既定的伦理信念和秩序可能造成颠覆性的后果，也考验着人类理性运用的极致。张教授深怀忧思，有感而发。著作追问那些"人们应该如何定义生命、诠释生命以及在行为上如何对待生命才是合乎伦理的、正当的问题"①。人类到底应该如何抉择，才能使人类走向更长远的未来？这是当今人类面对诸如人工智能、基因技术等现代生命技术的开发与应用时，必须要认真思考的问题。一句话，生命伦理学的产生和发展，在现实性上说，正是基于人类"生生"出现的重大问题，检讨既有观念，面对"生生"危机，寻求未来生生的途径与可能而产生发展出来的。

诚然，生命伦理学的问题，在本质上确实可以归结为技术引发的伦理观念的变迁与革命。但同时我们又不得不承认，当今诸如基因技术、生殖技术，特别是人工智能技术的快速发展，早已突破了传统技术对于人类伦理观念变迁和革新的限度，它们造就的伦理问题不仅对于传统伦理道德观念来说极其新颖，更严重的是，几乎颠覆了人类延续了几千年的关于生命构成和演化、关于天人物我之基本关系的传统认知。譬如，我们如何看待运用技术制造出来的智能人的地位和尊严？他们的人格如何确立？代替自然天道和上帝的角色干预生命创化和进程，其合义性何在？对于人工合成的生命，特别是人类自身，我们应不应该反思尊重自然规律的必要性，又如何理解自然生命的神圣性？在现实的人类社会关系中，当无性生殖技术足够成熟并普遍运用于人类生活当中，那么，当代孕和克隆人纷纷登场之时，人伦又如何确证和维系？在诸如器官移植、安乐死、基因工程等这些技术的使用方面（比如大面积推广种植转基因作物、改造动物甚至人类的基因），一切出于善良动机的行为是否具有伦理上的正当性？如果说，这些问题自始至终都将会是人类面对的伦理难题，那么这些问题在当代随着生物医疗技术的迅猛发展和广泛使用就变得愈加尖锐和复杂。生命技术的开发和利用，现在带给人类的并不只是人类对于其智力应用成就的乐观，也有对人类未来的不确定性的深深的疑虑和焦虑。当代生命伦理问题挑战的并非只是人类生活中的某种操作规范及其道德操守，而是给人类未来的发展带来了极大的前所未有的影响，特别是由于它的不确定性，对人类生活未知状态的不确定影响，加剧了人类对自身生存前途的巨大疑虑和焦虑。对利用核能的负面效果的恐惧阴霾还未散去，人工智能取代人类的惊悚又悄袭心头，人类很可能凭借其智力、"理性"，亲自断送掉人类的未来。这些并不是"杞人忧天"，而可能是一种真实而可怕的后果。即使我们对人类保持其自身

---

① 张舜清：《宋代儒家生命伦理思想研究》，北京：中国社会科学出版社 2023 年版，第 3 页。

的强大充满乐观精神，但是在现代生命技术的迅猛发展下，人类对自然生命的掌控能力也变得更加强大，人类不但能改变自身生命的构成，也能改变自然生命的构成与演化，能够掌握整个宇宙生态，那么，在自然律支配下的"万物生生"将会何去何从？这种改变是好还是坏？恐怕没有人能够简单回答。

以基因增强和克隆技术的开发与应用为例，当这两种技术足够成熟和发达时，人类完全可以放弃孕育生命的"自然过程"，传统的两性结合与人自身的后天"自强"实际上都没有什么必要了，因为人类此时完全可以按照自己预想中的理想生命来"制造生命"，可以通过基因增强使婴儿先天具备优良禀赋。而克隆人则使人类的"生产"变得更为简单，并且可以批量生产同类型的人，至少在物理形色上高度一致的人。不过，这些还根本上没有改变"人"的属性。然而人工智能的迅猛发展，却对于人类维持其主体地位产生了巨大挑战。在当下的生命伦理问题中，人工智能与人类机体的结合，已经成为现实，并在相当程度上影响着人们的自主性和对自身身份的认同意识。如果不加限制，人工智能全面取代人类，从理论上说，这也不是完全不可能。这些问题，虽然尚未成为普遍的现实，但其引发的问题，已经让人类足感焦虑和困惑。对此，不能不谨慎对待。正是看到了这些巨大问题，因此，当代生命伦理学问题由最初的生物医学领域的专家对其行业行规及其道德操守的关注，迅速演变为全世界各个领域的专家学者以及普通大众关注的问题领域。特别是全球一体化趋势的快速发展，更使当代生命伦理学迅速超越了它的学科界限和地域范围，成为人类迫切需要解决的问题。尽管人类因为各种原因，为了个体族群的"生生"还在进行着各种斗争，但未来可能的世界，"生生"并非只是个体族群思考自身如何存续的问题，而是人类整体能否存在于这个世界上的问题了。正是人类面对的这些严肃而重大的生存问题，促使生命伦理学关注的问题表现出鲜明的"全球性"特点，因而解决生命伦理问题，也注定需要站在全球的视角。

但世界并非铁板一块，尽管人类的生存在现代生命技术发展背景下，更多地呈现出一体相关性，但世界仍然是由不同文化价值系统构成的，因而解决人类面临的生生问题，必然要求在伦理价值领域也要处理好全球化与本土化问题、传统与现代的关系问题、不同文化背景下的价值认同问题。因此，在解决生命伦理问题和应对全球性的人类生存挑战方面，如何看待和处理生命技术的发展与传统伦理的关系，如何解决传统伦理与当下伦理的联系与张力问题，如何通过确证生命伦理学的自我文化成分以便于中外交流的问题，就成为当代哲学伦理学学界必须要认真对待的问题。

毋庸置疑，当代生命伦理问题，从现实性上说，归根结底是由于应用新兴生命技术对业已存在的伦理体系功能的解构与瓦解所造成的，所以，解决这一问题，最终还是要落实到我们究竟怎么看待既有的伦理体系与人类未来生存的关系问题。人类的生命是个"绵延"的链条，它包括了过去、现在和将来。我们既无法完全割裂传统与现代之间的联系，也不能固执地认为二者天然就可融合，人类实际的生活总是会在二者之间找到一种"传统而现代、现代而传统"的平衡点。这种平衡点既包含了促使传统观念现代更新的因子，也包含了我们对未来可能生活极为审慎的态度。人类的生活总是建基于某种传统，并在它的更新基础上才有可能真正地发展出未来的生活模式。从这种意义上说，解决当代生命伦理问题一个重要的着眼点不是抛弃"传统"，而是认真研究"传统"与未来的关系。换句话说，解决当代生命伦理问题的一个重要着眼点乃在于我们是继续维持旧有的伦理体系，还是彻底清除这种伦理而重设新的伦理观念，或者在既有生活伦理体系中找到更新点，从而重构和发展既有的伦理体系。从这一角度说，无论是对于处理当下的生命伦理问题来说，还是确证当下人类生存的正当方式来说，加强对传统思想观念的研究，仍然是十分必要的。但这种研究并不是要我们把传统的思想理所当然地拿来作为生命伦理学的基础，而是要求我们对之做更深入的研究，要求我们重新审视其价值所在，在此基础上，面对新的伦理问题，要做一种伦理的抉择。

正是在这样一种认识背景下，作为中国传统文化核心的儒学，其生命伦理思想才成为我们研究的重要对象。而张舜清教授正因应了时代的"生生"诉求，覃思精研儒家生命伦理思想，显示出了关注当下人类生生问题重大困境的深忧思，这也有力说明了基于"生生"视域展开相关研究的理论价值和现实意义。

二、"搭界"现实：宋代儒家生命伦理思想的"双创"

儒家文化是中国传统文化的核心，也是当代中国思想文化建设的基石之一，加强儒学研究之于当代中国的文化建设、之于当代中华民族伟大复兴具有重大意义，这在当代中国可以说已经是一个普遍的共识。而对于儒学自身来说，它也必须要应对时代的召唤，回应现实问题，并通过与现实的"搭界"，才可能实现自身的创造性转换和创新性发展。结合当代生命伦理问题，立足于儒家的经典文献，充分研究儒家生命伦理思想，应当说，也是适应了儒学这种发展诉求的重要举措。

自从 2008 年在人民出版社出版《儒家生命伦理思想研究——以原始儒家为中心》以来，张舜清教授一直集中深耕儒家生命伦理思想研究这块沃土，积累丰厚。这种研究客观上也有助于我们提升对儒学精神和现代价值的认识，获得更多的对儒学进行评判的途径和依据，因而有助于我们对以儒家文化为核心的中华优秀传统文化的分析与评价。当代生命技术的开发和应用引发的伦理问题，都是对人类业已存在的价值体系产生重大挑战、可能造成剧烈伦理冲突的问题，在一定层面，已经对人类的现实生活产生重大影响。在生命技术的开发和应用给人类生存带来太多不确定的时刻，在人们为此而产生的紧张不安和焦灼的情绪日见浓厚之时，作为一种向来以安身立命之学著称且具有千年成功实践经验的儒学有何"用武之地"，在惯常的"实用主义"思维驱使下，我们也确实很想知道儒学在面对这些新问题、新情况时究竟还能发挥何种作用。而对儒家生命伦理思想进行系统的研究，有助于回答我们的这种疑惑，有助于人们在更清晰的层面，认识到儒学在建构当代中国生命伦理学乃至当代中国人的精神世界中的重大价值和意义。

要知道，现当代的生命技术对于传统儒家而言，都是极其新颖甚至难以想象的事物，譬如人工智能、基因工程、无性生殖技术、大数据技术，都严重超出了传统儒学赖以建立的生活实践范围。而儒学的根基建立在自然天道观念基础之上，以及在自然天道制约下造就的对"自然人"的生命特性的认识和理解基础之上。而在人工智能、无性生殖和基因工程等现代生命技术的冲击下，传统儒学对于"人"的定位和基本观念都将遭受颠覆性的改变。即使不涉及人何以还是人这个根本性的问题，当代生命伦理学讨论的精神完整性、对个体隐私的侵犯、身份同一性、安乐死等问题，对传统儒学也是十分新颖或者说超出传统儒学认知的问题。倘若儒学不能回答和应对这些问题对自身的挑战，不要说儒学发展，就是儒学自身的生存都将在这些生命技术的冲击下成为问题。所以，正像张舜清教授自己所指出的那样，"儒学要实现在当代的慧命相传，它也只有不断融入现实，与现实问题'搭界'，才能获得当代的生命力"①。可见对儒家生命伦理思想的研究，这不仅是出于对人类生生的关切与反思，也是对儒学或者说儒家思想在当下能否生生不息的关切与反思。

任何一种有生命力的思想体系，必然是一种动态的开放的理论体系，它不应是死的、一成不变的，而应当是始终紧扣时代脉搏的，儒学也是如此，今天我们对儒学的重构工作，也正是反映了儒学的这一理论品质。如同对马克思主义不能采取教条主义理解一样，我们也不能用静态的、教条主义的理解来对待当今儒学的创新与发展。通过重构儒学以谋求儒学在当代的出路和发展，是海内外儒学人士的共同愿望，也是他们长期以来努力的方向。在生命伦理学领域，通过把儒学与生命伦理学结合起来"重

---

① 张舜清：《宋代儒家生命伦理思想研究》，北京：中国社会科学出版社 2023 年版，第 3 页。

构儒学"（Reconstruct Confucianism），也正是坚持中国生命伦理学本土化发展路径的学者的一种自觉努力。① 重构并不意味着要推翻儒学的根本义理，而是强调要结合时代问题，重新检视儒学义理，将之与时代问题相结合、与时代的精神追求相结合，把儒学作为建构当代社会的一项基础性的思想资源。而要做到这一点，立足于儒家经典文本，探究其原始的生命观点，分析其诠释生命的理路，总结其生命伦理精神和原则，在此基础上探究建构儒家生命伦理学的实际价值和意义，就是中国生命伦理学学科建设和发展路径的必然选择。

其实，我们对儒家文化在当代的生命力问题的关心，究其深层次的原因，也是出于我们对于具有鲜明自我文化特色和标识的中华民族的何去何从，或者说中华民族何以能生生不息问题的精神因素的深切关怀和深刻思考。不得不说，在全球化和追求共同价值的思想潮流中，认真审视自我文化的连贯性和有效性，特别是像中国这样历史文化悠久的国家，审慎地对待自我文化的特殊价值，是一个相当重要和严肃的问题。一方面，中国历史文化自身具有独异的发展特质和生命力，如何更深入地认识这种文化的价值并发挥其独异的优秀成分，是我们理所应当深入思考的问题；另一方面，我们也一定要认识到"全球化"本身所带有的那种特殊的现实考量。人们往往容易看到全球化过程中那种所谓"客观的""普遍的"趋势，但却对于这种趋势中包含着传播者或推动全球化进程中特定集团的特定利益和价值诉求没有给予特别的关注。其实在全球化的名义下，仍然隐藏着推广全球化的"推手"的现实的、具体的政治考虑，以及具体的、特殊的价值取向。在这种情况下，拱手放弃自身强大的文化传统，打碎自身固有的生活价值体系，这究竟是福还是祸，是利还是弊，也是我们不能不审慎对待的问题。这正如张旭东所说的那样，"'现代性'问题背后最大的紧张和焦虑并不是经济和技术发展问题，而是价值认同的问题。如果我们对自身的理解和对自己生活现象的解释都落实不到自己的生活世界，而只能从别人那里获得解释的框架，就说明我们还没有能力从价值层面上维持和组织好我们的生活世界，使其成为一个整体"②。从这个角度看，盲目地进入全球化并主动去掉自我文化特征、一厢情愿地追求所谓"普世价值"、天下大同，不是犯了幼稚病，就是理想化过了头。我们当然要开放、要打开世界市场、要和国际交流，但我们也必须要考虑在全球化进程中保持自我文化的自主性，保持自我文化发展的连续性。因为只有我们的日常生活世界，包括政治的、伦理

---

① 关于生命伦理学界学者重构儒学的主张，可参见范瑞平：《当代儒家生命伦理学》，北京：北京大学出版社 2011 年版，《前言》第 2—3 页。

② 张旭东：《全球化时代的文化认同》，北京：北京大学出版社 2005 年版，第 5 页。

的世界，保持发展的连续性，我们才能在稳定中求发展，在安定的生活中找到突破的路径。可以说，把儒家思想作为建构中国生命伦理学的基础资源，也是当代中国学者在生命伦理学领域对全球化背景下如何维护和推进中华固有文化精神的一种努力。

三、"生生"视域：中国生命伦理学本土化建构

儒家文化也并非是一成不变的、固定的一种理论形态，它自身具有多重面向或思想谱系。因此要认识儒家生命伦理思想，就必须以历史与现实问题相结合的方式，对儒家思想的历史谱系进行全面的研究。张舜清教授对儒家生命伦理思想的研究，正是如此，他并不是不加区分地、不管不同谱系的儒家思想之间的差异来探究所谓儒家在当代生命伦理问题上的疏解之道，而是立足于分析不同历史阶段或思想谱系的儒家思想来探究其中蕴含的"原始的、本真的"生命伦理观点，然后在这个基础上，探究儒家生命伦理思想的整体观点和精神、原则。张教授指出："生命的价值从何而来，因何而确定，人的生命价值有何特殊之处，又如何实现之，这是生命伦理讨论的基本问题。"[①] 对宋代儒家生命伦理思想的研究，正是张舜清教授在较为全面探讨先秦儒家生命伦理思想的基础上，对儒家思想在宋代的主要理论表现形态——理学中蕴含的生命伦理思想的挖掘、梳理与总结。

在该书中，张舜清教授延续了他对儒家生命伦理精神的基本理解，他认为儒家伦理的基本精神即是"生"或"生生"。生生是儒家伦理精神的突出表现，是整体儒学的理论精髓，是儒学理论建构的思想总纲和根本范畴，是儒家推崇的最高价值。而生生精神的最好诠释，正是通过宋儒的本体建构来完成的。宋代儒家是以生生为体来建构他们的学说和阐发其生命精神的，他们建构的不管是理本体、气本体，还是性本体、心本体，乃至他们所讲的"仁体"，其实质内涵都是在讲一个"生生"的道理，是以生生为大体，均可以由"生生"加以统贯。理是生生之理，气是生生之气，心是天地生物之心，性是天地生物之性，仁是生生全体。在宋代儒家那里，生生就是宇宙的实质和本然，也是人类德行的根源和终极生命境界的体现。尽管宋代儒家和先秦儒家一样，都特别突显生生的价值，但是和先秦儒家相比，宋代儒家对生生的理解完全超越了先秦儒家以人为中心的理论视域，而是在"天地万物为一身之在"的万物一体的视域中观照人类生命的特殊价值和意义，以及人类生命与自然生命、宇宙万物诸生命之间的关系。宋代儒家眼中的"生生"，是涵纳了宇宙万有的生生，是把生命本身

---

① 张舜清：《宋代儒家生命伦理思想研究》，北京：中国社会科学出版社 2023 年版，第 25 页。

视为宇宙的本质和世界价值的根源。生生是一切生命存在的动力、目的和意义，但万有之生生只有在生生全体的系统生命中才能获得存在的根本条件和动力。任何生命的存在，都具有先天的价值与合理性，也都与其他生命的生生存在高度相关性。生命的健康成长是以彼此生命的健康成长为条件的，这决定了生命先天的平等性和命运一体性。宋代儒家的这些观点，对于当今人类思考生命完整性、构建人类命运共同体、重新思考人与自然的关系，培养人们对于生命的同情共感能力，平等看待一切生命存在，相当富有启发性。

总体而论，在张舜清教授看来，"生生"可谓统贯宋代理学的本体观念，"生生"构成了宋代儒家生命伦理的基本精神和原则。因而宋代儒家生命伦理思想，实质上即可谓关于"生生"的伦理思想。在"生生"这一根本精神指导下，本书分别从有关生命本原、生命价值、生命工夫和境界等角度挖掘了理学思想中蕴含的生命伦理内容。

应当说，对宋代理学的"生生"意蕴的重视，现代新儒家已经多有所论。但是由于所处时代不同的关系，现代新儒家所遭遇的生存环境与当代有显著不同，也不具备今日之生命伦理学等的特殊学科视野和问题取向，张舜清教授对于宋代儒家"生生"理念或精神的诠释与解读，则是结合当代生命伦理问题，立足于当代人类面临的生生问题而寻求这种生命伦理观念在当代的发展和实践路径，重点是回应当今时代的生命问题，而且注重挖掘宋代儒家富有伦理意蕴的关于生命思考的具体观点，十分鲜明地为我们呈现出宋代儒家关于生命的价值及其本原、关于修养生命的工夫与境界的思想特点，并在此基础上，考察这种生命伦理观的现代价值和局限性。一方面，这种研究切中时代问题而有特殊的时代价值，另一方面这种研究也力图在更广义的生命伦理学（life ethics）层面为人们呈现宋代儒家关于生命的哲学思考，以便人们在更深层次上思考传统儒家生命伦理思想与当代人类经受的现实问题之间的关系，其中也包括对传统儒家生命伦理学与现代生命哲学、生态哲学等学科的关联性的思考。或许正是如此，张舜清教授对宋代儒家生命伦理思想的考察，似乎有意放在了一个更为宏观的生命哲学的层面和价值论的层面来讨论宋代儒家关于生命的主要观点，而不只是局限在狭义的生命伦理学的视域。将生命伦理的研究回归到对生命本身的探究，彰显生命伦理对生命本质的基础性的哲学伦理学的思考，可谓该研究的一大特色。

此外，这本著作在着力探究宋代儒家有关生命的伦理思考观点基础之上，特别注重分析宋代儒家在对待具体的生命时，比如人的生命、动物生命乃至天下万物的基本立场和态度，强调个体的德性和道德境界与当下对待生命的具体行为之间的关联性，借以评判现实的人格高下，弘扬厚生、爱生的儒学理念，鞭挞社会对生命尤其底层人民的生存处境麻木不仁的现象与据功利与外物而取人的不良风气，读来让人颇有共鸣。

最后，我也想就该书存在的问题或者说应该进一步完善和加强的地方（尽管这些问题张舜清教授本人在书中也均有谈及），谈两点个人看法。第一，该书名为"宋代儒家生命伦理思想研究"，但实际上，该书的主要内容主要是对周敦颐、张载、二程、朱熹、陆九渊、胡宏和张栻的生命伦理思想的研究，并没有依据宋代儒家的主要派系和历史出现的顺序对宋代儒家进行全面的研究，这里面有意放弃了对邵雍、程门弟子、朱熹弟子、浙东学派等其他宋儒相关思想的研究，虽然张舜清教授专门对此进行了解释，但完善的宋代儒家生命伦理思想，还是应该开辟专章讨论康节之学和程学南传时的一些相关情况，这样无疑有助于增进该书的历史感和人们对宋代儒家的整体感受与认识。第二，虽然该书的写作动机和背景都和当代生命伦理问题息息相关，作者也强调了本书的一个研究特色即是注重结合当代生命伦理学语境来诠释宋代儒家生命伦理思想，但是在实践层面，该书如果能就具体的生命伦理案例探讨宋代儒家生命伦理原则的应用价值与问题，或能为本书增彩许多。不过，对于这一问题，张舜清教授在该书导论部分也特意作了声明，指出该书"主要是一种基于文献的基础性理论研究，重点是为了呈现宋儒有关生命认识的'原貌'，而非致力于分析这种思想应用于实际伦理问题的优点和局限性，当然这种研究亦属必要，但限于篇幅和时间、精力，这一研究只能作为后续研究，俟诸将来。"[①] 故此，以上与其说是我们指出该书的不足，毋宁说是我们对后续研究的一种期盼。

今年11月份，笔者有幸得到北京大学杨新铎教授签名的赠书《德性文明论》。杨教授在其封面即断言："天下分裂、生态破坏的理性文明即将成为历史；天下和平、生态和谐的德性文明正在蕾蕾兴起！"在该书中，杨教授也强调了生生之易的生态伦理与生态文明意义。他说："人类向生态文明转型已是一种必然趋势。但是基于何种生态理论和道德来设想和构建人类共享的生态文明，还是一个尚未达成共识的课题。……《易经》的生态伦理智慧，能够成为当今人类生态文明建设提供最根本的生态意识与道德价值基础。"[②] 12月初，山东大学的李尚信先生在当代儒学发展的省察与反思学术研讨会上表示，当代儒学已经进入"繁星满天"的时代，可以用生生作为

---

① 张舜清：《宋代儒家生命伦理思想研究》，北京：中国社会科学出版社2023年版，第12页。
② 杨新铎：《德性文明论：古典儒家礼乐教化及其当代价值》，北京：知识产权出版社2018年版，第234页。

核心范畴来建构当代的中国哲学，用生生哲学来解决成就生命之道。①

　　相比而言，张舜清教授新著《宋代儒家生命伦理思想研究》在儒家"生生"视域下深度挖掘了宋儒生命伦理的多重意蕴，在与学界高度呼应的同时，也在宏观的生态文明论域中以独特的视角作出了开拓性的贡献，为解读"人类命运共同体"的伟大构想提供了重要的学理参考，值得学界认真借鉴并进一步深思。

---

　　① 参见李尚信：《当代儒学已进入"繁星满天"的时代》，见中新网 http://www.sd.chinanews.com.cn/2/2023/1202/89315.html.

《诗经》专题研究的三重境界*

——《郑玄〈诗经〉学研究》评介

李　艳**

【摘要】《郑玄〈诗经〉学研究》一书是孔德凌博士主持的国家社科基金资助项目"郑玄《诗经》学研究"的最终结项成果，由十一个章节有机组成，从基础研究、综合研究和理论研究三个方面，层层深入展开。在基础研究领域，以第一章"郑玄《诗经》学研究史"尽可能地勾画出郑玄所处汉代及汉前的《诗经》研究以及汉代及以后郑玄《诗经》学研究的发展演变过程；在综合研究方面，以第三章至第七章的六章篇幅，就《诗经》学这一方面对郑玄其人、其书作了通盘研究；在理论研究中，以第八章至第十一章的四章篇幅对郑玄《诗经》学的得和失进行了深刻的理性思考。该研究推动了汉代经学史和文化史研究，是在秦汉文化专题研究领域对刘跃进先生"三重境界"理论的有益探索和有效践行，有着重要的学术价值和研究借鉴意义。

【关键词】《郑玄〈诗经〉学研究》　孔德凌　诗经学　刘跃进　三重境界

---

　*【基金项目】山东省本科教学改革研究重点项目"项目活动引导下的创新创业融入汉语言文学师范专业基础课教学改革与实践"（Z2022246）；山东省济宁市社会科学规划课题"济宁市黄河远古文明开创记忆的历史遗存研究"（23JSGX187）。

　**【作者简介】李艳，女，1979年生，湖南长沙人，博士，济宁学院人文与传播学院副教授，研究方向：中国古代文学与文化。

刘跃进先生在其《秦汉文学史研究的困境和出路》一文中根据当前学术研究困境，针对秦汉文学史研究提出了"三重境界"① 理论。该理论不仅对当前文学史研究有着重要意义，对于专题研究也有着积极启示。孔德凌博士长年深耕于《诗经》研究，其《郑玄〈诗经〉学研究》一书"对郑玄《诗经》学深厚宽广的学术、文化背景及其在中国学术流变历程中的地位做深入、系统的探讨论说"②，是在秦汉文化专题研究领域对刘跃进先生"三重境界"理论的有益探索和有效践行。

一、基础研究：对郑玄《诗经》学及其研究演变过程的尽可能勾画

刘跃进先生解读"三重境界"时，认为第一重境界是"最基础性的工作"，"根据秦汉文学史的实际，尽可能地勾画出当时的文学风貌、文体特征及文学思想的演变过程"③。《郑玄〈诗经〉学研究》一书就是基于郑玄《诗经》学及其研究实际，有效利用原始文献材料，遵循历史线索，以第一章"郑玄《诗经》学研究史"尽可能地勾画出郑玄所处汉代及汉前的《诗经》研究以及汉代及以后郑玄《诗经》学研究的发展演变过程。

汉及汉前的《诗经》研究状况是郑玄治《诗》及其《诗经》学研究的前提基础。汉前《诗经》研究，作者通过对《论语》《孟子》《战国策》等经典用《诗》、论《诗》情况的分析，认为儒家对《诗经》整理、传播和研究贡献最大，其中以孔子为最，"不仅整理《诗经》，而且用心研究《诗经》，由此拉开了《诗经》理论研究的序幕"④，孟子则"通过理论阐释经典、收徒讲学等方式对《诗经》加以传承与发扬"⑤。

汉代《诗经》研究状况既是郑玄《诗经》学产生的时代背景，也是郑玄治《诗》的学术背景，在郑玄《诗经》学研究史中有着重要的地位。作者能够站在一个比较广阔的历史背景下观照汉代《诗经》学发展历程，从西汉、东汉经学的发展进程、经学特点入手考察了郑玄治《诗》深厚博大的学术背景，并从经学的研究主体、传授渊源、传授特点、发展规律和政治文化背景等角度分别分析了西汉"三家《诗》"和东汉《毛诗》兴盛的原因。值得注意的是，第二章第四节"深厚宽广的经学积累"梳理了包含《诗经》在内的两汉经学发展历程，探寻汉代"三家《诗》"与《毛诗》由

---

① 参见刘跃进：《秦汉文学史研究的困境与出路》，《文学遗产》2003 年第 6 期，第 38 页。
② 郑杰文：《序》，载孔德凌《郑玄〈诗经〉学研究》，北京：人民文学出版社 2021 年版，《序》第 1 页。
③ 刘跃进：《秦汉文学史研究的困境与出路》，《文学遗产》2003 年第 6 期，第 38 页。
④ 孔德凌：《郑玄〈诗经〉学研究》，北京：人民文学出版社 2021 年版，第 5 页。
⑤ 同上书，第 10 页。

对立到统一、由分裂到融合的发展轨迹，这既是郑玄治《诗》的学术基础之一，也是汉代《诗经》学发展更为广阔背景的有机补充，可以让读者从汉代经学发展历程中再次审视汉代《诗经》学的发展，显示出作者厚实厚重的学术态度和文献功底。

刘跃进先生说："所谓文学风貌，应当从纵横两个方面着眼。"① 如果说《郑玄〈诗经〉学研究》对汉代包含《诗经》学在内的经学研究背景偏于从"横"的方面着眼，那么对从汉末《毛诗传笺》和《毛诗谱》书成至今 1800 余年的郑玄《诗经》学研究则是从"纵"的方面着眼勾勒。作者按时代顺序对汉末至今的郑玄《诗经》学研究史进行了脉络分明的梳理，认为：唐代孔颖达等奉诏撰作《毛诗正义》，开始对郑《笺》和《毛诗谱》进行研究，继郑玄"完成了《诗经》学史上的第一次统一"②之后，"完成了《诗经》学史上的第二次大统一"③；"清代郑玄《诗经》学研究取得了极大进展，尤其是在考据和训诂方面"④；现代"郑玄《诗经》学研究有诸多变化，主要表现在研究范围的拓宽、研究角度的多样、研究方法的创新三个方面"⑤，以研究范围拓宽最为显著，"从经学、文献学、训诂学、出土文献到文学、文学理论等诸多方面皆有涉及，可谓遍地开花"⑥。

作者在《前言》中提到，该书是在其博士论文基础上，经过大幅度修改与补充之后，于 2012 年申报并立项的国家社科基金后期资助项目最终结项成果，评审专家指出了五个方面的问题，其中有"西汉'三家《诗》'兴盛的原因有待深入分析"和"两汉经学史需要继续探索"。⑦ 其实，这既是原论文的不足，也是学术界有待厘清解决的问题。从该书成书的情况看，作者在基础研究部分对专家提出的两个问题进行了较好地解决。

二、综合研究：对郑玄其人、其《诗经》学的通盘探讨

刘跃进先生解读"三重境界"的第二重境界时，认为综合性的考察"绝不是一般意义上的泛泛而论的大视角，而是对各种文体、各门学科作通盘的研究"⑧。《郑玄

---

① 刘跃进：《秦汉文学史研究的困境与出路》，《文学遗产》2003 年第 6 期，第 38 页。
② 孔德凌：《郑玄〈诗经〉学研究》，北京：人民文学出版社 2021 年版，第 26 页。
③ 同上书，第 40 页。
④ 同上书，第 57 页。
⑤ 同上书，第 62 页。
⑥ 同上。
⑦ 同上书，《前言》第 1 页。
⑧ 刘跃进：《秦汉文学史研究的困境与出路》，《文学遗产》2003 年第 6 期，第 39 页。

〈诗经〉学研究》一书倾注了六章（第三章至第七章）的篇幅，就《诗经》学这一方面对郑玄其人、其书作了通盘的研究。

如果说对汉代经学研究状态的梳理包含着"论世"，那么第二章"郑玄治《诗》的学术基础"则是"知人"。作者从"转益多师的求学生涯""扎实严谨的注经实践""广博精深的学术修养"和"深厚宽广的经学积累"四个方面对郑玄治《诗》的学术基础进行了阐述。紧扣治《诗》，作者注重从博学且勤奋的角度对郑玄进行研究："在二十一岁至四十岁之间，郑玄孜孜以求，转益多师，博学众家，问学不倦"① "精通礼制，熟悉古今典籍，长于典故训诂"②，为他的治《诗》打下了厚实的学术基础；郑玄一生始终坚持治《经》，在党锢之祸时隐居著述，在末世流离时注经不废，其"扎实严谨的注经实践过程奠定了郑玄治《诗》宏通博大的学术基础"③。作者在论述郑玄解《诗》的学术特点时指出："郑玄既继承了古文经学实事求是的特色，训诂名物，疏通文字，探求本义，又发扬了今文经学经世致用的传统。"④ 通观全书，作者浸润着郑玄实事求是的治学精神，同时也发扬了郑玄经世致用的治学传统，通过对郑玄生平经历的研究为当代学人提供了学习借鉴的范例。人们常说，文如其人，确实如此，笔者与作者同事近二十年，孔德凌博士为人正如她治学般厚实厚重，实事求是，而又时刻心系学生、社会和国家，有着中国传统知识分子的责任担当和时代使命感。

郑玄的著作是郑玄对《诗经》研究的成果，也是郑玄《诗经》学研究的主体部分。作者根据郑玄治《诗》的学术特征和研究成果，将其研究过程分为两个阶段，认为其注《三礼》等经典的这个时段为《诗经》研究的前期，以"《三礼注》与郑玄《诗经》学"专章进行研究；而对《毛诗》进行专门研究，并为之作《笺》和《谱》的这个时段为《诗经》研究的后期，以"《毛诗谱》研究"和"《郑笺》研究（上、中、下）"共4章进行研究。

很显然，对郑玄后期《诗经》成果研究是重点，而对《郑笺》研究又是重中之重。在这部分研究中，作者从版本流传入手，注重挖掘郑玄《诗经》研究成果与《毛诗》和"三家《诗》"的关系，特别是与《毛诗序》的关系。在作者看来，"郑玄治《诗》均以《序》为准绳，立足于《序》义，故《毛诗序》实乃《郑笺》之纲领，

---

① 孔德凌：《郑玄〈诗经〉学研究》，北京：人民文学出版社2021年版，第70页。
② 同上书，第79页。
③ 同上书，第73页。
④ 同上书，第322页。

亦为《郑笺》之灵魂"①，而《毛诗谱》则是"对《毛诗序》的作者、产生时代、篇次、训诂等方面率先进行了深入系统的研究，已开《毛诗序》研究之先河"②。该部分研究还开拓了郑玄《诗经》学研究的某些领域。余微评价该书前身孔德凌博士论文《郑玄〈诗经〉学研究》时说："孔德凌在《郑玄〈诗经〉学研究》中亦有涉及郑玄《毛诗笺》对《诗经》情感内容的关注。可以看出在对郑玄《诗》学观的研究中亦开始出现对《毛诗笺》中'兴'的手法和情感内容的关注。"③ 确实如此，以"兴"为例，在"《郑笺》与《毛诗》"一节"《郑笺》申明《毛诗》的方法"内容时，作者分析了《郑笺》"兴"义的七种情况，认为郑玄对于"兴"有两方面的贡献：一是"严格区别比兴"④；二是"具体展现《诗经》文学色彩最强的一个特点——形象性"⑤。它的学术价值也不言而喻。

对于《郑笺》，除了从文献角度研究外，作者还从训诂和价值两个角度对之进行研究。就学术价值研究部分而言，作者总结了《毛诗传笺》校勘文本、文字训诂、内容考实以及考定《诗》旨四方面的价值。《郑笺》训诂研究部分颇见作者功力，首先，探索了《郑笺》依本字立义、依古今字的古字立义、依假借字的本字立义三种文字训诂形式；其次，考察了《郑笺》文字的训诂依据：或者依据古籍择善而从，或者因声求义，或者自创新解、随文释义，分析郑玄文字训诂特例——改字；再次，探索《郑笺》中的文字注音：拟其音、找音近字、校正声误；最后，总结《毛诗传笺》中的语法观念，包括郑玄对词类的认识、对句法的认识、对诗歌的修辞、语序、章句等方面的阐释。单从"《郑笺》中的语法观念"一节"对《诗经》修辞手法的阐释"内容看，作者就网罗了《郑笺》对《诗经》修辞手法阐释的十余种类型，对郑玄在《诗经》修辞手法方面的研究成果进行了细致分析，认为《郑笺》"对《诗经》修辞手法和特殊表达方式进行了阐释，对诗人的修辞匠心进行了剖析，并且对《诗经》的修辞效果进行了论述，从而使《诗经》的艺术性得到了更为具体的展现，使《诗经》的语言表达特点更加明晰"⑥。如果说，对郑玄其人、其《诗经》学的通盘探讨是郑玄《诗经》学研究的第二重境界——综合研究，那么，"《郑笺》研究（上、中、下）"是对《郑笺》的综合研究，"《郑笺》研究（中）"则是对《郑笺》训诂学的综

① 孔德凌：《郑玄〈诗经〉学研究》，北京：人民文学出版社 2021 年版，第 187 页。
② 同上书，第 138 页。
③ 余微：《郑玄〈毛诗笺〉文学探究》，四川师范大学硕士学位论文，2017 年，第 6 页。
④ 孔德凌：《郑玄〈诗经〉学研究》，北京：人民文学出版社 2021 年版，第 213 页。
⑤ 同上书，第 214 页。
⑥ 同上书，第 274 页。

合研究。

值得注意的是，在本部分章节设置中，专设章节分析郑玄《三礼注》引《诗》、解《诗》以"三家《诗》"为主、兼采《毛诗》的特点，总结出郑玄的《诗经》学初步融合了古今文《诗经》学规律，并把《三礼注》看作其《诗经》研究的前期成果，这样的研究，既是看到了郑玄学术积累对其《诗经》研究的重要性，同时也是孔德凌博士多年浸润于郑玄《诗经》学研究达成的宏观理性把握。如《三礼注》与《毛诗》一节，作者根据《三礼注》对《毛诗》经文、《毛诗序》和《毛传》均有采纳的实际，在有效地利用相关文献资料的基础上，又广泛采用丰富恰当的考据材料，找出合适的例证，对《三礼注》与以上三者的关系进行深入细致的剖析，得出使人信服的结论。

三、理论研究：对郑玄《诗经》学得失的理性思考

刘跃进先生解读"三重境界"的第三重境界时说："当跨越了这个台阶（指全新形态的文学史）之后，我们的文学史研究才有可能对中国古代文学的生成观念和演变轨迹作进一步的探讨。文学史的研究才有可能进入更加理性的层次，为创造有中国特色的文学理论体系提供比较坚实的基础。"[①] 简要地说，第三重境界指的就是理性研究。《郑玄〈诗经〉学研究》在对郑玄《诗经》学及其研究演变过程进行尽可能勾画，对郑玄其人、其《诗经》学进行通盘探讨后，进入了研究的第三重境界——对郑玄《诗经》学得失的理性思考。

就得而言，郑玄解《诗》的学术特点、学术方法以及学术影响都属于得的范畴。作者认为："郑玄研治《诗经》用力尤深，钻研尤精，因而成就极大，成为汉代《诗经》学的总结者和集大成者。"[②] 其中，"郑玄解《诗》的学术特点"一章归纳了郑玄解《诗》自成体系、阔通博大、简约精当、实事求是和经世致用五个方面的学术特点：自成体系主要表现在以"笺"解《诗》和以"谱"论《诗》两个方面；阔通博大主要表现在既能融通今文古文，又能够打破师法和家法；简约精当则是因为郑玄解《诗》遵循凡说不解者、发一义无不贯穿群经和纲举目张的三个原则；实事求是主要表现在通过《毛诗传笺》《毛诗谱》的撰作最终使得《毛诗》成为一部其本可据、其字可辨、其字可读、其义可解的传世经典；经世致用主要表现在抒发世道衰乱之感

---

① 刘跃进：《秦汉文学史研究的困境与出路》，《文学遗产》2003 年第 6 期，第 39 页。
② 孔德凌：《郑玄〈诗经〉学研究》，北京：人民文学出版社 2021 年版，第 301 页。

伤、剖析世道衰乱之原因、开列世道衰乱之处世良方、论述君道思想和治世理想等五个方面。此部分不仅吸收了前人的研究成果，而且在扎实的文献梳理功夫中多有自己的新见。如论述"经世致用"一节"论述君道思想与治世理想"内容时，就详尽梳理《毛诗正义》中四十余条相关材料，运用演绎的方法来解析材料，运用归纳的方法得出可靠的结论，从郑玄提出的"明君只有修德勤政，爱民顺民，才能政和民安"①和"明君必须任用贤人治理国家"② 两个方面进行分析，体现出严谨的治学态度和扎实的文献功夫。

对于郑玄解《诗》的学术方法，作者认为："（郑玄）运用了以史解《诗》、以礼解《诗》、以地理民情风俗解《诗》三种学术方法，并且把三种学术方法糅合在一起解读《诗经》。三种学术方法之间既各成系统，又相辅相成，互相联系。"③ 对于具体的学术方法，作者对历史线索和逻辑线索进行交叉运用，把郑玄的解《诗》方法放在该方法学术史背景下进行分析，尽可能立体式地展现给读者。以"郑玄以史解《诗》"一节为例，作者先以"以史说《诗》是汉代训解、阐释《诗经》的一种方法，这一方法的形成经历了一个长期发展的过程"④ 总起，然后依循历史线索，对先秦、两汉以史解《诗》的方法发展史进行了梳理，认为"春秋时期出现了以史说《诗》的观点"⑤，汉代"《毛诗》学派以史说《诗》最为系统，真正实现了以史证《诗》"⑥，"在《毛诗序》《毛传》以史说《诗》的影响下，郑玄《毛诗谱》《毛诗传笺》继踵于后，进一步发扬光大，共同构成了以史解《诗》的完整系统"⑦。对于郑玄以史解《诗》的具体方法，作者又从概述诗歌历史、考察诗歌时世和考察诗歌历史背景三个方面进行具体分析。值得注意的是，作者能客观地评价郑玄以史解《诗》的学术方法，既能看到其积极作用，认为"郑玄继承了前人以史解《诗》的成果，把《诗经》与历史更为紧密地结合起来，推动着以史说《诗》形成了系统，走向了完善，具有不可替代的作用"⑧，同时又能看到并不是每首诗歌都有本事可以考察，因此郑玄"对于《毛诗序》可谓亦步亦趋，有时牵强附会，以史解《诗》存在一些讹误，

---

① 孔德凌：《郑玄〈诗经〉学研究》，北京：人民文学出版社 2021 年版，第 327 页。
② 同上书，第 329 页。
③ 同上书，第 331 页。
④ 同上。
⑤ 同上书，第 332 页。
⑥ 同上书，第 333 页。
⑦ 同上书，第 335 页。
⑧ 同上书，第 341 页。

对后世有一定的负面影响"①，提出"后人研治《诗经》应当明辨是非，批判继承"②
的倡议。这样从客观实际出发实事求是的分析评价贯穿全书，体现出作者严谨负责的
治学态度。

作者对郑玄《诗经》学得失进行理性思考时，以郑玄解《诗》的学术特点、学
术方法以及对郑门弟子和后世学术的学术影响三章主要分析了郑玄《诗经》学之
"得"，又辟"郑玄治《诗》的不足"专章来分析"失"。该章既是对评审专家提出的
"郑玄解《诗》之不足及其成因需要重新总结"③的认真回应，也是作者的再次理性
思索。作者认为，郑玄治《诗》的不足主要表现在盲从、妄改和立异三个方面。就盲
从而言，具体表现在盲从《序》、《传》、三家《诗》、《礼》和谶纬等经典，究其原因
有二：一是郑玄"过于因循前人之说，缺少变通的思想，缺少怀疑批判的精神，尤其
是基本上全盘接受《毛诗序》"④；二是"解《诗》固守汉代注经的套路，缺少深入探
索诗歌本义的精神，忽视诗歌的情感和文学特色"⑤。郑玄治《诗》妄改之失则表现
在妄改文字和妄改《传》《序》的义训两方面，治《诗》立异之失又表现在经解有歧
义、经外进行增义和离经背义等三方面。对于妄改、立异之失的原因，作者从客观和
主观两方面进行剖析，认为，客观原因是"时代变迁、语言差异、地域因素等，造成
郑玄改训、立异过程中会出现一些失误"⑥，主观原因则为"理解诗歌的不同方式和
不同角度，也会造成郑玄妄改、立异之误"⑦。

四、结语

孔德凌博士《郑玄〈诗经〉学研究》一书尽可能站在历史的高度，以文字文献
学为基础，将研究对象纳入具体的时空情境，给予实事求是的阐释，试图在理论上作
出总结，是在秦汉文化专题研究领域对刘跃进先生"三重境界"理论的有效实践和可
喜成果。该实践成果推动了经学史和文化史研究，郑杰文先生在该书序言中对之极力
推荐，认为："作为一部具有坚实文献基础的学术史著作，本书不仅为后人了解郑玄
《诗经》学成就提供了便利，对汉代经学史、学术史、文学史等其他领域的研究也极

---

① 孔德凌：《郑玄〈诗经〉学研究》，北京：人民文学出版社 2021 年版，第 343 页。
② 同上书，第 343 页。
③ 同上书，《前言》第 1 页。
④ 同上书，第 372 页。
⑤ 同上书，第 373 页。
⑥ 同上书，第 384 页。
⑦ 同上书，第 385 页。

具参考价值与启发意义。"①

郑玄《诗经》学研究

The Research on Zheng Xuan's Study of
The Book of Songs

孔德凌 著

人民文学出版社

[孔德凌著:《郑玄〈诗经〉学研究》,北京:人民文学出版社 2021 年版。]

---

① 孔德凌:《郑玄〈诗经〉学研究》,北京:人民文学出版社 2021 年版,《序言》第 2 页。

传统文化会议

第八届君子文化论坛综述

孙君恒　　张新雨[*]

【摘要】 为全面学习君子思想，传承中华优秀传统文化，2023 年 11 月 11—12 日，第八届君子文化论坛在武汉科技大学青山校区隆重召开。论坛汇集了全国各地从事君子文化研究的专家学者以及热爱君子文化的社会各界人士，参与者覆盖老中青三代，展现出君子文化在当今社会的广泛传播。论坛共收到学术论文 180 余篇，汇总为《第八届君子文化论坛论文集》和《第八届君子文化论坛论文摘要集》，作者围绕君子思想、君子人格、君子文化的当代价值和推广实践、君子文化的守正创新等抒发自己的学术见解，史料翔实，内容丰富。作为一个集交流、学术研究和推广君子文化价值观念为一体的平台，第八届君子文化论坛展现了当今君子文化研究的最新成果，对君子文化的创造性转化和创新性发展起到了巨大的促进作用

【关键词】 君子文化　中华优秀传统文化　创造性转化　创新性发展　会议综述

弘扬君子文化，传承家国情怀。2023 年 11 月 11—12 日，由武汉科技大学主办，湖北省炎黄文化研究会儒学分会、武汉大学国学院、武汉岳飞文化研究会协办，武汉科技大学国学研究中心承办，智善公益基金会君子文化基金资助的以"君子文化的知

＊【作者简介】孙君恒，1963 年生，河南邓州人，博士，武汉科技大学马克思主义学院教授、国学研究中心主任，研究方向：伦理学。张新雨，女，2000 年生，河南唐河人，武汉科技大学马克思主义学院研究生，研究方向：中国哲学。

与行"为主题的第八届君子文化论坛在武汉科技大学青山校区召开。来自全国高校、科研院所、君子文化研究机构的专家学者和武汉科技大学师生300余人齐聚一堂，共话君子文化的传承和创新。

本次会议邀请了众多来自全国各地的专家学者：光明日报社原副总编辑李春林、著名作家周大新少将、安徽社科院资深研究员钱念孙、山东大学特聘教授杨朝明、湖北尧治河村党委书记孙开林、中央党校王杰教授、中国语言大学方铭教授、北京大学何怀宏教授、中国人民大学韩星教授、武汉大学郭齐勇教授和李维武教授、浙江大学何善蒙教授、南宁师范大学学报编辑部主任张震英教授、上海交通大学余治平教授、湖北省社科院原副院长刘玉堂、江汉大学原副校长涂文学、武汉科技大学校长倪红卫、武汉科技大学党委常委胡剑、湖北省炎黄文化研究会常务副会长兼秘书长李子林、武汉岳飞文化研究会会长岳达等。

会议共收到学术论文180余篇，汇总为《第八届君子文化论坛论文集》和《第八届君子文化论坛论文摘要集》，投稿数目为历届君子文化论坛投稿论文之最。《论文集》内容共分为人物探索、思想概观、历史追踪、现实思索、守正创新五个部分，既有对曾子、墨子、王阳明、范仲淹等古代君子的探索，也有根据古籍对君子人格内涵的解读，更有对君子文化当今转化的论述。论坛汇集了全国各地从事君子文化研究的一流专家，收录了当今君子文化研究的最新成果，代表了当今君子文化研究的学术水平。

本届论坛采取学术讨论与实地考察相结合的模式，组织精细、协调得力。会议设置开幕式、主题演讲、文化调研（问津书院和保安寨）、分组讨论（5个分会场）、大会发言和闭幕式等几个环节。开幕式由武汉科技大学党委常委胡剑主持；武汉科技大学校长倪红卫，光明日报社原副总编辑李春林，著名作家周大新，中央党校教授、中国实学研究会会长王杰出席并致辞。倪红卫校长表示，君子文化是中华民族独特的精神标识，高校承担着文化传承发展的重要使命，武汉科技大学深入开展文明创建和校园文化活动，引导广大青年学生塑造丰富哲学思想、人文精神和道德理念。倪校长认为，文化的传承与创新任重而道远，君子文化论坛为传承和弘扬君子文化搭建了高层次对话平台，本届论坛对于承担"推动文化繁荣、建设文化强国、建设中华民族现代文明"新时代新的文化使命具有重要意义。李春林编辑指出，君子文化山高水长、薪火相传，是几千年来推动中华文明生生不息的正能量和主旋律，读书读经典，做人做君子，期待君子文化论坛越办越好，推动君子文化在中华大地上知行合一、行稳致远。周大新作家阐述了自身对君子文化的理解，并赠予墨宝预祝本次君子文化论坛顺利召开。王杰教授立足"君子"的含义讲述君子的道德意义与底线，表明当代君子文化回归的必要性，强调君子应当知行合一，认为君子文化所蕴含的道德内涵能改善社会风尚，为实现中国梦贡献力量，希望君子文化论坛的举办能够引发大众的进一步关注并积极参与到君子文化的宣传与回归中。

在主题演讲环节，北京大学教授何怀宏畅谈"君子的人格"，全国人大代表、山东大学教授杨朝明讲解"《论语》与君子文化"，中国屈原研究会会长、北京语言大学教授方铭诠释"《公羊传》'君子不为也'"，武汉大学教授李维武分享"在近代中国发现'君子'"，湖北省社会科学院原副院长刘玉堂解析"楚文化所见君子观念"，江汉大学教授涂文学谈论"君子不器"。专家们从君子文化的不同角度出发抒发自身见解，内容精深，观点鲜明，参会人员纷纷表示受益匪浅。

11日下午，主办方组织第八届君子文化论坛代表50余人前往武汉市新洲区，在"千年学府"问津书院进行文化调研，并在此举行武汉科技大学国学研究中心"研学与实践基地"揭牌仪式。全国人大代表、山东大学教授杨朝明，中国道教协会副会长、湖北省人大常委会委员吴诚真分别致辞，对武汉科技大学国学中心"研学与实践基地"设点于新洲区问津书院表示祝贺。新洲区人民政府副区长张晓菡与武汉科技大学国学中心主任孙君恒共同揭牌。随后，君子文化论坛代表团成员在讲解员的指引下参观问津书院。

12日上午，在武汉科技大学青山校区依照专题设置了5个分论坛进行研讨，围绕君子思想、君子人格、君子文化的当代价值和推广实践、君子文化的守正创新等议题进一步开展深入的学术交流。随后，总论坛由安徽师范大学出版社总编辑戴兆国、广州医科大学教授韩丹主持，武汉大学教授郭齐勇、浙江大学教授何善蒙、同济大学教授朱义禄、中国人民大学教授韩星、上海交通大学教授余治平、武汉科技大学教授孙君恒分别做大会发言。

闭幕式由武汉科技大学马克思主义学院院长刘文波主持。第八届君子文化论坛和第九届君子文化论坛主办方代表进行火炬交接仪式，由武汉科技大学刘琪副教授与西北大学黄熙博士交接火炬。据了解，第九届君子文化论坛主题定为"君子文化与中华现代文明建设"。全国人大代表、安徽省社科院资深研究员钱念孙进行大会总结。钱先生指出，此次论坛论文内容多、质量高，有新意、有观点、有思考，论坛的成功举办，对继承与创新"君子文化"精神具有重要意义。

根据《第八届君子文化论文集》及论坛主题演讲、专题研讨环节的内容，现将本次会议研讨的主要内容分为五个部分，举例概括和评述。

一、人物探索

武汉大学国学院郭齐勇教授以"曾子论'君子'"为题，提出"没有曾子就没有儒学"。曾子得孔子真传，悟出孔子思想核心之"一以贯之"之道即为"忠恕"。曾子以"孝"著称，认为尽孝者需爱护自己的身体发肤、慎终追远、认真对待公共事务，以更好地践行孝道。不仅如此，曾子关于君子立身行世之道的论说更为丰富，包括君子的立志高远、博学笃行、唯义所在、任重道远、刚毅坚卓、与人为善、成人之美等。郭教授指出，曾子的学派自觉与理论贡献都十分突出，特别是对孝为德之本、忠恕乃仁德的一体两面，以及修身工夫论等理论与实践的开拓，奠定了儒学的基本规模，在儒学史上深具影响，蕴含着丰富的现代意义与价值，值得我们进一步作创造性诠释。

黑龙江大学哲学学院、国学院教授桑东辉与黑龙江职业学院马克思主义学院副教授张世霞合作论文《中和与良知》，探讨王阳明的君子人格养成论。他们指出："作为传统儒家的代表人物，高扬心学的王阳明也与程朱理学的学者一样，其思想的落脚点都在于'成人'，即培养人们要希圣希贤，成为一个具有良好道德的君子。在君子人格的养成方面，王阳明继承了传统儒家的中和和良知思想，围绕《中庸》所谓'喜怒哀乐之未发，谓之中；发而皆中节，谓之和。中也者，天下之大本；和也者，天下之达道。致中和，天地位焉，万物育焉'的观点，进一步辨析了已发与未发，阐发了'中和一体''和上用功''良知即是未发之中''致是良知而行，则所谓天下之达道也'等中和思想主张，并通过致中和和致良知将君子人格落实到人伦日用和道德践履层面。"文章从王阳明君子人格的本体论（心即是理）、体用论（已发与未发）、认识论（良知与中和）、修养论（致良知与致中和）、实践论（知行合一）五个维度，层次分明、细致入微地阐述王阳明君子人格的养成，认为王阳明不仅会通了中和与良知，也打通了君子进德修业、人格塑造的进路，为中国思想史留下了宝贵的精神遗产。

山东滕州墨子中心的李广星和李之文教授合作论文《墨子真君子》，将"墨子真君子"概括为三个方面：一、墨子是平民圣人。古今名人给予墨子许多桂冠：贤圣人，天下才士，无冕之王（即无地而为君、无官而为长），平等博爱大家，伟大的军事家，伟大的思想家、教育家、科学家和社会活动家，伟大的宗教教育家、科学教育家、社会科学教育家、革命教育家，唯物师祖、科圣，平民圣人、中华典范、平民圣人，等等。其中用"平民圣人"来概括墨子最为贴切，因为墨子是为普通民众服务的。二、墨子是中华典范。主要表现在以下 15 个方面：兼爱众生利他行事，爱好和平反对战争，尚贤尚同尊天明鬼，节用节葬非乐非命，道德高尚有益于人，毫不利己专门利人，自苦为极为民奋斗，一不怕苦二不怕死，言行一致不务虚名，勇于探索热爱科技，倡扬节俭自强不息，坚持原则百折不挠，不畏强暴见义勇为，兴利除害替天行义，理想远大梦想大同。三、墨子是中国脊梁。鲁迅先生与墨子心心相印，对于墨子及其崇拜的大禹，情有独钟，在《非攻》《理水》等小说中，把墨子、大禹描写成"中国的脊梁"，向他们致以最崇高的敬意。总之，研究墨子功在当代、利在千秋，具有重要的现实价值和深远的历史意义。

二、思想概观

北京大学何怀宏教授以"君子的人格"为题，以梁启超先生 1914 年在清华大学题为"君子"的演说为基础展开论述。梁启超在演讲时谈道："君子二字其意甚广，欲为之诠注，颇难得其确解。"但我们还是可以指出它的一些特点：一是"天行健，君子以自强不息"。二是"地势坤，君子以厚德载物"。何教授指出，这里的第一个基本特点是仿效天，君子要"自强不息"，首先是"勉强"，在奋斗的过程中不断"勉强"自己，要有韧性，要坚毅，要咬定青山不放松；其次是"自胜"，要战胜外界的困难，首先要战胜自己，这也就像梁漱溟先生所说的"向内用力"。第二个基本特点是仿效大地，君子要"厚德载物"，首先是"自身之厚德"，其次是"载物之包容"。这里一是要"博学于文"，二是"循序渐进"，努力达到道德高尚和文化精深，换言之，也就是有教养和学养。成为君子的意义，正如梁启超先生之期望："吸收新文明，改良我社会，促进我政治，深愿及此时机，崇德修学，勉为真君子，异日出膺大任，足以挽既倒之狂澜，作中流之砥柱，则民国幸甚矣。"何教授称：衡量文明社会的一个标准，就是察看这个社会里生活的人们究竟是怎样的人，他们的道德水平和精神状态如何，他们是否生活得幸福且富有意义。

山东大学杨朝明教授以"《论语》与中国君子文化"为题，力图从《论语》和君子文化的关系入手推动今天传统文化教育的开展，杨教授指出，《论语》中的君子就是有担当的人，是知是非、明荣辱、能担当、敢引领、有气象、格局大的人，强调《论语》实际就是君子之学。杨教授以《论语》首尾两篇为例，阐明"君子"是《论语》里的核心概念。其中对于首句"学而时习之"的论述，角度新颖，令人印象深刻。杨教授论述此句的含义为：时，指时代；学而时习之，假如我的道被时代认可，不亦说乎，不是太让人感到喜悦吗？孔子一生的追求，就是希望自己的理想、信念实现，被社会认可。如果实现不了，就退一步，"有朋自远方来，不亦乐乎"，我的学说不被人认可，有人理解我也开心。"有朋"就是朋友，就是志同道合的人。再退一步，"人不知而不愠，不亦君子乎"，所有的人都不理解我，我也不怨愤、不气馁，不也是信念坚定的君子吗？《论语》的首章谈的是一个君子应该有信念，并且信念要坚定。从《论语》中窥探当代的君子文化，就是培养有修养、有道德、有信念的人。成就君子人格，就是学会修身，学会与自己相处，学会和他人相处，换位思考，推己及人，成为一个有爱有敬的人，走好自己的人生路。

中国人民大学韩星教授以"《论语》君子之道"为题，从《论语》出发，引经据典，探究"君子"人格，提倡"君子"精神，为君子之道的弘扬提出了重要的现实意义。文章首先解释了"君子"一词的本义，即"君"的后代，后专指社会上居高位的人，到孔子时代才逐渐转化为道德名称。并将《论语》的君子之道分为君子是儒家理想人格层级的重要一级、君子以道德为本、君子内外双修、君子言行一致、君子知天命尽人事、君子小人正相反六个方面。最后指出君子之道的现代意义，阐明传统社会中的君子是教化百姓，扭转社会风气的理想人物，而君子在历史上所承担的社会功能在今天仍不过时，当今社会依旧需要大量的君子。"君子"固然是传统儒学的理想人格，它有不适合现代社会生活的部分，但其体现的中和理念和道德行为则具有永恒价值和普遍价值。就现代社会而言，儒家君子人格之于现代公民道德建设的意义，集中体现在其中和理念在当今可以救治现代文明所形成的人生扁平化、人格低矮化、生活功利化，使人们敬重德行，追求崇高，使人们身与心、人与人、集团与集团、国家与国家、人与自然之间的关系更协调、更和谐，使世界更安宁、更美好。

三、历史追踪

武汉大学李维武教授以"在近现代中国发现'君子'"为题，提出对于今天君子文化的研究，除了对其进行历史研究和文献阐释外，更主要的是力求发现君子文化的现代价值和当今意义，予以创造性转化和创新性发展。文章立足近现代的中国历史，以"戊戌六君子""救国会七君子"等人们公认的"君子"为例，高度赞扬那些献身国家独立、人民解放、民族复兴的仁人志士，并通过他们的生命跃动和风骨气节，阐述那一时期被赋予的君子人格的具体内涵。从近现代中国发现"君子"，不仅是对中华美德的一种自觉传承，而且深刻地揭示了君子文化融入中国特色社会主义文化建设的历史趋势。这种融入中国特色社会主义文化建设的君子文化，并不意味君子人格的实现受到了限制或遭到了消解，而是使君子人格进一步与中国人的现实生活结合起来，使君子人格的实现更加现实化、普遍化。君子人格在经过近现代中国与时俱进的古今转化之后，获得了前无古人的现实性和普遍性。正是这样，今后君子文化研究的开展，不仅要面向古人，而且要面向近人和今人；不仅要面向古代中国，而且要面向近现代中国，面向建设具有中国特色社会主义的当代中国。

上海交通大学余治平教授以"'小人儒'：作为'君子儒'的蜕变"为题，从历史观中剖析早期中国儒者队伍何以被污名化的问题。文中提到，殷商祝、宗、卜、史职官到了西周，尊位丧失，虽然拥有礼乐知识却只能游荡在王官学之外，流落民间，承受着巨大生存压力，导致精神性格与行为选择的懦弱取向。春秋末期儒者队伍绝大部分已完全被抛在官方体制外而依靠治丧相礼为生。孔子本人就治丧相礼，其弟子就业去向既有"君子儒"，更有"小人儒"。人们重视丧礼，使得整个术士队伍不断壮大，助推相礼行业的成长、成熟与发达。但部分儒者不遵守职业道德，垄断仪轨礼数，欺骗主家、捞取吃喝。最没出息的儒则沦为盗贼之徒，严重败坏儒的名声，使儒字成为一个具有侮辱性的骂名。因此，孔子潜心改造儒者队伍，使儒者不再是遭人嫌弃的蔑称。余教授总结：在孔子之前的儒者群体鱼龙混杂，泥沙俱下，绝大多数人没有职业认同；孔子之后，儒家队伍浩浩荡荡，具有充分的主体自觉，言行举止皆有严格的规范要求，实现了儒家从受人蔑视到引以为豪的转变。

四、现实思索

浙江大学哲学学院教授何善蒙以"新时代与新君子"为题，提出新时代需要新君子。何教授指出，中华君子思想历经两千多年的传承发展，已经浸润到了中华民族的文化血液传承当中。虽然历史上君子文化的具体内涵为适应具体的历史境遇的需要在不断发展，但是中华君子理想人格中"自强不息""厚道载物"、以仁爱为根本原则的精神，却一直没有断裂。做人做君子，一直是世世代代的中国人的人格理想追求。当前党和国家正在大力弘扬中华优秀传统文化，以树立文化自信。对于中华君子文化的研究和宣扬，不仅能够回应当前社会道德滑坡、价值观扭曲等社会问题，也可以对于一些全球性、现代性的问题，予以回应。文中从中华君子文化是实现传统文化现代转型的着力点、可以积极回应现代性问题、可以有效应对"中国威胁论"、是两岸认同的文化基础等角度，详细论证了新君子对于新时代的重要性。任何文化都是具体的历史性的，我们当前要做的就是取其精华，去其糟粕。在当今社会，君子文化的更新需要与我国的社会主义制度相结合，与社会主义核心价值观相契。接着，何教授从传统因子（德、礼、乐这传统君子人格德三个维度）和现代性要素（法律素养、科学素养、文化素养、经济素养、社会责任感和公民精神等公民素养）两个方面对新君子人格的基本内涵做了简要的阐述，并提出了新君子养成的若干思考，如实现路径以及传播方式等，为新君子的养成指明了道路。

湖北大学哲学学院姚才刚教授及郭静文研究生合作论文《中国传统礼乐文明与君子人格的养成》，首先梳理和概述了中国传统礼乐文明，进而揭示其与君子人格养成之间的关系。文章指出中国传统文明的核心是礼乐文明。中国文明素来享有"礼仪之邦"的美誉，而礼仪之邦的形成与周公制礼作乐有莫大的关系。周礼是周王室制定的人们在社会活动中应遵循、受约束的行为准则，它既以礼的面貌出现，又以德与法的形态呈现。后世儒家十分重视西周的礼制与礼学思想，孔子、荀子、朱熹等历代大儒都阐发了各自的礼学思想。西周的乐实际上包含了诗歌、音乐与舞蹈等多方面的内容，除了音乐本身具有愉悦耳目、陶冶性情的功能之外，更多的是乃是出于巩固统治、稳定人心的政治需要。作者认为，传统礼乐文明既具有敦化风俗、和谐社会的功能，也有利于个体君子人格的养成。礼是指导人们行为的具体准则，它促使人们的言行举止都纳入礼仪规范的范围之内。乐既可愉悦人的身心，又可涵养人的道德心性。在礼乐文明的熏陶下，人人都可能成为德性充盈的君子。同时，中国传统礼乐文明也需要与时俱进。以礼为例，古往今来，礼的基本精神虽然有一以贯之处，但礼的具体内容却并非一成不变，殷礼不同于夏礼，周礼不同于殷礼，周礼到了秦汉时期也要进行变革，其他各个朝代对于前朝之礼都会有所损益，如此，礼才不会沦为僵固的教条。因此我们也应根据当前我国社会的特点与当代人的价值诉求，对传统礼乐文明加以扬弃。

山东大学儒学高等研究院秦彦士教授以"儒墨道君子论"为题，首先阐明儒墨道的君子观，其次指出古代"君子"论的历史影响与变异，进而表达培养新时代君子的重要性。谈及儒家的君子观，文中指出，在先秦时代，孔子就对"成仁"的君子提出了明确的要求：完成"克己复礼"的重任必须要有"士不可不弘毅"的坚持精神，无论面对何种困难都"不可夺志"。相对于儒家，墨子似乎并没有直接提出自己的君子论，但实际上却对弟子提出了极高的道德人格要求，他的"摩顶放踵利天下为之"的牺牲精神更成为墨者的普遍要求。老庄的道家学派中对"天道"的追寻和"神人"的追求，也大大提升了中国人的精神境界。随着中国社会形态在秦汉之后的变迁，儒墨道各家的理论的历史命运也呈现各异的表现。如汉代的董仲舒虽然被称为著名经学大师，但他对儒、墨、道的理论都有明显的吸收，其改造之后的君子理论也以"汉学"的面目产生持续的作用。唐代的韩愈虽然不断强调孔孟的道统，但也提出了后世引发不断争论的"儒墨相用"的主张。总之，儒墨道不同的理想君子理论，对中华民族精神性格产生了巨大而深远的影响。在孔墨老庄两千多年之后，我们应该结合当今时代的需要，在历史经验教训的基础上通过提出相应的传统文化创新的理论并结合有效的社会实践，培养能够担当中华民族复兴大业的新型"君子"。

山东大学蔡德贵教授以"倡知行合一之说，去纸上谈兵之风"为题，强调知行问题的重要性。蔡先生指出，不管是立德树人也好，拥抱家国情怀、治国平天下也好，都需要践行，行是君子文化得以完成的关键。儒学从其本质来讲是一种实用哲学，要求士阶层做能"躬行"的"君子儒"以《论语》《大戴礼记》等经典为例，突出儒学崇实黜虚的优良传统是一以贯之的，文章从王阳明《传习录》入手，表达诚信对于知行合一的重要意义，进而提出知行合一的有效实现路径。

五、守正创新

武汉科技大学国学研究中心主任孙君恒教授以"林伯渠的君子之德"为题，通过林伯渠先生的生平事迹，高度赞扬君子的爱国主义、艰苦奋斗、反省自律、尊敬他人等众多传统美德，指出君子的爱国传统应被发扬光大。孙教授指出，中华民族悠久的历史和道德文化，应该加以甄别，优良传统应该保留，根据新的现实需要，加以灵活运用。中国儒家的修身、齐家、治国、平天下的君子理想，影响了林伯渠的一生道德选择和坚定追求。林伯渠先生作为以身作则的道德楷模，其对道德问题认识深刻，注重道德的学以致用，是我们今天道德研究的珍贵资源。共产党员是优秀君子道德的体现者、超越者，应以身作则，始终以马克思主义为指导，善待传统道德，弘扬爱国主义精神，艰苦奋斗，勤俭节约，平等待人，为今天的道德建设提供宝贵资源。

南昌航空大学的毛艳老师以"充分发挥君子文化对大学生人格塑造的作用"为题，从君子文化的教化功能出发探究其在当今社会的实用性。文中指出，君子文化是中华民族的精神标识，其产生和发展决定了自身存在历史局限性，但不代表君子文化没有现代价值。君子文化是中华优秀传统文化的精髓，无论是对于解决当前存在的文化困境，还是增强文化自信都具有现实意义。君子文化承载的道德修养具有特色鲜明的育人作用，君子人格呈现的理想人格与新时代大学生人格具有高度契合性，为塑造"公民式君子"提供了精神依托。君子文化塑造大学生人格的现实路径很多，在思想政治理论课中弘扬君子文化，在各种社会实践中培养君子人格，将君子文化的隐性教育和显性教育结合起来，形成文化在场的氛围，才能增加大学生的文化获得感和体验感。

  《第八届君子文化论坛论文集》的论文的作者不仅有来自全国高校的专家教授，有热衷于君子文化研究的社会各界人士，更有众多高校的青年学子。收录了武汉市青山区水务和湖泊局张建勇局长的《历史风云时代之后君子精神再审视》，中国范仲淹研究会副会长杨德堂的《论范仲淹的君子家风》，中南大学硕士研究生胡沁莹的《君子文化融入高校思想政治教育研究》等力作。论文作者的年龄层次覆盖老中青三代，展现出君子文化在当今社会的广泛传播，君子文化热潮方兴未艾。

  第八届君子文化论坛的盛大举办，引起社会的热烈反响。《中国日报》、中国教育在线、荆楚网、武汉广播电视台、《湖北日报》等十多家媒体进行追踪报道。资料显示，君子文化论坛自创办以来，此前已成功举办七届，不仅成为研究阐释和宣传弘扬君子文化的重要平台，也成为影响广泛的中华优秀传统文化创新性发展和创造性转化的重要学术平台。

《中华优秀传统文化研究》集刊征稿启事

　　《中华优秀传统文化研究》集刊为广西古代文学学会会刊，由集刊出资方和广西古代文学学会联合主办。集刊由来自国家图书馆、北京大学、华南师范大学、西北师范大学、山西大学、华中师范大学、西南大学、西南民族大学、牛津大学等国内外高校或研究机构的十余位知名学者担任学术顾问，由来自北京师范大学、南开大学、首都师范大学、西北大学、兰州大学、兰州交通大学、海南师范大学、四川省社会科学院、江西省社会科学院、广西壮族自治区社会科学院、广西民族大学、广西艺术学院、南宁师范大学等国内高校和研究机构的十余位专家担任编委，由《中华优秀传统文化研究》集刊编辑部负责征稿和编校。

　　本刊为半年刊，每年 1 月、7 月定稿，6 月、12 月出刊。中国知网、中国集刊网、维普网全文收录，为中国社会科学评价研究院《中国人文社会科学期刊 AMI 综合评价报告（2022 年）》入库集刊。

　　本刊实行"优稿优酬"政策，从 2024 年第 1 辑起，对于知名学者特邀稿、正高职称独著稿件、拥有博士学位的副高职称独著稿件分别给予不低于 5000、3000、800元稿酬，并对在《新华文摘》《中国社会科学文摘》《人大报刊复印资料》全文转载的论文进行不低于 5000 元的二次奖励。

一、办刊宗旨

　　本刊以传承和弘扬中华优秀传统文化为己任，坚持"二为方针""双百方针"和"两结合方针"。坚持以客观、科学、礼敬的态度对待中华传统文化，采取"扬弃"的原则，取其精华，去其糟粕，古为今用，推陈出新。坚持对传统文化的创造性转化、创新性发展，坚定文化自信，反对教条主义和历史虚无主义。探索中华优秀传统文化与革命文化、社会主义先进文化的关系与结合途径。关注传统文化对国民教育、道德建设、文化创造、生产生活的影响。不忘本来、吸收外来、面向未来，在交流互鉴、开放包容的同时，坚守中华文化立场、传承中华文化基因，汲取中国智慧、弘扬中国精神、传播中国价值。提炼传统文化精髓，探讨传统文化的当代意义与价值，努力建设中华民族现代文明。

二、主要栏目

《中华优秀传统文化研究》集刊主要栏目有：文化大视野、国家方略、马克思主义与中华优秀传统文化研究、习近平关于中华优秀传统文化重要论述研究、中华优秀传统文化与社会主义先进文化及革命文化之关系研究、儒学研究、古代文学研究、古代历史研究、古代哲学研究、古代艺术研究、少数民族传统文化研究、区域文化研究、域外汉学研究、传统文化教育研究、传统文化普及与推广研究、传统文化学者研究、学者访谈、序跋书评、传统文化会议综述等，每辑可根据学术热点和社会思潮设立相关专栏，集刊附有彩页专门对文化学者、传统文化研究机构进行介绍，并对书法、绘画、篆刻、雕塑、戏曲、工艺、建筑等领域名家及作品进行推介。

三、投稿格式及注意事项

来稿格式请参考《巴蜀书社学术著作体例规范》。除特殊情况必须使用繁体字外，一律使用标准简体字。图片除文中附图之外，还需单独提供单张不小于 2M 的高清原图，以便编辑和保证印刷质量。

（一）来稿形式要求

1. 论文排版格式

论文标题为小二号黑体；副标题用小三号仿宋体；摘要、关键词用小四号楷体；一级标题用四号黑体；二级及以下标题、正文字体为小四号宋体；整段引文用小四号仿宋，右侧缩进 2 格；页下注释用宋体小五号。

全文行间距 1.5；段前、段后 0，页边距普通，纸张方向纵向，纸张大小 A4，分栏 1，文字方向水平。清除其他格式。

2. 引文、上标红色凸显标注

为便于核对，论文中直接引用部分，字体不变，引用内容颜色标注为红色；为便于查找，论文中页码上标部分，字体颜色标注为红色；为防止乱码，论文同时投寄 PDF 格式文档 1 份。

3. 篇幅及其他要求

学术论文篇幅以 15000－20000 字为宜，不接受少于 8000 字的学术论文。"学者访谈""序跋书评""会议综述"等其他栏目论文字数不限。来稿请提供 Word 和 PDF 两种格式。来稿请附录英文标题。

4. 查重结果

作者在投稿前请自行在中国知网上进行查重，投寄时一并提交查重结果。文史哲政类论文不超过 20%，其他专业论文不超过 10%。

5. 投寄论文文件名称

投稿命名格式：投稿时间、作者、单位、论文题目，如：2022.6.6 张＊＊（＊＊大学）：论＊＊，修改稿可在名称加括号标注，同时变更投寄时间，如 2023.1.1 张＊＊（＊＊大学）：论＊＊（修改稿）。

（二）来稿内容要求

6. 题目

不超过 20 字，以单独题目为主，必要时可加副标题。

7. 署名

鼓励单独署名，合作署名不超过 3 人。在读博士、博士后投寄论文，可带导师为第一或第二作者。暂不发硕士稿件，合作署名不包括硕士。

8. 单位

格式：单位、二级机构、省份、城市、邮编。如：南宁师范大学 教育科学学院，广西 南宁 530299。单位及二级机构用规范全称，如"中国社会科学院"不能简化为"中国社科院"，"北京大学"不能简化为"北大"；"文化与传播学院"不能简化为"文传学院"等。如作者需要标注其他身份，请一并按上述格式补充。合作论文的所有作者也需要提供以上完整信息。

9. 摘要

摘要字数要求在 300—500 字，力求表达充分，不得少于 300 字。摘要采用第三人称客观表述，不得出现本人、本文、笔者等主观性语词，不可加进作者的主观见解、解释或评论。摘要一般包括目的、方法、结果、结论等要素，突出主要观点、创新点及研究结论。摘要不使用引文，必须根据论文总结提炼，不掺杂论文未涉及内容，不做一般意义上的介绍，排除本学科领域已成常识的内容。摘要务必反复提炼、琢磨、修饰，做到用词准确，重点突出，条理清晰，逻辑贯通。

10. 论文首页作者信息

格式：姓名、性别、出生年、民族，籍贯，学位，工作单位、职称（职务）、研究方向。博士研究生导师可列于职务、职称之后。研究方向不超过三个。例：王××（1982— ），女，壮族，广西××人，博士，××××大学××学院副教授，研究方向：×××。具有双重身份的在读博士研究生或博士后研究人员，可在工作单位、职称后补充。例：王××（1982— ），女，壮族，广西××人，博士，××××大学××学院副教授，×××大学××学院博士研究生，研究方向：×××。

11. 基金项目

用全称，以发文文件为准。一篇论文标注不得超过 2 项基金来源。

例：国家社会科学基金一般项目"××××××研究"（××BZW×××）。

无批准号的项目，请提供批准单位及批准文件编号，格式同上。

12. 页下注释规范

注释格式请参阅中国知网我集刊相关论文，我刊文献标注执行《巴蜀书社学术著作体例规范》，统一使用页下注，不另列参考文献，投稿前务必认真阅读，按格式处理稿件。格式不正确的稿件，不予编校。

13. 提供引文及注释出处截图或拍照

为了确保引文正确无误，减少差错率，提高核对引文的工作效率，所有投稿者必须提供所有直接引用、间接引用的参考文献之原始资料以备核对。其中专著中引文须提供专著版权页、引文页图片，截图或拍照并用红色线条标注出引用内容。论文中引文需提供 PDF 格式或 CAJ 格式，并用红色线条圈出引用部分。间接引用须用红色线条圈出相应观点出处范围。请按照注释顺序编号排列，以压缩包文件形式发送到编辑部邮箱。

四、注释及标注格式

（一）著作

标注顺序：责任者与责任方式/书名/卷册/出版者、出版时间、版次（初版除外）/页码。〔注：责任方式为著时，"著"字可省略，其他责任方式不可省略（下同，不再标注）；同一页所引文献相同且注释顺序相邻时，责任者、书名可省略为"同上书"；同一页所引文献相同、页码相同且注释顺序相邻时，责任者、书名、页码可省略为"同上"；责任者本人的选集、文集等可省略责任者。〕

示例：

余东华：《论智慧》，中国社会科学出版社 2005 年版，第 35 页。

同上书，第 37 页。

同上。

刘少奇：《论共产党员的修养》，人民出版社1962年第2版，第76页。

《毛泽东选集》第1卷，人民出版社1991年版，第3页。

陈宗德、吴兆契主编：《撒哈拉以南非洲经济发展战略研究》，北京大学出版社1987年版，第9页。

（二）译著

标注顺序：责任者国别、责任者与责任方式/书名/其他责任者与责任方式/出版者、出版时间、版次（初版除外）/页码。

示例：

［美］弗朗西斯·福山，黄胜强等译：《历史的终结及最后之人》，中国社会科学出版社2003年版，第7页。

（三）析出文献

标注顺序：①责任者/析出文献题名/所载文集责任者与责任方式/所载文集/出版者、出版时间、版次（初版除外）/页码。

示例：

刘民权等：《地区间发展不平衡与农村地区资金外流的关系分析》，载姚洋《转轨中国：审视社会公正和平等》，中国人民大学出版社2004年版，第138—139页。

（四）期刊、报纸

期刊

标注顺序：责任者/所引文章名/所载期刊名、年期（或卷期、出版年月）、页码/起止页码。

示例：

袁连生：《我国义务教育财政不公平探讨》，《教育与经济》2001年第4期，第××—××页。

报纸

标注顺序：责任者/所引文章名/所载报纸名称/出版年、月、日及版别。

示例：

杨侠：《品牌房企两级分化　中小企业"危""机"并存》，《参考消息》2009年4月3日第8版。

（五）转引文献

标注顺序：责任者/文献题名/转引文献责任者与责任方式/转引文献题名/出版

者、出版时间、版次（初版除外）/页码。

示例：

费孝通：《城乡和边区发展的思考》，转引自魏宏聚《偏失与匡正——义务教育经费投入政策失真现象研究》，中国社会科学出版社 2008 年版，第 44 页。

参见江帆《生态民俗学》，黑龙江人民出版社 2003 年版，第 60 页。

（六）未刊文献

学位论文、会议论文等

标注顺序：责任者/文献题名/论文性质/地点或学校/文献形成时间/页码。

示例：

赵可：《市政改革与城市发展》，博士学位论文，四川大学，2000 年，第 21 页。

任东来：《对国际体制和国际制度的理解和翻译》，全球化与亚太区域化国际研讨会论文，天津，2006 年 6 月，第 9 页。

档案文献

标注顺序：文献题名/文献形成时间/藏所/卷宗号或编号。

示例：

《汉口各街市行道树报告》，1929 年，武汉市档案馆藏，资料号：Bb1122/3。

（七）电子文献

电子文献包括网络资料，如网页、电子邮件、论坛、博客、微博（必须是加 V 实名认证）等。标注项目与顺序：责任者与责任方式/电子文献题名/更新或修改日期/获取和访问路径/引用日期。

示例：

扬之水：《两宋茶诗与茶事》，《文学遗产通讯》（网络版试刊）2006 年第 1 期 http://www.literature.org.cn/Article.asp?ID=199，2007 年 9 月 13 日。

五、作者简介及联系方式

为方便作者与编辑沟通、建立作者群及邮寄刊物需要，来稿请在末页附 200 字左右的作者简介，应包括作者姓名、性别、出生年、籍贯、工作单位、职务职称、主要社会兼职、研究领域、通信地址、电话、微信号、QQ 号及电子邮箱等信息。如：［作者简介］张＊＊，男，19＊＊年生，河南＊＊人，＊＊博士，＊＊＊＊大学＊＊学院教授，博士生导师，兼任＊＊＊＊主编、＊＊＊学会会长。研究方向：＊＊＊＊＊，

＊＊＊＊＊。通讯地址：××省××市××县/区××街道××路××号，邮编××××××，电话号码：××××××××××，电子邮箱：×××@×××.com；并提供微信号或QQ号码等联系方式。

六、审稿方式、出刊时间及联系方式

本刊采取责任编辑、栏目编辑、主编三审制度，凡投寄稿件编者有权酌情删改，如不同意修改的请在来稿首页顶端注明。

本刊为半年刊，每辑1月、7月定稿，每年6月、12月出刊。本刊常年征稿，敬请各位专家学者不吝赐稿。为了便于稿件编校以及编辑与作者联系，每期会建立临时工作群，编校结束后作者可根据意愿退出或另行加入集刊作者交流群。

指定投稿、联系邮箱：guoxueyuankan@126.com。

七、声明

凡向本刊投稿者默认我刊可以对稿件进行编辑加工。

本刊已许可与我刊签约的中国知网、中国集刊网、维普网等网络数据库以数字化方式复制、汇编、发行、信息网络传播本刊全文，以扩大作者研究成果的影响力。本刊不再给作者支付中国知网等数据库著作权使用费，所有署名作者向本刊提交文章发表之行为视为同意上述声明。根据中国知网、中国集刊网、维普网等数据库收录的要求，作者同时需签订《著作权许可使用协议》，如有异议，请在投稿时说明，本刊将按作者说明处理。

来稿在电子邮件发送2个月后未收到采用通知，即可自行处理，请勿一稿多投。稿件刊发后，即寄赠集刊两册，因经费问题不另发稿酬（特约稿除外）。本刊不收取审稿费和版面费，也从未委托任何机构代为收取或推荐稿件。

本刊诚邀有传承和弘扬中华优秀传统文化之共同理想和高尚情怀的高校职校、学术团体、出版单位、各类机构、企事业单位及个人加盟办刊，共同为传承和弘扬中华优秀传统文化尽微薄之力，有意向者可来函商洽合作方式。

《中华优秀传统文化研究》集刊编辑部

2023年6月

Main Contents

Studies on Ancient History

The Dissemination and Promotion of The Cultural Spirit of The Ancient Chinese Academy—The Textual Research and Discussion of Chen Xingju's Cultural and Educational Deeds in Taiwan　　　　　　　　　　　　　　　　　　　　　　　　　　　Jian Dong

An Analysis on the Establishment and Social Significance of Guangxi Provincial PublicEducation Center　　　　　　　　　　　　　　　　　　　　　　　　　Pan Xiaolin

Studies on Ancient Literature

Infinite Benevolence—On Ma Yifu's Ci　　　　　　　　　　　　　　　Xu Liuhong

Studies on Classical literature

The Preservation and Historical and Cultural Value and Protection and Inheritance of Lost Provincial Chronicles in Shandong Province (Part 2)　　　Yan Shiming, Li Chuangao

Studies on the Traditional and Regional Cultures of Ethnic Minorities

A Study on the Development Path of Guangxi's Firecracker Competition under the Consciousness of Strengthening the Community of the Chinese Nation: Taking Longbang Town, Jingxi City as an Example　　　　　　　　　　　　　　　　　　　　　　　He Weidong

The home culture analysis from a farmer's "Family History"　　Chen Xuezhen, Chen Guihui

Studies on Lingnan (Dongguan) culture

The dimension of culinary culture that strengthens the sense of community of the Chinese nation in cities——Taking Lingnan morning tea from Dongguan as an example　　　Liu Jie

The Pop Toy Industry Chain Promotes the Development of Guanyi Culture

　　　　　　　　　　　　　　　　　　　　　　　　Cai Peiting, Ou Zhange

Studies on Extraterritorial Sinology

A Discussion on the nationalization and globalization of Chinese traditional opera literature from the perspective of cross-cultural communication .... Wang Yilan

Literature as a Source for Traditional History: The Case of Ou-yang Chan

...... William H. Nienhauser, Jr; （trans.） LIU Cheng, LIU Gui-lan

Studies on the Education and Popularization of Chinese Ancient Civilization

Construction of 12345 Teaching Model for Excellent Traditional Chinese Culture Course Based on OBE Concept .... Jiang Yunxia

Interviews with Scholars

Impart Knowledge and Discuss Principle with Culture, Plowing the Fields as a County Sage—Visiting Professor Xiao Qunzhong, School of Philosophy, Renmin University of China and Dean of Shaanxi Binfeng Academy .... Du Huawei, Xiao Qunzhong

Book Review

The Localization Constructing on Confucian Bioethics in Song Dynasty from the Perspective of "Continuous Life": a preliminary comment on professor Zhang Shunqing's Research on Confucian Bioethics in Song Dynasty .... Huang Dunbing

The Triple Realm of Special Research on the Book of Songs—Commentary on The Researech on Zheng Xuan's Study of the Book of Songs .... Li Yan

Overview of Conferences on Chinese Ancient Civilization Studies

Summary of the 8th Gentleman Culture Forum .... Sun Junheng, Zhang Xinyu